GÜNTER DECKER

Die Rechtsstellung des Arbeitnehmers im Unternehmen und die Forderung nach einer Vermögensbildung in Arbeitnehmerhand

Schriften zum Sozial- und Arbeitsrecht

Band 51

Die Rechtsstellung des Arbeitnehmers im Unternehmen und die Forderung nach einer Vermögensbildung in Arbeitnehmerhand

Zugleich eine Untersuchung über das Verhältnis von Arbeit und Eigentum im Rahmen der industriellen Produktionsweise

Von

Dr. Günter Decker

DUNCKER & HUMBLOT / BERLIN

Gedruckt 1980 bei Buchdruckerei Richard Schröter, Berlin 61
Printed in Germany

ISBN 3 428 04663 3

Vorwort

Die Arbeit hat im Wintersemester 1979/80 der juristischen Fakultät der Ruhr-Universität Bochum als Dissertation vorgelegen. Sie geht auf eine Anregung meines Doktorvaters und verehrten Lehrers Herrn Prof. Dr. jur. Fritz Fabricius zurück, dem ich an dieser Stelle für seine Unterstützung und die hilfreiche Förderung danken möchte, die mir während meiner Zeit als wissenschaftlicher Assistent an seinem Lehrstuhl zuteil wurde. Dank schulde ich auch Herrn Prof. Dr. jur. Peter-Hubert Naendrup, der mir als Zweitkorrektor manch fördernde Anregung gegeben hat.

Aus der Fülle der Veröffentlichungen, die zu dem unerschöpflichen Thema der Vermögensbildung in Arbeitnehmerhand in den letzten 25 Jahren allein in der Bundesrepublik Deutschland ergangen sind, konnten der engeren Thematik der vorliegenden Arbeit angepaßte Neuerscheinungen bis Mitte 1979 berücksichtigt werden.

Abschließend möchte ich auch Herrn Ministerialrat a. D. Prof. Dr. J. Broermann danken, der durch die Aufnahme der Arbeit in diese Schriftenreihe seines Verlages eine Veröffentlichung ermöglicht hat.

Essen, den 3. Januar 1980

Der Verfasser

Inhaltsverzeichnis

Einleitung 17

I. Das Schlagwort der „Vermögensbildung in Arbeitnehmerhand“ 17

II. Die Rechtsstellung des Arbeitnehmers im Spannungsfeld von Arbeitsrecht, Gesellschaftsrecht und Unternehmensrecht 25

1. Die „arbeitsrechtliche“ Stellung des Arbeitnehmers 25

2. Das Unternehmen als „Rechtsverband der Eigentümer“ 29

III. Die Kritik an der geltenden Unternehmensordnung und die bisherigen Lösungsversuche 32

Teil I:

Die derzeitigen Lösungsansätze für eine Vermögensbildung in Arbeitnehmerhand in verteilungspolitischer und unternehmensrechtlicher Sicht 36

1. Abschnitt:

Gesetzgeberische Maßnahmen zur Vermögensbildung in Arbeitnehmerhand — Inhalt, Ziele und Auswirkungen 36

I. Allgemeines 36

II. Einzelne Förderungsmaßnahmen im Rahmen der staatlichen Vermögenspolitik 37

1. Spar-Prämien- und Wohnungsbau-Prämiengesetz 37

a) Spar-Prämiengesetz (SparPG) 37

b) Wohnungsbau-Prämiengesetz (WoPG) 39

c) Gesetzgeberische Ziele und vermögenspolitische Bedeutung des SparPG und WoPG 39

2. Gesetz zur Förderung der Vermögensbildung der Arbeitnehmer (VermBG) 41

a) Das 3. VermBG und § 8 KapErhStG 41

b) Ziele und Auswirkungen der Förderung nach dem VermBG .. 43

3. Die Privatisierung von erwerbswirtschaftlichen Staatsunternehmen und das Gesetz über Kapitalanlagegesellschaften 46

III. Zusammenfassung — Beschränkung der bisherigen staatlichen Maßnahmen zur Vermögenspolitik auf das allgemeine Verteilungsziel .. 48

2. Abschnitt:

Weitergehende Pläne und Modelle für eine Vermögensbildung in Arbeitnehmerhand ... 52

I. Allgemeines ... 52

II. Der Investivlohn — dargestellt anhand einzelner Investivlohnpläne 53

1. Das Investivlohnsystem ... 53

2. Einzelne Investivlohnpläne ... 54

a) Der „Häußler-Plan“ ... 54

b) Der „Leber-Plan“ ... 55

c) Das „Beteiligungslohngesetz — BLG“ ... 56

3. Verteilungspolitische und unternehmensrechtliche Bezüge des Investivlohnsystems ... 57

III. Gewinn-/Ertragsbeteiligung und sogenanntes Miteigentum ... 60

1. Allgemeines — Gewinnbeteiligung als Oberbegriff ... 60

2. Gewinnbeteiligungspläne ... 62

a) Gesetzliche überbetriebliche Gewinnbeteiligung ... 62

aa) Der „Gleitze-Plan“ ... 62

bb) Der „DGB-Plan“ ... 63

cc) Der „Staatssekretäre-Plan“ und die „Grundlinien eines Vermögensbeteiligungsgesetzes“ ... 64

b) Freiwillige überbetriebliche Gewinnbeteiligung ... 66

c) Gesetzliche betriebliche Gewinnbeteiligung ... 66

d) Modelle zur freiwilligen betrieblichen Gewinnbeteiligung — Kapitalbeteiligung — Miteigentum ... 68

aa) Allgemeine Grundlagen ... 68

bb) Gewinnermittlung und Gewinnverteilung ... 71

cc) Einzelne Strukturmerkmale möglicher Anlageformen ... 72

e) Pläne für eine tarifvertraglich eingeführte betriebliche Gewinnbeteiligung ... 76

3. Zusammenfassung — Das Für und Wider in bezug auf das System einer Gewinnbeteiligung der Arbeitnehmer ... 78

3. Abschnitt:

Einführungsmotive und allgemeine Leitvorstellungen im Rahmen der heutigen Vermögensbildungsdiskussion ... 83

I. Das erweiterte Zielkonzept für eine Vermögensbeteiligung der Arbeitnehmer ... 83

II. Generelle Einwände gegen das allgemeine Zielkonzept einer breiteren Vermögens-(Eigentums-)Streuung 87

III. Ergebnis: Unschlüssigkeiten im Zielkonzept und fehlende Begründungsbasis 90

Teil II:

Allgemeine Grundlagenbestimmung für die Forderung nach einer Vermögensbildung in Arbeitnehmerhand — Die katholische Soziallehre und ihre Lösung der „sozialen Frage des Industriezeitalters" 93

1. Abschnitt:

Vermögensbildung in Arbeitnehmerhand als Maßnahme zur Verwirklichung der Forderung nach dem „gerechten Lohn" 93

I. Die frühkapitalistische Wirtschaftsordnung als Grundlage der „sozialen Frage des Industriezeitalters" 93

1. Trennung des Produzenten von den Produktionsmitteln 94

2. Unternehmerische Tätigkeit, Kapital und Macht 95

3. Subordination der Arbeit und Abfindungslohn 96

II. Die sozialreformerische Reaktion — Die katholische Soziallehre und die Eigentumsfrage 100

III. Die Lohnfrage als Ausgangsbasis der Forderung nach einer Vermögens-/Eigentumsbildung in Arbeitnehmerhand 104

2. Abschnitt:

Sozialethische Bestimmungsgründe für die Bemessung eines „gerechten" Lohnes und einer „gerechten" Güterverteilung 107

I. Soziale Gerechtigkeit und Billigkeit als Lohnmaßstab 107

II. Gemeinwohl- und Gemeingebrauchsprinzip als Güterverteilungsmaßstab 109

III. Ergebnis — Die ungelöste Lohnfrage als Grundlage der Forderung nach Vermögensbildung in Arbeitnehmerhand 115

Teil III:

Eigentum und gerechter Lohn — Die Ermittlung des „gerechten" Lohnes in einer freiheitlich-demokratischen Gesellschaftsordnung 119

1. Abschnitt:

Systembedingte Ursache der Nichtgewährung des „gerechten" Lohnes — Nichtbeachtung des Grundsatzes: „Arbeit führt zu Eigentum" 119

2. Abschnitt:

Ableitung und Anerkennung des naturrechtlichen Grundsatzes „Arbeit führt zu Eigentum ..." — dargestellt anhand der Untersuchungen von Fritz Fabricius ... 121

I. Freiheit und Gleichheit als Eckpfeiler des Naturrechtsdenkens der Aufklärung und als systemimmanentes Grundprinzip der freien Marktwirtschaft ... 122

1. Das Vernunftrecht Immanuel Kant's als Ausgangspunkt für die Anerkennung einer unlösbaren Verknüpfung von Freiheit und Gleichheit ... 122

a) Naturrecht und Vernunftrecht ... 122

b) Die unlösbare Verknüpfung von Freiheit und Gleichheit ... 123

2. Freiheit und Gleichheit und die Idee der Marktwirtschaft ... 124

II. Das Grundrecht „Arbeit führt zu Eigentum" und seine Nichtanerkennung im Lohnarbeitsverhältnis ... 124

1. Die Arbeit als originärer Eigentumserwerbsgrund ... 124

2. Geltung für das Marktmodell ... 126

III. Lösungsansatz nach Fabricius ... 127

3. Abschnitt:

Das Verhältnis von Arbeit und Eigentum in der älteren christlichen Naturrechtslehre und der neueren christlichen Soziallehre ... 128

I. Die christliche Eigentumslehre — Das Verhältnis von Arbeit und Eigentum im christlichen Naturrechtsdenken ... 129

1. Das Privateigentum im Lichte der Sozialenzyklika „Rerum novarum" ... 129

2. Die Eigentumslehre nach Thomas von Aquin und ihre Auslegung in der neueren katholischen Soziallehre ... 130

II. Ablehnung des Grundsatzes „Arbeit führt zu Eigentum" in der neueren Soziallehre ... 133

III. Zusammenfassung — Die katholische Soziallehre und die Eigentumsfrage — Auswirkungen für die heutige Vermögensbildungsdiskussion 136

4. Abschnitt:

Die Regelung der Spezfikation gemäß § 950 Abs. 1 BGB ... 141

I. Der „originäre" Eigentumserwerb ... 141

II. Inhalt und Geltung des § 950 Abs. 1 BGB ... 142

III. Einzelne Begründungsversuche für das Ergebnis, nicht der unselbständige Arbeitnehmer, sondern der Arbeitgeber (Unternehmer) wird Eigentümer des (neuen) Produkts 144

1. „Stellvertretertheorie“ 144

2. „Arbeitsvertragstheorie“ 145

3. „Herstellertheorie“ 146

IV. Legislatorische Entscheidung über den Regelungsbereich und Inhaltsbestimmung 146

5. Abschnitt:

Das Recht der Arbeitnehmererfindung 155

I. Das Gesetz über Arbeitnehmererfindungen 155

II. Geschichtliche Entwicklung des Arbeitnehmererfinderrechts — Parallelität zum Problem der fremdwirkenden Spezifikation 156

III. Ergebnis — Wertung der gesetzlichen Ausprägung des Arbeitnehmererfinderrechts 159

Teil IV:

Arbeit und Eigentum im Rahmen der industriellen Produktion — Auswirkungen auf die Rechtsstellung des Arbeitnehmers im Unternehmen 161

1. Abschnitt:

Wem gebührt das Produkt in einer individualistischen, freiheitlich-demokratischen und marktwirtschaftlichen Gesellschaftsordnung? 161

I. Allgemeines zur Güterverteilung und zur Güterzuordnung 161

1. Die Stellung des Menschen zur Sachgüterwelt und die derzeitige Regelung der ursprünglichen Eigentumszuweisung 161

2. Die Bedeutung der menschlichen Arbeit im Bereich der industriellen Produktion 163

3. Das Fehlen einer positiv-rechtlichen Regelung im Hinblick auf den Eigentumserwerb des Arbeitgebers (Unternehmers) 164

II. Anerkennung des Grundsatzes „Arbeit führt zu Eigentum“ als notwendiges Prinzip einer freiheitlich-demokratischen, marktwirtschaftlich ausgerichteten Gesellschaftsordnung 165

1. Allgemeine Wertordnung im Rahmen des Grundgesetzes 166

2. Das Grundgesetz und die Wirtschaftsordnung 168

3. Die Lückenhaftigkeit der Privatrechtsordnung und die Aussagekraft des Grundsatzes „Arbeit führt zu Eigentum“ 170

III. Einfluß der „kollektivistischen“ Produktionsweise auf den naturrechtlichen Grundsatz der eigentumsschaffenden Kraft der Arbeit .. 171

1. Individualprodukt und Kollektivprodukt — Einzeleigentum und Gesamthandseigentum ... 171

2. Trennung des „Produzenten“ von den Produktionsmitteln — Die Eigentumsberechtigung am Produkt bei „gesellschaftlicher“ Produktion ... 173

a) Einfluß der Trennung der Produktionsfaktoren auf den ursprünglichen Eigentumserwerb am Produkt ... 173

b) Gemeinsame Eigentumsberechtigung am Produkt von Arbeitnehmern und Kapitalgebern bei „gesellschaftlicher“ Produktion? ... 174

IV. Eigentum am Lohn statt Eigentum am Produkt? ... 177

V. Ergebnis ... 179

2. Abschnitt:

Vermögensbildung und Mitbestimmung als Ausfluß des naturrechtlichen Grundsatzes der eigentumsschaffenden Kraft der Arbeit — Anerkennung eines gleichgewichtigen Verhältnisses von „Kapital“ und „Arbeit“ 180

I. Die Notwendigkeit der Umsetzung des individualistischen Grundsatzes „Arbeit führt zu Eigentum“ und seine Bedeutung für den heutigen Bereich kollektivistischer Produktion ... 180

1. Der Grundsatz der eigentumsschaffenden Kraft der Arbeit im industriellen Kollektivprozeß ... 180

2. Das Unternehmen als Rechtsverband — Gleichwertigkeit der Produktionsfaktoren „Kapital“ und „Arbeit“ auf Unternehmensebene 181

II. Mögliche Organisationsstrukturen des Sozial- und Rechtsverbandes Unternehmen ... 183

III. Das Unternehmen als gemeinsame Wertschöpfungsveranstaltung — Ergebnisteilhabe der Arbeitnehmer als Form der gerechten Entlohnung ... 185

IV. Lösungsmöglichkeiten einzelner Problemfragen im Hinblick auf eine vermögensrechtliche Teilhaberegelung ... 189

1. Allgemeines zum Regelungsbereich ... 189

2. Der Kreis der Berechtigten ... 190

3. Der Einfluß der Rechtsform des Arbeitgebers ... 190

4. Die Rechtsform der vermögens-(eigentums-)rechtlichen Beteiligung der Arbeitnehmer am Produktivkapital des Unternehmens 191

a) Kapitalzuwachsbeteiligung ... 191

b) „Betriebliche“ Lösung oder „Fondsmodell“? ... 192

V. Schlußbetrachtung 193

VI. J. St. Mill: Gewinnbeteiligung der Arbeiter und Arbeitergenossenschaften 195

1. Allgemeine Grundsätze der politischen Ökonomie 195
2. Gewinnbeteiligung der Arbeiter 197
3. Arbeitergenossenschaften 198
4. Ergebnis 199

Literaturverzeichnis 200

Abkürzungsverzeichnis

Abs.	=	Absatz
AG	=	Aktiengesellschaft
AktG	=	Aktiengesetz
ArbNErfG	=	Gesetz über Arbeitnehmererfindungen
Art.	=	Artikel
AuR	=	Arbeit und Recht
BB	=	Der Betriebsberater
Bd./Bde.	=	Band/Bände
BetrVG	=	Betriebsverfassungsgesetz
BGB	=	Bürgerliches Gesetzbuch
BGBl.	=	Bundesgesetzblatt
BGHZ	=	Entscheidungen des Bundesgerichtshofs in Zivilsachen
BlStSozArbR	=	Blätter für Steuer-, Sozial- und Arbeitsrecht
BLG	=	Beteiligungslohngesetz
BT-Drucks.	=	Bundestags-Drucksache
BReg.	=	Bundesregierung
BVerfG	=	Bundesverfassungsgericht
DB	=	Der Betrieb
Diss.	=	Dissertation
eGen	=	eingetragene Genossenschaft
EStG	=	Einkommensteuergesetz
EStRG	=	Einkommensteuerreformgesetz
Fn.	=	Fußnote
GenG	=	Genossenschaftsgesetz
GG	=	Grundgesetz
GK-BetrVG	=	Gemeinschaftskommentar Betriebsverfassungsgesetz
GK-MitbestG	=	Gemeinschaftskommentar Mitbestimmungsgesetz
HGB	=	Handelsgesetzbuch
Hrsg.	=	Herausgeber
i. V. m.	=	in Verbindung mit
JZ	=	Juristenzeitung
Jus	=	Juristische Schulung
KapAnlG	=	Gesetz über Kapitalanlagegesellschaften
KapErhStG	=	Kapitalerhöhungssteuergesetz
KG	=	Kommanditgesellschaft
Komm.	=	Kommentar
KStG	=	Körperschaftsteuergesetz
MitbestG	=	Mitbestimmungsgesetz
m. w. N.	=	mit weiteren Nachweisen
NJW	=	Neue Juristische Wochenschrift
oHG	=	offene Handelsgesellschaft
PatG	=	Patentgesetz
RdA	=	Recht der Arbeit
Rdn./Rz.	=	Randnummer/Randziffer
RGZ	=	Entscheidungen des Reichsgerichts in Zivilsachen
Sp.	=	Spalte(n)
SparPG	=	Sparprämiengesetz
Verf.	=	Verfassung
VermBG	=	Vermögensbildungsgesetz
Vorbem.	=	Vorbemerkung
WoPG	=	Wohnungsbau-Prämiengesetz

ZfA	= Zeitschrift für Arbeitsrecht
ZGR	= Zeitschrift für Unternehmens- und Gesellschaftsrecht
ZgStW	= Zeitschrift für die gesamten Staatswissenschaften
ZHR	= Zeitschrift für das gesamte Handels- und Wirtschaftsrecht
ZRP	= Zeitschrift für Rechtspolitik
z. T.	= zum Teil

Einleitung

I. Das Schlagwort der „Vermögensbildung in Arbeitnehmerhand"

Seit den Anfängen des Industriezeitalters hat es nicht an Stimmen gefehlt, die die in der gegenwärtigen Industrieordnung der westlichen Welt historisch gewachsene rechtliche und wirtschaftliche Stellung der Arbeitnehmer, also der unselbständig für einen anderen Tätigen, zu verbessern suchten. Vielfach ist hierzu schon der Versuch unternommen worden die in der Geisteshaltung des Liberalismus wurzelnde Arbeitsrechts- und Wirtschaftsordnung zu reformieren oder gar zu revolutionieren.

So sah z. B. der sogenannten „utopische" Sozialismus[1] in der Kapitalrendite[2] oder in der Privateigentumsordnung selbst, d. h. insbesondere im Privateigentum an Produktionsmitteln, das eigentliche Grundübel[3], dessen Abschaffung oder Überwindung erst soziale Gerechtigkeit für die arbeitende Bevölkerung bringen werde. Doch blieben die gewachsenen rechts- und sozioökonomischen Strukturen innerhalb der Industriegesellschaft auch für viele Verfechter der auf dem Privateigentum des einzelnen aufbauenden marktwirtschaftlichen Wirtschaftsweise der westlichen Industriestaaten kritikwürdig und erneuerungsbedürftig. Nachdem hier die zu Anfang der Industrieentwicklung vorherrschende „soziale Not der Arbeiterklasse" überwunden war, wurden im Hinblick auf eine mehr „sozialreformerische"[4] Lösung der sogenannten „Arbeiterfrage" neben dem Ausbau der sozialen Sicherheit zunehmend auch Formen der stärkeren Mitwirkung und Mitbeteiligung der Arbeitnehmer am industriellen Wirtschaftsprozeß gesucht mit dem Ziel der sozialen Eingliederung der Arbeitnehmer in das Unternehmen und in die moderne Industriegesellschaft überhaupt[5].

---

1 Überblick bei: *G. Kafka*, Sp. 1036 ff.; *Th. Ramm*, S. 456 f.; zum Ganzen vgl. auch unten Teil II, 1. Abschnitt.

2 Zur Theorie des „Rechts auf den vollen Arbeitsertrag" vgl. die zusammenfassende Darstellung bei *A. Menger*, Das Recht auf den vollen Arbeitsertrag.

3 Vgl. hierzu auch *J. Kolbinger*, S. 443 ff.

4 *J. Höffner*, Die deutschen Katholiken und die soziale Frage im 19. Jahrhundert, in: Jahrbuch 1966, S. 159 ff. (176 ff.); *A. Dickas*, S. 5 ff.

5 Vgl. hierzu insbes. die Veröffentlichungen des Vereins für Sozialpolitik (gegründet 1872), der bereits 1874 ein Gutachten: „Über Betheiligung der Arbeiter am Unternehmergewinn" vorgelegt hat — Schriften des Vereins für Sozialpolitik Nr. VI. Zur Diskussion innerhalb der katholischen Soziallehre vgl. unten Teil II, 1. Abschnitt, II und III.

Seit langem wird in diesem Sinne gerade in Deutschland die gesellschaftspolitische Diskussion maßgeblich, wenn auch mit wechselnder Gewichtung, von den beiden Themen „Mitbestimmung in der Wirtschaft“ und „Vermögensbildung in Arbeitnehmerhand“ bestimmt[6]. Mit den aufgestellten Forderungen soll im Sinne einer sozialkritischen Sicht zur hergebrachten Gesellschaftsordnung eine Lösung der neuzeitlichen „sozialen Frage des Industriezeitalters“[7] angestrebt werden, nicht zuletzt zur Verwirklichung einer freiheitlich-demokratischen, sozial gestalteten und marktwirtschaftlich ausgerichteten Gesellschafts- und Wirtschaftsordnung. Als ein gangbarer Weg wurde hierzu schon vor mehr als 100 Jahren von der katholischen Soziallehre die Förderung der „Eigentumsbildung in Arbeitnehmerhand“ propagiert[8]. Inzwischen beteiligen sich fast alle die Gesellschaft tragenden Kräfte an der neuzeitlichen Diskussion um die sogenannte „Vermögensbildungsfrage“, die gegenwärtig — wenn auch in Konkurrenz zur sogenannten „Mitbestimmungsfrage“ — einen ganz besonderen gesellschaftspolitischen Stellenwert einnimmt. Es verwundert daher nicht, daß zu diesem Thema in letzter Zeit eine fast unüberschaubare Zahl von Stellungnahmen und Veröffentlichungen erfolgt ist, die nicht nur aus dem kirchlichen und politischen, sondern zunehmend auch aus dem wissenschaftlichen Bereich kommen. Mehr und mehr treffen dabei die von sozialethischen Überlegungen getragenen Argumente mit solchen gesellschaftspolitischer und wirtschaftstheoretischer Art zusammen, wie überhaupt heute der wirtschaftswissenschaftliche Anteil in diesem Bereich meist überwiegt. Neben der Frage der makro-ökonomischen Theorie der Verteilung des Sozialproduktes und deren Auswirkungen für die Vermögensbildung der einzelnen Haushalte wird dort vor allem

---

6 Zur Inhaltsbestimmung vgl. unten Einleitung III.

7 Vgl. *E. v. Ketteler*, Die Arbeiterfrage und das Christentum; allgemein zur „sozialen Frage“ vgl. *F. A. Westphalen*, Sp. 259; *J. Messner*, S. 473 ff.; *H. Sacher / O. v. Nell-Breuning*, passim; *F. Negro*, S. 87 ff.

8 Vgl. unten Teil II, 1. Abschnitt, II. Für das Folgende gilt, daß die Begriffe „Eigentum“ und „Vermögen“, „Eigentumsbildung“ und „Vermögensbildung“ hier, soweit sie sich allgemein auf den Inhalt und die Zielrichtung der gegenwärtigen Diskussion beziehen, zunächst synonym verwendet werden sollen. Zwar umfaßt der Rechtsbegriff des Eigentums mehr das „qualitative Moment der rechtlichen Verfügungsmacht“, während der wirtschaftliche Begriff des Vermögens das „quantitative Moment der Eigentumsverteilung“ erfaßt (*U. Andersen*, S. 9), doch sind beide Begriffe insoweit aufeinander bezogen, als es auch bei dem Begriff des Eigentums neben der konkreten Rechtsgestalt (vgl. § 903 BGB und Art. 14 GG) zugleich auch um das „ursprüngliche menschlich-gesellschaftliche Phänomen“ (*F. Klüber*, Eigentumstheorie und Eigentumspolitik, S. 16) geht. Insoweit deckt sich dann die „apriorische Rechtskategorie“ des Eigentums (*L. Raiser*, Kap : Eigentum II, S. 39) mit dem mehr wirtschaftlichen Begriff des Vermögens, worunter die Summe der einer Person zukommenden Güter i. S. einer personalstrukturierten Einheit oder die Summe aller Aktiva verstanden wird. Vgl. auch unten Fn. 22.

die Frage der betriebswirtschaftlichen Auswirkungen der einzelnen vermögenspolitischen Vorschläge und Modelle untersucht.

Die vorrangige Behandlung des gesellschaftspolitischen Themas der Vermögensbildung in diesem Wissenschaftszweig findet seinen Grund darin, daß vor allem die starke Vermögensakkumulation auf dem Produktionsmittelsektor, die im Zuge des Wiederaufbaues der deutschen Wirtschaft nach dem 2. Weltkrieg, nicht zuletzt durch die Begünstigung der Selbstfinanzierung im Unternehmensbereich[9], hervorgerufen wurde, zum eigentlichen Anlaß für die seit den 50er Jahren erfolgte intensive Erneuerung der Vermögensbildungsdiskussion in der Bundesrepublik geworden ist[10]. Denn initiiert durch Erhards Weichenstellung zur „sozialen Marktwirtschaft", mit der er die Wirtschaftstheorie des „Neoliberalismus" in die Praxis umsetzen und sich gegen den christlichen Sozialismus des Ahlener Programms der CDU durchsetzen konnte[11], war in der Bundesrepublik in den Nachkriegsjahren nicht nur ein enormer Wirtschaftsaufschwung erfolgt, sondern diese soziale Marktwirtschaft Erhardscher Konzeption hatte auch zur „faszinierenden Restauration eines vorwiegend privat- und marktwirtschaftlichen Systems"[12] und damit im Ergebnis zu einer massiven Wiederherstellung der alten Besitz- und Machtverhältnisse im wirtschaftlichen Bereich geführt.

Die im Prinzip des Wirtschaftsliberalismus fußenden Gründe für eine ungleiche Einkommens- und Vermögensverteilung waren dabei noch durch staatliche Maßnahmen zur Wirtschaftsförderung verstärkt worden[13]. Ausschlaggebend für die erneut entbrannte Diskussion um eine Vermögensbildung in Arbeitnehmerhand ist daher im wesentlichen die Feststellung geworden, daß auch in unserem Wirtschaftssystem der „sozialen Marktwirtschaft" eine angemessene Vermögensverteilung — besonders im unternehmerischen Bereich, d. h. beim Produktivvermögen — bisher nicht geglückt ist, da vor allem das weitgehend erst nach dem Kriege wieder gebildete (industrielle) Vermögen eine sehr einseitige Verteilung auf die verschiedenen Bevölkerungsschichten gefunden hat und dieser Konzentrationsprozeß weiter fortschreitet.

Hierzu weist die bis heute am meisten zitierte Untersuchung über die Vermögensstruktur in der Bundesrepublik, die von W. Krelle,

---

[9] Zur „Selbstfinanzierung" im Unternehmensbereich vgl. u. a. *K. Neumann*, S. 25 ff. m. w. N. und *H. Rasch*, ORDO Bd. 10, S. 225 ff.

[10] Vgl. auch *W. Thiele*, S. 1 ff.

[11] Vgl. *Th. Eschenburg*, S. 253 f.

[12] *Ders.*, S. 256.

[13] Vgl. unten Teil I, 1. Abschnitt, II. 3.

J. Schunk und J. Siebke[14] im Auftrag des Bundesministeriums für Arbeit und Sozialordnung erstellt worden ist, aus, daß 1960 1,7 % der privaten Haushalte über rund 70 % des Produktivvermögens (hierbei verstanden als Eigentum an gewerblichen Unternehmen) verfügten. Nach der von Siebke bis 1966 fortgeschriebenen Untersuchung hat sich diese Vermögensakkumulation in den folgenden Jahren noch verstärkt. Danach besaß 1966 ein gleich großer Anteil der privaten Haushalte bereits 74 % des gesamten Eigentums an gewerblichen Unternehmen[15]. Obwohl diese Aussagen sich in der Vergangenheit z. T. einer vielfachen Kritik ausgesetzt sahen[16], kann zum Nachweis, daß im unternehmerischen Bereich eine angemessene Vermögensverteilung nicht geglückt ist, noch heute auf die Daten der früheren Untersuchung zurückgegriffen werden. da deren Ergebnisse sich nicht wesentlich verändert haben können[17]. Wenn die vorgenannten Zahlenangaben sich auch nur auf die Verteilung einer bestimmten Vermögensform, der des Produktivvermögens, beziehen[18], so gewinnt doch die Feststellung seiner nicht geglückten Verteilung dadurch an Bedeutung, daß es sich hierbei — im Hinblick auf das allgemeine Wirtschaftswachstum — um die wichtigste Vermögensform in einer Industrienation handelt, die spätestens seit Marx auch einen besonderen gesellschaftspolitischen Wertakzent bekommen hat[19].

---

14 „Überbetriebliche Ertragsbeteiligung der Arbeitnehmer", insbes. Bd. II, S. 381. Die genannte Analyse baut im wesentlichen auf dem Zahlenmaterial der in 3jährigem Abstand erstellten Vermögensstatistik auf.

15 *J. Siebke*, S. 39 f.

16 Nach einer neuerlichen Untersuchung der Technischen Universität Berlin sollen 1973 die 1,7 % der reichsten Haushalte nur noch 51 % des Produktivvermögens besitzen — vgl. Handelsblatt v. 26. 3. 1979 S. 6 mit Hinweis auf: *Mierheim / Wicke*, Die personelle Vermögensverteilung, Tübingen 1978. Jedoch weisen die genannten Autoren selbst darauf hin, daß wegen unterschiedlicher Berechnungsmethoden sich ihre Untersuchung nicht direkt mit dem Ergebnis der früheren Untersuchungen vergleichen lasse. Im übrigen ergibt auch die neuere Untersuchung immer noch ein beträchtliches Maß an Vermögenskonzentration im Produktionsmittelbereich. Zu der Kritik an den vielfach zitierten Zahlen von *Krelle* u. a. vgl. auch die Stellungnahme der Bundesvereinigung der Deutschen Arbeitgeberverbände vom Nov. 1972 — abgedruckt bei *P. Pulte*, S. 110 ff.

17 Vgl. insoweit auch *M. Lutter*, Vermögensbildung und Unternehmensrecht, S. 15 und *ders.*, Vermögensbildung — so nicht! S. 261 ff. Zu nachfolgenden Analysen mit z. T. anderer Gewichtung vgl. auch *Willgerodt / Bartel / Schillert*, Vermögensbildung für alle, passim; *U. Andersen*, S. 43 ff.; *W. Drechsler*, S. 35 ff.

18 Die Verteilung des Produktivvermögens ist nicht identisch mit der Verteilung des „Gesamt"-vermögens in einer Volkswirtschaft. Dennoch ist zu beachten, daß diese Vermögensform der ausschlaggebende Faktor für die Verteilung des volkswirtschaftlichen Vermögenszuwachses in einer Industrienation darstellt. Zur Verteilung der übrigen Vermögensformen und insbes. des Gesamtvermögens prozentual zu den einzelnen Bevölkerungsschichten vgl. die in vorstehender Fußnote genannten Hinweise.

In seiner wirtschaftstheoretischen Kreislaufanalyse faßt C. Föhl die Ursachen der Konzentration der privaten Vermögensbildung bei den Selbständigen im bestehenden Wirtschaftssystem wie folgt zusammen[20]:

Die in jeder freien unternehmerischen Wirtschaft bestehenden Gegebenheiten, daß

a) das strukturelle Gewinngefälle dazu zwingt, hohe Gewinne durch ein hohes Maß von Investitionen zu erzeugen,

b) keine wirksame Redistribution der Einkommen durch eine Steuerpolitik infolge der Überwälzungsmöglichkeiten auf die Preise erzielt werden kann und

c) die Verbrauchsneigung von der Höhe der Einkommen abhängt,

führen zu folgender Verteilungskonsequenz: „Da die kleinen Einkommen fast vollständig zum Verbrauch ausgegeben werden, während ein erheblicher Teil der großen Einkommen gespart wird, da andererseits die hohen Einkommen vorwiegend aus Gewinn- und Zinseinkommen bestehen, also Besitzeinkommen sind, fällt zwangsläufig der weitaus größte Teil des jeweils neu geschaffenen Volksvermögens denjenigen zu, welche bereits besitzen. Wer hat, dem wird gegeben!"

Von diesem Ansatz her ist es verständlich, wenn sich ein Großteil der gestrigen und auch heutigen Diskussion um eine Vermögensbildung in Arbeitnehmerhand besonders um das „vermögenspolitische Phänomen"[21] der Bildung und Streuung von Eigentum/Vermögen[22] in weiten Kreisen der Bevölkerung bemüht („Vermögen für alle"[23]), insbesondere durch Teilhabe am Produktivkapital der Wirtschaft. Die Frage der Verteilung des Sozialproduktes im allgemeinen Wirtschaftskreislauf wurde so auch zum hauptsächlichen Inhalt der sogenannten „Vermögenspolitik", wie sie in der Bundesrepublik seit 1950 bewußt geführt wird[24].

---

[19] Hinzu kommt, daß die sich aus der wirtschaftlichen Vorbestimmung ergebende konträre Gewichtung zwischen Produktivvermögen einerseits und besonders dem Geldvermögen in breiten Bevölkerungskreisen andererseits dazu führt, daß sich die inflationäre Geldentwertung gruppenspezifisch auswirken muß und daher die ohnehin bestehenden Vermögensunterschiede noch verschärft werden — vgl. hierzu *Willgerodt* u. a., S. 74 ff.; *Andersen*, S. 56 und *Drechsler*, S. 40 f.

[20] Kreislaufanalytische Untersuchungen der Vermögensbildung in der BRD und der Beeinflußbarkeit ihrer Verteilung, S. 40.

[21] *M. Lutter*, Vermögensbildung und Unternehmensrecht, S. 9.

[22] Die Begriffe werden hier, soweit es nicht ausdrücklich um den Rechtsbegriff des „Eigentums" im Sinne eines Herrschafts- oder Verfügungsrechts (vgl. § 903 BGB) geht, überwiegend synonym in dem oben Fn. 8 angeführten Sinne gebraucht.

[23] So deshalb auch der Titel bei *Willgerodt* u. a.

[24] Zum Begriff der „Vermögenspolitik" vgl. auch *G. Weisser*, Kapitel: Vermögen und Vermögenspolitik, S. 163 ff., insbes. S. 174 ff.

Im Rahmen dieser staatlichen Vermögenspolitik sind bislang eine Reihe von unterschiedlichen gesetzlichen Maßnahmen zur Vermögensbildung allgemein oder auch zur Vermögensbildung „in Arbeitnehmerhand" realisiert worden, bei denen allerdings bis heute angezweifelt werden kann, ob sie die mit ihnen verfolgten Ziele erreicht haben oder überhaupt die mit dem Gedanken der Vermögensbildung in Arbeitnehmerhand im Ganzen verbundenen Zielvorstellungen erreichen können. Über den Bereich dieser staatlichen Maßnahmen hinaus sind zudem seit längerem eine Fülle von weiterreichenden Plänen und Modellen für eine Vermögensbildung in Arbeitnehmerhand vorgeschlagen und diskutiert worden, die bislang aber — von geringen Ausnahmen auf rein freiwilliger Basis abgesehen — nicht über das Planungsstadium hinausgelangt sind. Bei einigen dieser Pläne kommt jedoch zum Ausdruck, daß die Vermögensbildungsfrage und deren Zielsetzung nicht mehr allein im Rahmen der makroökonomischen Verteilungstheorie[25] befangen bleibt, sondern daß mit den neueren Plänen in verstärktem Maße auch der Versuch unternommen werden soll, den Arbeitnehmer mit Maßnahmen des Vermögenssektors aus seiner „Objektstellung" im Unternehmen zu befreien und ihn stärker als bisher in das Unternehmen oder in das Wirtschaftsgeschehen überhaupt zu integrieren[26]. Insoweit verbindet sich die neuzeitliche Diskussion damit zunehmend wieder mit Vorstellungen, wie sie bereits vor 100 Jahren besonders innerhalb der katholischen Soziallehre zur Verbesserung der Rechtsstellung des Arbeitnehmers im Unternehmen diskutiert wurde[27].

Vor allem unter diesem Aspekt soll mit der vorliegenden Arbeit der Versuch unternommen werden den Vermögensbildungsgedanken wieder auf seine ursprünglichen Grundideen und Grundanliegen zurückzuführen und diese für eine Lösung des sog. Arbeiterproblems fruchtbar zu machen, das seine Wurzeln nicht in der analysierten Vermögensungleichheit, sondern in der historisch gewachsenen Industrieordnung und der dadurch bedingten sozialen Rechtsstellung des Arbeitnehmers im Unternehmen findet, die ihrerseits die Ursache für das bis heute bestehende System der ungleichen Einkommens- und Vermögensverteilung unter die verschiedenen Bevölkerungskreise darstellt[28].

Dazu wird zunächst zu untersuchen sein, inwieweit die bisherigen Maßnahmen der staatlichen Vermögenspolitik und die derzeit disku-

---

[25] Zur sogenannten „Kreislauftheorie der Verteilung" vgl. insbes. *C. Föhl* (Fn. 20) und *E. Preiser*, S. 161 ff., 188 ff.

[26] Zur Rechtsstellung des Arbeitnehmers im Unternehmen, zur Kritik und zu den Reformüberlegungen vgl. unten Einleitung B und C.

[27] Vgl. unten Teil II, 1. Abschnitt, II.

[28] Vgl. unten Teil II, 1. Abschnitt, I. und Teil III, 1. Abschnitt.

tierten neueren Pläne zur Vermögensbildung in Arbeitnehmerhand neben dem rein monetären Verteilungsziel auch die Absicht verfolgen, bzw. in ihrer konkreten Ausgestaltung dazu geeignet sind, eine Verbesserung der Rechtsstellung der Arbeitnehmer im Unternehmen herbeizuführen. Daran schließt sich die Untersuchung der Frage an, inwieweit auch die Forderung nach einer Vermögensbildung in Arbeitnehmerhand und die hierzu vorgeschlagenen Lösungswege in der Lage sind, den Arbeitnehmer aus der geschichtlichen Bedingtheit seiner rechtlichen und wirtschaftlichen Abhängigkeit vom Unternehmer (Arbeitgeber) herauszuführen und seine Stellung zu der eines „gleichberechtigten und gleichgewichtigen" Partners innerhalb des unternehmerischen Produktionsprozesses aufzuwerten, wie es bisher vorwiegend im Rahmen der Mitbestimmungsthematik diskutiert wird[29]. Gerade unter diesem Aspekt fällt es innerhalb der Vermögensbildungsthematik auch der Rechtswissenschaft zu, einen Beitrag zur Lösung praktischer Probleme der Gesellschaftsgestaltung zu leisten. Dabei kann es jedoch nicht befriedigen, wenn die rechtswissenschaftliche Diskussion in diesem Bereich sich nur damit befaßt, die einzelnen Lösungsvorschläge für eine Vermögensbildung in Arbeitnehmerhand auf ihren möglichen Widerstreit mit Einzelregelungen innerhalb der bestehenden Rechtsordnung zu überprüfen, ohne daß das Grundprinzip selbst eine rechtliche Klärung im Rahmen der Gesamtrechtsordnung als einem einheitlichen Ganzen erfährt. Schon W. Krelle hat hierzu ausgeführt: „Wenn wir alle der Überzeugung sind, daß ein solches Schema wirklich vernünftig und gerecht ist, und wenn es der bestehenden Rechtsordnung widerspricht, dann muß das geschriebene Recht eben geändert oder uminterpretiert werden. Eine Gesellschaft ist ja nicht der Sklave ihrer eigenen früheren Beschlüsse und Festsetzungen, die sie selbst nicht mehr für richtig hält[30]."

In diesem Sinne soll mit der vorliegenden Arbeit auch der Versuch einer arbeitsrechtlichen Grundlagenbestimmung für die rechts- und gesellschaftspolitische Forderung nach einer Vermögensbildung in Arbeitnehmerhand unternommen werden. Hierzu sollen, ausgehend von der derzeitigen Rechtsstellung des Arbeitnehmers im bzw. zum Unternehmen, im Wege einer auch rechtssoziologischen und rechtstheoretischen Ableitung des Verhältnisses der im Unternehmen zusammenwirkenden Faktoren „Arbeit" und „Eigentum" die Beteiligungsrechte der Arbeitnehmer an dem Gesamt dieses Prozesses aufgezeigt werden. Insoweit stellt sich besonders für die Rechtswissen-

---

[29] Vgl. „Mitbestimmung im Unternehmen", Biedenkopf-Kommissionsbericht, BT-Drucks. VI/334, S. 18 ff. (56) und Begründung der Bundesregierung zum Entwurf eines MitbestG, BT-Drucks. 7/2172 v. 29. 4. 1974.

[30] Überbetriebliche Ertragsbeteiligung der Arbeitnehmer, Bd. I, S. 26.

schaft die Aufgabe, im Rahmen einer rechtsstaatlichen Ordnung (Art. 20, 28 GG) aufzuzeigen, welche Möglichkeiten sich innerhalb dieser Gesamtordnung (Gesellschafts-, Wirtschafts-, Arbeits- und insbesondere Eigentumsordnung) zur Durchsetzung der anstehenden rechts- und gesellschaftspolitischen Forderungen bieten, bzw. welche Reformen gar rechtlich geboten sind und welche Folgerungen sich daraus ergeben.

Wenn im Rahmen der folgenden Untersuchung auch nicht so sehr das Privateigentum selbst (auch an Produktionsmitteln) in Frage gestellt wird, so sollen doch die bislang aus dem industriell genutzten Produktionsmitteleigentum abgeleiteten Macht- und Herrschaftsbefugnisse der „Eigentümer“ auf ihre sozial- wie gesellschafts- und insbesondere auch rechtspolitische Berechtigung im Rahmen der geltenden Gesamtrechtsordnung hin überprüft werden, wobei hier in besonderem Maße der vermögensrechtliche Aspekt der sogenannten „Eigentumsfrage“ interessiert. In diesem Sinne ist auch die derzeit in der Bundesrepublik geführte Diskussion um eine Vermögensbildung in Arbeitnehmerhand vorwiegend nicht mit dem Problem der „Um“-Verteilung bereits erworbenen Eigentums (an Produktionsmitteln), sondern hauptsächlich mit dem der „Neu“-Verteilung des zukünftig in der Wirtschaftseinheit Unternehmen (bzw. der Volkswirtschaft überhaupt) erzielten Wertzuwachses befaßt[31].

Bis heute ist jedoch gerade in diesem Bereich der Gesellschaftspolitik ein weitestgehender Stillstand im Hinblick auf eine rechtspolitische Lösung der anstehenden Fragen zu beobachten. Dies dürfte vor allem darin begründet sein, daß die Diskussion um eine Vermögens-/Eigentumsbildung in Arbeitnehmerhand immer noch zu sehr unter gesamtvolkswirtschaftlichen Verteilungsgesichtspunkten geführt wird und andererseits, daß — bedingt durch diese Zielsetzung — eine tragfähige Begründung für die in diesem Zusammenhang aufgestellten rechts- und gesellschaftspolitischen Forderungen noch nicht gefunden werden konnte. Mit dem Zielkonzept der vorliegenden Arbeit soll zugleich ein Versuch zur Überwindung dieses Begründungsdefizits unternommen werden. Da hierzu die Vermögensbildungsfrage unter Beschränkung auf den vorgenannten Aspekt der Verbesserung der Rechtsstellung des Arbeitnehmers im industriellen Produktionsprozeß erörtert wird[32],

---

[31] Vgl. hierzu und insbes. zu den verfassungsrechtlichen Fragen einer Um- oder Neuverteilung *E. Stein*, S. 28 ff. und das hier bereits genannte Schrifttum zu Vermögensbildung in Arbeitnehmerhand. Innerhalb der katholischen Soziallehre wird von *F. Klüber* die Notwendigkeit einer derartigen Beschränkung auf eine „zukünftige“ Neuverteilung jedoch in Frage gestellt und hier auch die Frage der nachträglichen Umverteilung „gemeinwohlwidrig“ erworbener Eigentumsrechte aufgeworfen — besonders deutlich in: Katholische Soziallehre und demokratischer Sozialismus, S. 58 ff., insbes. 81 ff.

sollen einleitend die Grundstrukturen der derzeitigen Rechtsstellung des Arbeitnehmers im bzw. zum Unternehmen kurz zusammengefaßt werden.

II. Die Rechtsstellung des Arbeitnehmers im Spannungsfeld von Arbeitsrecht, Gesellschaftsrecht und Unternehmensrecht

Im Hinblick auf die vorliegende Thematik ist die Frage nach der rechtlichen Stellung des Arbeitnehmers besonders unter dem Gesichtspunkt seiner Rechtsbeziehungen zum arbeitgebenden Unternehmen in vorwiegend vermögens- und eigentumsrechtlicher Hinsicht von Bedeutung, auf die sich die nachfolgenden Erörterungen daher im wesentlichen beschränken werden. Gerade in bezug auf die vermögensrechtlichen Beziehungen zum Unternehmen ist die Rechtsstellung des Arbeitnehmers abzugrenzen gegenüber der der „Eigentümer" oder „Inhaber" des Unternehmens, so daß die folgenden Überlegungen in besonderem Maße das Spannungsfeld zwischen Arbeitsrecht, Gesellschaftsrecht und Unternehmensrecht berühren.

Die derzeitige Rechtsordnung zeichnet sich aufgrund der geschichtlichen Bedingtheit ihrer Entstehung durch eine völlig unterschiedlich ausgestaltete Regelung der Rechtsbeziehungen der in einem Unternehmen zusammenwirkenden sog. „Produktionsfaktoren" und ihren Trägern nicht nur im Hinblick auf deren Beziehungen untereinander, sondern auch in ihrer jeweiligen Beziehung zum „Unternehmen" als einem übergreifenden und umfassenden Verband aus. Arbeitsrecht und Gesellschaftsrecht stehen sich dabei diametral gegenüber.

1. Die „arbeitsrechtliche" Stellung des Arbeitnehmers

Gemäß der „klassischen" Grundgestaltung des Arbeitsverhältnisses wird die Stellung der Arbeitnehmer nach den Grundsätzen unserer Rechtsordnung dadurch bestimmt, daß diese „abhängige Arbeit" im Dienste eines Arbeitgebers leisten[33]. Im Arbeitsvertrag verpflichtet sich der Arbeitnehmer zur Leistung „fremdbestimmter" Arbeit, womit er sich in persönliche und überwiegend auch wirtschaftliche Abhängigkeit zum Arbeitgeber stellt[34].

---

[32] Von diesem Ansatz her fallen die kleinen Handwerksbetriebe und das Dienstleistungsgewerbe aus dem Rahmen der Arbeit zunächst heraus, doch wird bei den Lösungsansätzen hierauf noch näher eingegangen — vgl. unten Teil IV, 2. Abschnitt, IV.

[33] *Hueck / Nipperdey*, § 2; *Schnorr v. Carolsfeld*, § 1 A; *A. Söllner*, §§ 2, 3 I, 28.

[34] Vgl. außer den vorstehend Genannten auch *O. Kunze*, Bemerkungen zum Verhältnis von Arbeits- und Unternehmensrecht, S. 333 m. w. N.; *F. Rancke*,

Dabei ist bezeichnend, daß das BGB von 1900 den „Arbeitsvertrag" nicht kennt. Das Arbeitsvertragsverhältnis unterfällt dem Recht des Dienstvertrages (§§ 611 ff. BGB), für dessen Regelung sich der Gesetzgeber am Modell der Sachmiete orientiert hat, was historisch betrachtet auf die „rechtliche Orientierung an der römisch-rechtlichen Sklavenmiete" zurückzuführen ist[35]. Aufgrund dieser Qualifizierung des Arbeitsvertragsverhältnisses als eines im wesentlichen rein schuldrechtlichen Austauschverhältnisses von Leistung und Gegenleistung kommt dem Arbeitnehmer trotz seiner Mitarbeit „im" Unternehmen letzlich eine bloß außerverbandliche Rechtsstellung „zum" Unternehmen zu. Denn in korporationsrechtlicher Hinsicht stehen die Arbeitnehmer dem Unternehmen weiterhin als „Außenstehende", als „Dritte" gegenüber[36].

Zwar wird „das Unternehmen" im Gegensatz zum Rechtsgebilde „Einzelkaufmann" oder „Gesellschaft", die vielfach als sogenannte Unternehmensträger angesprochen werden[37], heute überwiegend als „Unternehmensverband", als „sozialer Verband Unternehmen"[38] gesehen, in dem Arbeitnehmer, Kapitalgeber und Manager im Rahmen einer nicht nur technischen Organisationseinheit zusammenwirken, doch existiert dieses „interessenpluralistische"[39] Gebilde bis heute ausschließlich in der soziologischen Realität. Einen interessenpluralistischen Rechtsverband oder eine rechtlich voll durchorganisierte Gemeinschaft „Unternehmen", an der neben den Kapitalgebern (und Mana-

---

AuR 1979, S. 9 ff.; *A. Zeuner*, RdA 1975, S. 84 ff.; *G. Hueck*, RdA 1969, S. 216 ff. Zur Rechtsprechung vgl. etwa BAG 12, 303; 14, 17; BAG Jus 1967, S. 265 und zuletzt BAG-Urteil v. 15. 3. 78, AuR 1978, S. 344. Zur Kritik an dem Merkmal der persönlichen Abhängigkeit zur Bestimmung des Arbeitnehmerbegriffs vgl. *P. Schwerdtner*, Arbeitsrecht I, S. 57.

[35] Vgl. ausführlich *F. Fabricius*, Marktwirtschaft und Mitbestimmung Rz. 16; *ders.*, Leistungsstörungen im Arbeitsverhältnis; allgemein zur Entwicklung des deutschen Arbeitsrechts *W. Ebel*, S. 10 ff. und *H. Grebing*, passim. Zum Bild des Arbeitnehmers in der vorindustriellen Zeit vgl. *Th. Mayer-Maly*, RdA 1975, S. 59 ff. Zur Rechtsnatur des Arbeitsverhältnisses seit 1900 vgl. *P. Schwerdtner*, Fürsorgetheorie und Entgelttheorie, S. 22.

[36] Vgl. *O. v. Nell-Breuning*, Arbeitnehmer—Mitarbeiter—Mitunternehmer, S. 182 ff. (186); *Th. Raiser*, MitbestG, Einleitung B Rz. 38; *O. Kunze*, Wirtschaftliche Mitbestimmung als Legitimationsproblem, passim.

[37] *F. Rittner*, Die werdende juristische Person, S. 298 f.; *ders.*, Unternehmensverfassung und Eigentum, S. 363 ff. (369 f.); *ders.*, Die Funktion des Eigentums im modernen Gesellschaftsrecht, S. 54 m. w. N.

[38] *K. Duden*, S. 311; Biedenkopf-Kommissionsbericht, Teil IV, TZ 2, 8, 12 u. ff.; vgl. auch den sogenannten Sechserbericht: *Boettcher, Hax* u. a., Unternehmensverfassung als gesellschaftspolitische Forderung, passim; *K. Ballerstedt*, ZHR 135. Bd. S. 479 ff. (484); *Th. Raiser*, Das Unternehmen als Organisation, S. 100 ff., 153 ff.; *O. Kunze*, Bemerkungen zum Verhältnis von Arbeitsrecht und Unternehmensrecht, S. 345 ff.

[39] Vgl. zusätzlich *M. Kittner*, ZHR 136. Bd. S. 208 ff. (226); *O. Kunze*, Die Funktion des Eigentums im modernen Gesellschaftsrecht, S. 77 ff. (78) m. w. N.

gern) auch die Arbeitnehmer beteiligt wären, gibt es nach geltendem Recht nicht[40].

Obwohl das Unternehmen somit als „soziologische und organisatorische Einheit" verstanden werden kann, in der zur Verfolgung eines wirtschaftlichen Zweckes neben dem rechtlich selbständigen Unternehmer noch weitere Personen und vor allem auch Sachgüter zusammengefaßt sein können[41], läßt sich die funktionale Mitwirkung der Arbeitnehmer im Unternehmen doch nur in einem „organisationssoziologischen und außerjuristischen" Sinne als „Mitgliedschaft" bezeichnen[42]. Wenn in der heutigen Lehre der Arbeitsvertrag auch überwiegend als sogenanntes „personenrechtliches Gemeinschaftsverhältnis"[43] qualifiziert wird, in dem die primär schuldrechtliche Austauschverpflichtung von Leistung und Gegenleistung noch durch eine besondere gegenseitige Treuepflicht ergänzt wird, so wird doch letztlich dem Arbeitnehmer hiermit nur die weitere Verpflichtung auferlegt, „die Interessen des Arbeitgebers und seines Betriebes nach Kräften wahrzunehmen und alles zu unterlassen, was diese Interessen schädig"[44]. Nach geltendem Recht ist sogenannter Rechtsträger des Unternehmens allein der Inhaber oder die Gesamtheit von Inhabern des Unternehmensvermögens bzw. bei Kapitalgesellschaften die juristische Person, die selbst wieder einen Verband der Kapitalgeber-„Eigentümer" darstellt[45]. Demgegenüber gehören die Arbeitnehmer nicht zu den „inkorporierten" Mitgliedern dieses Rechtsverbandes Unternehmen, sondern stehen im Rechtssinne als „Lieferanten ihrer Arbeitsleistung" den übrigen Zuträgern des Unternehmens (etwa Rohstofflieferanten etc.) gleich[46], wenn auch das BetrVG und das MitbestG erste Ansätze für eine rechtl. Neuorientierung zeigen.

---

[40] So auch *F. Rittner* in: Marburger Gespräch, S. 50 ff. und *O. Kunze* (Fn. 38) S. 349. Zum Ganzen vgl. auch *L. Vollmer*, Die Entwicklung partnerschaftlicher Unternehmensverfassungen, S. 22 ff. m. w. N. Allgemein zur geltenden Unternehmensordnung vgl. auch *P. Raisch*, Unternehmensverfassungsrecht, Bd. 1 S. 18 ff., Bd. 2 S. 15 f.; zu ihrer Bedeutung als konstitutives Element unternehmerischer Herrschaftsbefugnisse vgl. *O. Kunze* in: Marburger Gespräch, S. 84 ff.

[41] Vgl. *F. Fabricius*, GK-BetrVG, § 47 Rz. 5 ff.; *ders.*, Grundbegriffe Rz. 25 ff. (27).

[42] Vgl. hierzu auch *N. Horn*, ZGR 1974, S. 141.

[43] Vgl. *Hueck / Nipperdey*, Bd. 1 S. 128 ff.; *A. Nikisch*, Bd. 1 S. 158 ff.; *Th. Raiser*, Das Unternehmen als Organisation, S. 153 f. Zur Rechtsnatur des Arbeitsverhältnisses vgl. auch *P. Schwerdtner*, Fürsorgetheorie und Entgelttheorie, S. 22 ff., 79 ff.

[44] *Hueck / Nipperdey*, S. 242.

[45] *O. Kunze* (Fn. 38), S. 347.

[46] Vgl. *O. v. Nell-Breuning*, Arbeitnehmer—Mitarbeiter—Mitunternehmer, S. 186.

Insgesamt zeichnet sich aber das aus den historischen Bedingtheiten der liberalistischen Wirtschaftsweise entwickelte Sozialmodell der industriellen Produktionsweise in rechtlicher Hinsicht bis heute dadurch aus, daß die so verstandene „äußere“ Mitwirkung der Arbeitnehmer zur Erreichung des von dem oder den Inhabern vorgegebenen Unternehmenszwecks über den Bereich der fremdbestimmten Arbeit nicht hinausführt, die bloße Arbeitsleistung insbesondere nicht als „gemeinsamer“ Beitrag zum „gesellschaftsrechtlich festgelegten Unternehmenszweck“ anerkannt wird[47]. Als vertraglich geschuldete Gegenleistung für die eingebrachte Arbeitskraft wird dem Arbeitnehmer daher auch nur ein Lohn- und Gehaltsanspruch im Sinne einer externen Gläubigerstellung eingeräumt, so daß die gezahlten Löhne und Gehälter in der jährlichen Gewinn- und Verlustrechnung des Unternehmens nur sogenannte „gewinnmindernde Betriebsausgaben“ darstellen. Die Höhe dieser Bezüge richtet sich im übrigen auch nicht nach dem faktormäßigen Anteil der eingebrachten Arbeit am erwirtschafteten Wertzuwachs des Unternehmens, sondern es wird nur der vorher im „freien“ Arbeitsvertrag (vom Arbeitgeber) festgelegte sogenannte „Abfindungslohn“, der zur Existenzsicherung des Arbeitnehmers und zur Konsumdeckung erforderlich ist, bezahlt[48], dessen Bestimmung sich in einer Marktwirtschaft ansonsten nach den äußeren Marktgesetzen von Angebot und Nachfrage der „Ware“ Arbeit richtet.

Aufgrund dieser rein arbeitsrechtlich fixierten Position stehen den Arbeitnehmern grundsätzlich auch keine der bisher vom Gesellschaftsrecht ausschließlich den Gesellschaftern zuerkannten Beteiligungs- oder Mitgliedschaftsrechte zu. Erst seitdem die fehlende Rechtfertigung der in den hochtechnisierten Großbetrieben unentbehrlich gewordenen sogenannten Managerherrschaft[49] zur gesetzlichen Ausgestaltung einer am Gesellschaftsorgan Aufsichtsrat großer Kapitalgesellschaften anknüpfenden Arbeitnehmer-Mitbestimmung auf Unternehmensebene ge-

---

[47] *N. Horn*, S. 141.

[48] Der Abfindungslohn stellt zugleich den „ausschließlichen Preis für die Ware Arbeit“ dar — vgl. *F. Schmidt*, S. 53.

[49] Zum „Regime der Manager“ vgl. *J. Burnham*, The managerial Revolution, passim. Im modernen Großunternehmen stehen die Manager heute den Anteilseignern in einer eigenständigen Spitzenposition als sogenannter „Dritter Produktionsfaktor“ gegenüber, wobei die zunehmende Selbstfinanzierung des unternehmerischen Kapitalbedarfs über §§ 76 ff. AktG hinaus ihre unternehmerische Unabhängigkeit noch verstärkt — vgl. *A. Rich*, S. 17, 63; *E. Salin*, S. 109; *N. Freytag*, Sp. 643. Zur heutigen Stellung der Unternehmensleiter im Unternehmen vgl. auch *R. Wiethölter*, S. 33 ff.; *F. Fabricius*, Rechtstheoretische Grundfragen zum Problem Multinationaler Unternehmen, S. 114 ff. (129 ff.); *ders.*, Grundbegriffe, Rz. 25 ff.; *F. Rittner*, Die werdende juristische Person, S. 281 m. w. N. Zur sogenannten „Trennung zwischen Eigentum und Verfügungsmacht“ vgl. *O. v. Nell-Breuning*, Eigentum und Verfügungsgewalt in der modernen Gesellschaft, in: ders., Wirtschaft und Gesellschaft heute, Bd. III, S. 253 ff.; *A. Rauscher*, S. 62.

führt hat[50], werden den Arbeitnehmern — in unterschiedlichem Umfang und auch nur in den den Mitbestimmungsgesetzen unterfallenden Unternehmen — erweiterte wirtschaftliche Mitsprache- und Mitentscheidungsrechte zuerkannt[51]. Im Hinblick auf die durch das Gesellschaftsrecht bisher allein den („wirtschaftlichen"[52]) Eigentümern des Unternehmens zugewiesenen Rechte am laufenden Gewinn und am Produktivvermögen und dessen Wertsteigerungen hat sich für die Rechtsstellung der Arbeitnehmer durch das Mitbestimmungsrecht jedoch keinerlei Änderung ergeben[53].

Bis heute ist daher die Stellung der Arbeitnehmer zum Unternehmen dadurch gekennzeichnet, daß sie durch die „Kategorie des Gesellschaftsrechts", das heute noch das „Kerngebiet des Unternehmensrechts" darstellt[54], nicht erfaßt wird[55].

2. Das Unternehmen als „Rechtsverband der Eigentümer"

Der im 19. Jahrhundert ausgeprägte und in seinen Grundstrukturen bis heute noch gültige Unternehmensaufbau, der sich weniger nach einem gesetzgeberischen Plan als historischen Gegebenheiten folgend entwickelt hat[56], identifiziert das Unternehmen in rechtlicher Hinsicht nur mit dem oder den Eigentümern „des Unternehmens" bzw. der im Unternehmen eingesetzten Vermögenswerte. Nur sie werden als „Be-

---

[50] Diese sogenannte „wirtschaftliche" Mitbestimmung (zur Abgrenzung vgl. *F. Fabricius*, Mitbestimmung in der Wirtschaft, S. 1 ff.; *ders.*, Grundbegriffe, Rz. 361 ff.) ist heute geregelt in: MitbestG 1976 v. 4. 5. 1976 (BGBl. I, 1153), MontanMitbestG v. 21. 5. 1951 (BGBl. I, 347), MitbestErgG v. 7. 8. 1956 (BGBl. I, 707) und in den gem. 129 BetrVG weitergeltenden §§ 76 - 77 a, 82, 85, 86 BetrVG 1952 (BGBl. I, 681). Zur Mitbestimmungsdiskussion vgl. ausführlich *F. Fabricius*, Marktwirtschaft und Mitbestimmung, Rz. 1 - 82; *ders.*, Naturrecht und Mitbestimmung, insbes. S. 79 ff.; zur gesetzespositiven Orientierungsleistung des MitbestG 1976 vgl. *P.-H. Naendrup* in: MitbestG S. 110 ff. und *ders.*, Mitbestimmung und Verfassung, passim. Zum Ganzen vgl. auch Einleitung II. 2. a. E.

[51] Zu den in diesem Zusammenhang hier nicht weiter interessierenden Mitsprache- und Mitwirkungsrechte der Arbeitnehmer auf Betriebsebene vgl. die Regelungen des BetrVG 1972 (BGBl. I, 13), insbes. die §§ 74 ff.; zur erweiterten Mitbestimmung in diesem betrieblichen Bereich vgl. auch die Vorschriften über den Wirtschaftsausschuß (§§ 106 ff. BetrVG).

[52] Vgl. unten Fn. 63.

[53] Über die Verwendung eines festgestellten Jahresgewinns oder über sonstige Maßnahmen der Kapitalausstattung kann allein die Hauptversammlung beschließen — vgl. §§ 174, 179 ff. AktG, so daß auch in mitbestimmten Unternehmen die Arbeitnehmerschaft hierauf keinen Einfluß nehmen kann.

[54] Vgl. *O. Kunze*, Bemerkungen zum Verhältnis von Arbeits- und Unternehmensrecht, S. 359 ff. Zu Unternehmensrecht (Unternehmensverfassungsrecht) vgl. auch unten Einleitung III.

[55] Vgl. hierzu auch *N. Horn*, S. 141 ff.; *M. Löwisch*, S. 139 f.

[56] Vgl. *M. Lutter*, Vermögensbildung und Unternehmensrecht, S. 12.

treiber“ des Unternehmens anerkannt, die es entweder selbst oder durch von ihnen eingesetzte Geschäftsführungs- und Vertretungsorgane leiten.

Haben sich mehrere Personen zum Betreiben eines Unternehmens zusammengeschlossen, so wird nach geltendem Gesellschaftsrecht das Unternehmen, bzw. die sogenannte „Träger-Gesellschaft“, nur als Vermögenszusammenschluß dieser „Kapitalgebergesellschafter“ anerkannt, deren vermögensrechtliche Eigeninteressen hierin eine organisationsrechtliche Koordination erfahren[57]. Die gewachsene Regelung der rein privatrechtlichen Organisation des Unternehmens, wie sie im geltenden Gesellschaftsrecht und dessen interessenmonistischer Grundstruktur zum Ausdruck kommt, faßt das im Unternehmen organisierte Produktivvermögen dabei rechtstechnisch als Gesellschaftsvermögen zusammen, was im Ergebnis gleichermaßen für Kapitalgesellschaften wie für Personengesellschaften gilt[58]. Zwar ist rechtstechnisch die Inhaberschaft an diesem Vermögen bei den letzteren (Gesamthandseigentum[59]) anders geregelt, als bei den Kapitalgesellschaften (Eigentum der juristischen Person, deren Mitglieder die Gesellschafter sind[60]), doch wird dadurch die „grundsätzliche Gleichartigkeit der Eigentümerposition“ nur verdeckt, nicht aber beseitigt[61]. Ebenso wie beim Einzelkaufmann wird auch hier allein den Inhabern (den Personengesellschaftern ebenso wie den hinter der juristischen Person stehenden Anteilseignern) entweder als „unmittelbare Frucht des industriellen Eigentums“[62] oder unmittelbar oder mittelbar über die Beteiligung („wirtschaftliches Eigentum“[63]) sowohl die ausschließliche Verfügungsbefugnis über das gesamte Unternehmen als auch der erwirtschaftete Gewinn zugewiesen. Während ersteres direkt aus dem Privateigentum an Produktionsmitteln abgeleitet wird, folgt die ausschließliche Gewinnzuweisung an die Kapitalgeberseite noch daraus, daß nach einer

---

[57] Auch beim Einzelkaufmann wird „das Unternehmen“ rechtlich nur mit der Person des Inhabers („Eigentümers“) identifiziert. Während sich hier die aus dem Eigentum (§ 903 BGB) abgeleitete Herrschaftsmacht in seiner Person konzentriert, hält das Gesellschaftsrecht für den Fall des Betreibens durch mehrere Personen eine interne Kooperations- und Koordinationsordnung bereit, die jedoch auch hier nur den Kreis der „Gesellschafter“ betrifft — zum Ganzen vgl. auch *Th. Raiser*, Das Unternehmen als Organisation, insbes. S. 138 ff.; *F. Brecher*, passim; *Gierke / Sandrock*, S. 172.

[58] Vgl. *N. Horn*, S. 139; *Th. Raiser*, S. 145 f.

[59] Vgl. §§ 705, 718, 719 BGB, §§ 105 Abs. 2, 161 Abs. 2 HGB.

[60] Vgl. z. B. §§ 1, 12, 54 ff., 118 ff. AktG; §§ 13 ff., 45 ff. GmbHG.

[61] Vgl. *N. Horn*, S. 140; *F. Rittner*, Die Funktion des Eigentums, S. 53 ff.; *Th. Raiser*, Das Unternehmen als Organisation, S. 147.

[62] *M. Lutter*, S. 18.

[63] Vgl. *H. Würdinger*, Aktien- und Konzernrecht, S. 3; *K. Ullrich*, Aktionärseigentum und Mitbestimmung, S. 11 ff.; *F. Fabricius*, Grundbegriffe, Rz. 385; *Boettcher*, *Hax* u. a., S. 22; *Th. Raiser*, S. 147.

bisher nicht angezweifelten Selbstverständlichkeit unserer Privatrechtsordnung das im Unternehmen hergestellte Produkt dem Arbeitgeber gebührt, worauf hier später noch besonders zurückzukommen sein wird[64].

Demgegenüber bleiben die für den Vollzug des technischen Produktionsprozesses benötigten Arbeitskräfte auch nach ihrem Eintritt in das Unternehmen, als einem umfassenden Sozialverband, aufgrund ihrer vorbezeichneten arbeitsrechtlichen Stellung außerhalb dieses, rein eigentümerbezogenen Rechtsverbandes. Nach der noch heute vorherrschenden Ansicht rechtfertigt der Einsatz von Kapital und die Nutzung des Eigentums an Produktionsmitteln den persönlichen „Unternehmergewinn" des kapitalistischen Systems, zumal dieses Eigentum als „natürlich unentbehrliches und unersetzliches Element einer am Gewinnstreben einzelner im Wettbewerb mit anderen orientierten Wirtschaftsordnung angesehen wird[65].

Die beiden wesentlichen, hier interessierenden Merkmale der Grundstruktur der bis heute geltenden Unternehmensordnung sind demnach:

„1. Legitimation des wirtschaftlichen Handelns in den Unternehmen durch den Faktor Kapital,

2. Zurechnung des Wertzuwachses einer Periode bei den Eigentümern des Faktors Kapital[66]."

Aus dem Eigentum an Produktionsmitteln leitet sich daher nach bisherigem Rechtsverständnis einer am Privateigentum orientierten Wirtschaftsordnung neben der umfassenden Verfügungsgewalt auch eine ausschließliche vermögensrechtliche Teilhaberberechtigung für den jeweiligen Eigentümer ab, so daß die auf den historischen Gegebenheiten des 19. Jahrhunderts beruhende Unternehmensordnung sich im Ergebnis durch eine „asymmetrische Behandlung"[67] der in einem Unternehmen zusammenwirkenden Personengruppen auszeichnet. Im Grundsatz können Arbeitsrecht und Gesellschaftsrecht daher noch heute als „soziologisch und dogmatisch weit entfernte Bereiche" bezeichnet werden, „in deren Unterscheidung sich der Klassengegensatz zwischen Arbeitnehmern und Kapitalisten und die Strukturprinzipien der kapitalistischen Unternehmensordnung verfestigt haben"[68].

---

[64] Vgl. unten Teil III und Teil IV.

[65] *H. Rasch*, Kritisches Plädoyer für den Kapitalismus, S. 65; *ders.*, Die Umverteilung des Vermögenszuwachses von Unternehmen in verfassungsrechtlicher Sicht, S. 257.

[66] *N. Koubek*, S. 68.

[67] *H. J. Engeleiter*, S. 67.

[68] *Th. Raiser*, MitbestG, Einleitung Rz. 38.

III. Die Kritik an der geltenden Unternehmensordnung und die bisherigen Lösungsversuche

Die in der vorbezeichneten Ordnung zum Ausdruck kommende „Herr im Hause"-Position der Eigentümer des Unternehmens[69], die ihr Korrelat in der „Subordination", d. h. der Unterordnung des Faktors Arbeit unter den Faktor Kapital und unter die durch das Kapitaleigentum legitimierte Managerherrschaft findet, bewirkt bis heute, daß die sogenannte „Objektstellung des Arbeitnehmers"[70] im Unternehmen sowie seine durch die „Trennung des Produzenten von den Produktionsmitteln"[71] bewirkte Eigentumslosigkeit an diesen Wirtschaftsgütern weiter fortbesteht[72]. Diese Unternehmensordnung, die bisher unter Berufung auf die durch das Privateigentum (an den Produktionsmitteln) dem jeweiligen Inhaber vermittelte Verfügungsbefugnis und auf das Tragen des mit dem Kapitaleinsatz verbundenen Vermögensrisikos gerechtfertigt wurde[73], ist jedoch schon lange in den Mittelpunkt der sozial- und gesellschaftspolitischen Kritik gerückt.

Während im Hinblick auf das o. a. erste Strukturmerkmal der Unternehmensordnung die zunehmend als unzureichend empfundene Rechtfertigung der Managerherrschaft in großen Kapitalgesellschaften, die bislang ebenfalls aus den „Prinzipien der Herrschaftsberechtigung der alten Autoritäten", also insbesondere aus der „alten Verbindung von Macht und Eigentum" hergeleitet wurde[74], zum eigentlichen Anlaß der sogenannten „Mitbestimmungsfrage" geworden ist, hat sich an dem zweiten Merkmal und der hierdurch ermöglichten Vermögensakkumulation die Diskussion um eine Vermögensbildung in Arbeitnehmerhand erneut entfacht. Im Bereich dieser gesellschaftspolitischen Diskussion ist es jedoch von Anfang an zu einer weitgehenden Trennung zwischen den Themenbereichen der „Mitbestimmung in der Wirtschaft"[75] und der „Vermögensbildung in Arbeitnehmer-

---

[69] Vgl. hierzu auch *A. Rich*, S. 17; *H. Grebing*, passim; *H. Herkner*, Bd. 1, S. 7 ff.

[70] Vgl. *A. Rich*, S. 18; *Boettcher, Hax* u. a., S. 71 f., 89 f. *O. v. Nell-Breuning*, Wirtschaft und Gesellschaft heute, Bd. III, S. 225; *F. Klüber*, Eigentumstheorie und Eigentumspolitik, S. 255; *A. Brock*, passim; vgl. hierzu auch den Biedenkopf-Kommissionsbericht, Teil IV Nr. 2.

[71] *O. v. Nell-Breuning*, Arbeit und Mitbestimmung, S. 19; *L. Preller*, S. 11. Zum Ganzen vgl. auch unten Teil II, 1. Abschnitt.

[72] Vgl. hierzu auch *W. Däubler*, S. 504.

[73] Auch im neuzeitlichen Industrialismus konnte so der bloße Sachbesitz wieder zur Grundlage der Macht des Menschen über den Menschen werden — vgl. *F. Klüber*, S. 255 ff., 287.

[74] Vgl. *H. Schelsky*, S. 94; *Th. Raiser*, S. 7 ff.; zum Ganzen vgl. grundlegend *A. Schumpeter*, S. 213 ff.; *J. K. Galbraith*, S. 104 ff.

[75] Zur Begriffsbestimmung vgl. oben Fn. 50.

hand" gekommen. Diese hat bis heute dazu geführt, daß die beiden Themen weithin als voneinander unabhängige sozialpolitische Forderungen behandelt werden[76], was wesentlich auch die jeweiligen Lösungswege beeinflußt hat.

Die derzeitigen Regelungen der Mitbestimmung der Arbeitnehmer auf Unternehmensebene, die neben der weiter bestehenden Formenvielfalt durch die auch im MitbestG 1976 nicht überwundene „Unausgewogenheit im Rechtsformenzugriff" geprägt sind[77], institutionalisieren diese sogenannte wirtschaftliche Mitbestimmung der Arbeitnehmer ausschließlich am Gesellschaftsorgan Aufsichtsrat[78], so daß dieses unternehmerische Mitbestimmungsrecht der Arbeitnehmer dem bestehenden Gesellschaftsrecht mehr oder weniger systemwidrig aufgepflanzt wurde[79]. Selbst, wenn man in der voll-paritätischen, d. h. der „gleichgewichtigen und gleichberechtigten"[80] Mitbestimmung der Arbeitnehmer im Unternehmen einen ersten Schritt zur Fortentwicklung des (alten) Gesellschaftsrechts zu einem (neuen) Unternehmensrecht sieht[81], so darf doch nicht außer Acht gelassen werden, daß auch bei einer Ausdehnung auf alle Gesellschaftsformen und deren Organisationsstrukturen hiermit nur eines der als kritikwürdig empfundenen Strukturelemente der überkommenen Unternehmensordnung beseitigt würde. Denn die weitergehende vermögens- und eigentumsrechtliche Frage der wirtschaftlichen Ergebnisteilhabe im Sinne einer auch vermögensrechtlich gleichgewichtigen „Partnerschaft" zwischen Arbeitnehmern und Kapitalgebern wird hiermit nicht einmal berührt.

Insgesamt hat gerade diese Trennung innerhalb der gesellschaftspolitischen Diskussion bis heute dazu beigetragen, daß es im Hinblick

---

76 *G. Wöhe,* Interdependenzen, S. 99; *E. J. Mestmäcker,* S. 5; *L. Vollmer,* Die Entwicklung partnerschaftlicher Unternehmensverfassungen, S. 1. Auch in dem Bericht der Bundesregierung über die Vermögensbildung (Entwurf) findet sich die Formulierung, daß Vermögensbildung mit Mitbestimmung nicht in einem Zielkonflikt stehe und keine Alternative zu ihr sei, da sich durch Anteilseigentum das Problem der Mitbestimmung nicht lösen lasse. Deshalb sei Vermögensbildung in Arbeitnehmerhand kein Ersatz für Mitbestimmung, „sondern ein gleichrangiges Anliegen auf anderer Ebene" — Dokumentation R+S Verlag, Teil C (93). Den Versuch einer integrierenden Betrachtungsweise gerade unter dem übergeordneten Aspekt der zu verwirklichenden Grundziele, die in beiden Themenbereichen als weitgehend übereinstimmend erkannt werden, unternimmt *E. Lipowsky,* Vermögensbildende Erfolgsbeteiligung, S. 4 f.

77 *P.-H. Naendrup,* Zur gesetzespositiven Orientierungsleistung des sogenannten Mitbestimmungsgesetzes, S. 111 ff.

78 Zum sogenannten Arbeitsdirektor auf Vorstandsebene vgl. § 33 MitbestG, § 13 Montan-MitbestG, § 13 MitbestErgG.

79 Vgl. hierzu *F. Böhm,* S. 11 ff.

80 So die Begründung der Bundesregierung zum Entwurf eines MitbestG — BT-Drucks. 7/2172.

81 So *F. Fabricius,* Grundbegriffe, Rz. 363 a. E.

auf die bereits in den 50er Jahren diskutierte Reform eines sog. Unternehmensrechts[82] zu keiner abschließenden Lösung kommen konnte. Diese wird noch dadurch erschwert, daß zwar das Mitbestimmungsthema von Anfang an unternehmensbezogen diskutiert und hier auch eine unternehmensrechtliche Lösung angestrebt (wenn auch noch nicht verwirklicht) wurde, daß aber die Frage der Vermögensbildung in Arbeitnehmerhand bis heute überwiegend auf der makro-ökonomischen Verteilungsebene erörtert wurde, womit der Bezug zur (vermögensrechtlichen) Rechtsstellung des Arbeitnehmers im Unternehmen weitgehend verlorengegangen ist. Obwohl mit beiden Themen letztlich gemeinsam das Problem der sogenannten „Unternehmenskonzentration“[83] gelöst werden soll — mit Mitbestimmung die Konzentration der Verfügungsgewalt bei den „Eigentümern des Unternehmens“ und mit Vermögensbildung (Vermögensverteilung) die einseitige Vermögenskonzentration bei diesem Personenkreis —, wurden beide Themen bisher unter ganz verschiedenen Vorzeichen diskutiert. Die rein monetäre und gesamtvolkswirtschaftliche „Verteilungssicht“ in dem letztgenannten Bereich hat jedoch nicht nur zu dem bis heute bestehenden Begründungsdefizit im Hinblick auf konkrete vermögenspolitische Lösungsvorschläge beigetragen, sondern auch dazu geführt, daß diese Verteilungsfrage sich allzu leicht dem Vorwurf einer allgemeinen Gleichmacherei ausgesetzt sieht, weshalb dieses Thema bisher auch in der Arbeitnehmerschaft kein übermäßiges Interesse wecken konnte.

Die folgenden Überlegungen wollen daher nicht zuletzt zu einer Neuorientierung innerhalb der gesellschaftspolitischen Diskussion um eine Vermögensbildung in Arbeitnehmerhand beitragen. Hierzu soll insbesondere geprüft werden, inwieweit auch der Vermögensbildungs-

---

[82] Vgl. *R. Reinhardt,* Die gesellschaftsrechtlichen Fragen der Gestaltung der Unternehmensformen, 39. deutscher Juristentag 1951 S. B 5 ff. und Bericht der Studienkommission, Die Partnerschaft der Arbeitnehmer, Untersuchungen zur Reform des Unternehmensrechts, Teil II; zum Ganzen auch *P. Raisch,* Unternehmensrecht, Bd. 1 S. 18 ff.; Bd. 2 S. 15; *O. v. Nell-Breuning,* Unternehmensverfassung, S. 47 ff. Zum immer noch umstrittenen Begriff des Unternehmensrechts oder Unternehmensverfassungsrechts vgl. statt vieler *Th. Raiser,* MitbestG, Einleitung B, Rz. 39 m. w. N. Zur Begriffsbestimmung und zur Diskussion vgl. auch *Boettcher, Hax* u. a., passim und *O. Kunze,* Bemerkungen zum Verhältnis von Arbeitsrecht und Unternehmensrecht, S. 359 ff. In der neueren Mitbestimmungsdiskussion hat die Einführung einer Arbeitnehmervertretung im Anteilseignerorgan (Gesellschafterversammlung, Hauptversammlung) oder eines neuen paritätisch zu besetzenden Unternehmensorgans nie ernsthaft zur Debatte gestanden — vgl. *K. Ballerstedt,* Das MitbestG zwischen Gesellschafts-, Arbeits- und Unternehmensrecht, S. 134 f. Auch in der Begründung der Bundesregierung zum Entwurf eines MitbestG findet sich die Bemerkung, daß hiermit keine Fortentwicklung zu einem neuen Unternehmensrecht bezweckt sei, da dies eine längerfristige Aufgabe sei — vgl. BT-Drucks. 7/2172.

[83] *E. J. Mestmäcker,* S. 5.

gedanke für das Zielkonzept einer Neuordnung der Rechtsstellung des Arbeitnehmers im Unternehmen nutzbar gemacht werden kann. Dabei wird vor allem zu untersuchen sein, inwieweit auch dieser gesellschaftspolitischen Forderung über den rein verteilungstheoretischen Aspekt hinaus ein „arbeitsrechtlicher" oder „unternehmensrechtlicher" Bezug zukommt oder zukommen kann und welche Folgerungen sich daraus für eine Lösung des „Arbeiterproblems" ableiten lassen. Hierzu wird zunächst von den bisher verwirklichten staatlichen Maßnahmen zur Vermögensbildung sowie von den hierzu in der neueren Diskussion vorgeschlagenen weitergehenden Plänen und Modellen ausgegangen, deren Leitideen und Ziele besonders herausgestellt werden sollen.

TEIL I

Die derzeitigen Lösungsansätze für eine Vermögensbildung in Arbeitnehmerhand in verteilungspolitischer und unternehmensrechtlicher Sicht

1. Abschnitt

Gesetzgeberische Maßnahmen zur Vermögensbildung in Arbeitnehmerhand — Inhalt, Ziele und Auswirkungen

I. Allgemeines

Im Rahmen der staatlichen Vermögenspolitik, wie sie in der Bundesrepublik Deutschland seit Anfang der 50er Jahre bewußt geführt wird, sind bis heute eine Vielzahl von gesetzgeberischen Maßnahmen erfolgt, die dem Ziel der Vermögensbildung in Arbeitnehmerhand dienen sollen. Hierzu gehört insbesondere das heute zum „Eckpfeiler"[1] der Vermögenspolitik gewordene „Gesetz zur Förderung der Vermögensbildung der Arbeitnehmer". Auch das „Gesetz über steuerliche Maßnahmen bei der Erhöhung des Nennkapitals aus Gesellschaftsmitteln und der Überleitung eigener Aktien an Arbeitnehmer", das „Gesetz über Kapitalanlagegesellschaften" sowie die bisher erfolgten Maßnahmen im Rahmen der Privatisierung von erwerbswirtschaftlichen Staatsunternehmen (Preussag, Volkswagenwerk, VEBA) sind hier zu nennen[2].

Des weiteren können hierzu jedoch auch die derzeit geltenden Sparförderungsmaßnahmen im Rahmen des „Spar-Prämiengesetzes" und die auf den Bereich des Wohnungs- und Eigenheimbaus beschränkte Förderung durch das „Wohnungsbau-Prämiengesetz" gezählt werden. Zwar sollten diese, die staatliche Vermögenspolitik in den ersten Nachkriegsjahren prägenden Maßnahmen der Spar- und der Wohnungsbauförderung zunächst allein der „allgemeinen" Sparförderung, dem

---

1 *W. Drechsler*, S. 20.

2 Auf fiskalpolitische Möglichkeiten, soweit sie dem vermögenspolitischen Instrumentarium zugerechnet werden können (sog. „sekundäre Einkommensverteilung"), wird hier nicht weiter eingegangen werden — vgl. hierzu näher *U. Andersen*, S. 160 ff. Keine Berücksichtigung findet hier auch das Gesetz über Bergmannsprämien (BergPG) v. 12. 5. 1969 (BGBl. I, 434).

„Sparen um jeden Preis“, dienen[3], doch hat sich inzwischen aufgrund erfolgter gesetzlicher Änderungen, durch die bestimmte Einkommensgrenzen für die Förderung festgesetzt wurden und durch die die einzelnen staatlichen Förderungsbereiche eine weitgehende Angleichung untereinander erfuhren, der Kreis der Berechtigten im wesentlichen auf den Personenkreis beschränkt, auf den sich die Forderung nach einer Vermögensbildung „in Arbeitnehmerhand“ heute überwiegend bezieht. Auch stehen die hier gebotenen Sparmöglichkeiten derzeit in der Praxis bei weitem an der Spitze der Anlageformen, wie sie u. a. auch das Dritte Vermögensbildungsgesetz vorsieht[4].

II. Einzelne Förderungsmaßnahmen im Rahmen der staatlichen Vermögenspolitik

1. Spar-Prämien- und Wohnungsbau-Prämiengesetz

a) Spar-Prämiengesetz (SparPG)

Das 1959 eingeführte „Gesetz über die Gewährung von Prämien für Sparleistungen“ (Spar-Prämiengesetz)[5], das durch Art. 3 des Einkommenssteuerformgesetzes 1975[6] seine wohl bisher einschneidenste Veränderung erfahren hat, ist heute gültig in der Fassung der Bekanntmachung vom 20. Dez. 1977[7]. Die wesentlichen Voraussetzungen für die Gewährung einer staatlichen Prämie, die sich derzeit auf 14 % der in einem Kalenderjahr geleisteten Sparbeiträge, höchstens jedoch DM 800,— (Ehegatten: 1.600,— DM), bemißt[8], sind nach diesem Gesetz, daß die Geldanlage des Sparers in bestimmten Formen erfolgt, daß das maßgebende Einkommen des Begünstigten — der unbeschränkt einkommensteuerpflichtig sein muß — die in § 1 a SparPG festgesetzten Einkommensgrenzen nicht übersteigt (derzeit 24.000,— DM für Ledige, 48.000,— DM für Ehegatten)[9] und daß bestimmte Festlegungszeiten eingehalten werden.

---

[3] Die zunächst praktizierte Sparförderung in der Form des Steuerabzugs hatte die vermögenspolitisch gerade unerwünschte („perverse“) Folge, daß Großverdiener infolge der Steuerprogression in den überwiegenden Genuß der staatlichen Sparförderungsmaßnahmen kamen — vgl. *U. Andersen*, S. 129 und unten III.

[4] Vgl. *J. Bonsels*, S. 69.

[5] Vom 5. 5. 1959 — BGBl. I, 241.

[6] „Gesetz zur Reform der Einkommensteuer, des Familien-Lastenausgleichs und der Sparförderung“ v. 5. 8. 1974 — BGBl. I, 1769.

[7] BGBl. I, 3165 — zuletzt geändert durch das StÄndG v. 30. 11. 78 — BGBl. I, 1489.

[8] § 2 Abs. 1 u. 2 SparPG; je Kind erhöht sich der Prämiensatz um weitere 2 %.

Als prämienbegünstigte Sparbeiträge gelten gem. § 1 Abs. 2 SparPG insbesondere die Geldanlage im Rahmen des sogenannten Kontensparens und des sogenannten Wertpapiersparens. Ersteres umfaßt vor allem die Anlage in allgemeinen, Raten- oder vermögenswirksamen Sparverträgen bei Kreditinstituten, während Gegenstand des Wertpapiersparens insbesondere die geldlichen Sparaufwendungen für den Erwerb von Aktien, Kuxen, Wandel- und Gewinnschuldverschreibungen, Investmentzertifikaten deutscher Kapitalanlagegesellschaften sowie den festverzinslichen Schuldverschreibungen oder Anleihforderungen gegen die öffentliche Hand sind. Für die Form des Wertpapiersparens stehen dieselben Vertragstypen zur Wahl, die für das Kontensparen zur Verfügung stehen. Prämienbegünstigt sind darüber hinaus aber auch z. B. die Aufwendungen von Arbeitnehmern, die zur Begründung von Darlehensforderungen gegen ihren Arbeitgeber gemacht werden, wenn diese Aufwendungen vermögenswirksame Leistungen, die vom Arbeitgeber zusätzlich zum Arbeitslohn erbracht werden, darstellen und die weiteren Voraussetzungen des § 1 Abs. 2 Ziff. 6 SparPG erfüllt werden.

Für alle im Rahmen des SparPG angelegten Sparbeiträge gilt, daß sie nur dann prämienbegünstigt sind, wenn eine Festlegungszeit von derzeit 6 bzw. 7 Jahren eingehalten wird; eine frühere Verfügung über die angesammelten Sparbeiträge hat in der Regel den Verlust der Prämie zur Folge[10]. Über die bei Vorliegen aller Voraussetzungen auf Antrag des Begünstigten vom Finanzamt gewährte Prämie, die aus Haushaltsmitteln des Bundes getragen wird, kann der Begünstigte jedoch frei verfügen[11].

Im Hinblick auf die weiterhin bestehende Formenvielfalt der staatlichen Sparförderung verhindert heute das sogenannten Kumulierungsverbot eine gleichzeitige Inanspruchnahme der Sparprämie und der Wohnungsbauprämie, bzw. des Sonderausgabenabzugs für Bausparbeiträge gem. § 10 EStG; ausgeschlossen hiervon sind nur solche Beiträge, die vermögenswirksame Leistungen darstellen, für die eine Arbeitnehmer-Sparzulage gewährt wird[12]. Nach der erfolgten Angleichung der staatlichen Sparmaßnahmen zur Vermögensbildung können Arbeitnehmer heute auf alle im Gesetz vorgesehenen Arten von Sparverträgen nicht nur eigene, freie Mittel einzahlen, sondern auch ver-

---

[9] Die Einkommensgrenze erhöht sich je Kind um 1.800,— DM. Ehegatten und Kinder bilden jedoch eine sogenannte Höchstbetragsgemeinschaft — vgl. § 2 Abs. 2 u. 3 SparPG.

[10] Vgl. § 1 Abs. 3 SparPG; zu den Ausnahmen vgl. § 1 Abs. 4 Ziff. 2 a - c SparPG; zu weiteren Fällen prämienunschädlicher Verwendung vgl. § 1 Abs. 5 u. 6 SparPG.

[11] Diese zählen nicht zu den Einkünften nach dem EStG — vgl. § 7 SparPG.

[12] § 16 S. 2 SparPG — vgl. auch § 1 Abs. 1 SparPG.

mögenswirksame Leistungen des Arbeitgebers überweisen lassen[13]. Dasselbe gilt für die Anlagemöglichkeiten nach dem Wohnungsbau-Prämiengesetz.

b) Wohnungsbau-Prämiengesetz (WoPG)

Auch für das 1952 eingeführte, heute in der Fassung der Bekanntmachung vom 20. Dez. 1977 gültige WoPG[14] gilt, daß diese staatliche Sparmaßnahme durch das bereits genannte EStRG 1975 ihre bisher größte Veränderung erfahren hat.

Aufgrund der im wesentlichen auf die besondere Vermögensform des Wohnungsbaus (einschl. Eigenheimbau) beschränkten Förderung durch das WoPG wird natürlichen Personen, wenn sie unbeschränkt einkommensteuerpflichtig sind, für sogenannte „Aufwendungen zur Förderung des Wohnungsbaus" eine Prämie in Höhe von derzeit 18 % der in einem Kalenderjahr bis zu einer bestimmten Höhe geleisteten prämienbegünstigten Aufwendungen gezahlt[15], wenn die schon beim SparPG genannten Einkommensgrenzen nicht überschritten werden und eine 7jährige Festlegungszeit eingehalten wird[16]. Als Aufwendungen zur Förderung des Wohnungsbaus gelten gem. § 2 WoPG insbesondere die Beiträge an Bausparkassen zur Erlangung von Baudarlehen oder die Beiträge im Rahmen des Kontensparens, wenn die eingezahlten Sparbeträge zum Bau oder Erwerb von Wohnraumeigentum etc. verwendet werden. Hierzu zählen jedoch auch die Aufwendungen für den ersten Erwerb von Anteilen an Bau- und Wohnungsgenossenschaften. Im Rahmen der staatlichen Wohnungsbauförderung gilt weiter die Besonderheit, daß der Berechtigte wählen kann, ob er für erbrachte Bausparbeiträge eine Prämie nach dem WoPG oder den Sonderausgabenabzug für Bauleistungen nach § 10 EStG erhalten möchte[17]. Dieses Wahlrecht kann jedoch nur einmal im Kalenderjahr und nur einheitlich für alle der Höchstbetragsgemeinschaft unterfallende Personen ausgeübt werden. Im übrigen gilt auch hier das allgemeine Kumulierungsverbot[18].

c) Gesetzgeberische Ziele und vermögenspolitische Bedeutung des SparPG und des WoPG

Anhand der vorbezeichneten staatlichen Sparförderungsmaßnahmen kann in besonderem Maße der in der Vergangenheit erfolgte Zielwandel innerhalb der staatlichen Vermögenspolitik in diesem Bereich auf-

---

13 Vgl. § 2 Nr. a 3. VermBG und unten II. 2.

14 BGBl. I, 3171.

15 § 3 Abs. 1 u. 2 WoPG.

16 §§ 1; 2 Abs. 2; 2 a WoPG.

17 § 2 b Abs. 1 WoPG.

18 Vgl. § 2 b Abs. 2 WoPG.

gezeigt werden. Waren es zunächst vorwiegend kapitalmarktpolitische Ziele, denen in den ersten Nachkriegsjahren die staatliche Sparförderung — vor allem das steuerbegünstigte Kontensparen von 1948 bis 1958[19], aber auch noch das WoPG 1952[20] und das SparPG 1959[21] — dienen sollten[22], so haben sich in der Folgezeit aufgrund der sich wandelnden ökonomischen und politischen Erfordernissen auch die gesetzgeberischen Zielvorstellungen gewandelt. In der Begründung zum Regierungsentwurf des Einkommensteuerreformgesetzes von 1975[23], mit dem die bisherige staatliche Sparförderung grundlegend reformiert werden sollte[24], wird angeführt, daß die Förderung nunmehr in erster Linie aus gesellschafts- und eigentumspolitischen Gründen gerechtfertigt und geboten sei[25]. Da die Prämiierung des Sparens nicht weiter „ungerechtfertigt"[26] auch den Beziehern hoher Einkommen zugutekommen sollte, war es das erklärte reformpolitische Ziel, daß insbesondere durch die Einführung von Einkommensgrenzen, wie sie vorher schon beim 3. VermBG eingeführt worden waren, die staatlichen Sparanreize zukünftig gezielt auf Personen ausgerichtet sein sollten, für die das Sparen einen fühlbaren Konsumverzicht darstellt, also auf die Bezieher mittlerer und kleiner Einkommen. Aufgrund dieser reformpolitischen Maßnahme findet heute auch die staatliche Sparförderung im tatsächlichen Bereich im wesentlichen eine Beschränkung auf weite Bereiche der Arbeitnehmerschaft, obwohl eine ausdrückliche Ausrichtung auf diesen Personenkreis hiermit nicht bezweckt worden war.

Mit der Beschränkung auf den vorbezeichneten Kreis von Haushalten sollte das zunächst aus wachstumspolitischen Gründen geförderte Sparen jetzt vorwiegend auch verteilungspolitischen Gesichtspunkten innerhalb der staatlichen Vermögenspolitik dienen. Durch die Umlenkung eines Teiles der Einkünfte von konsumtiver zu investiver Verwendung sollte auf rein freiwilliger Basis eine stärkere Teilhabe der unteren und mittleren Einkommensschichten, also insbesondere der Arbeitnehmerhaushalte, am Investitionskapital der Wirtschaft und

---

[19] In der Form der steuerlichen Begünstigung von Kapitalansammlungsverträgen durch den Sonderausgabenabzug bei der ESt.

[20] Vom 17. 11. 1952 — BGBl. I, 139.

[21] Beide Gesetze sahen noch keine Einkommensgrenzen für die Gewährung einer Prämie vor.

[22] Vgl. die Begründungszusammenstellung in BT-Drucks. 7/1470 S. 383.

[23] Oben Fn. 6.

[24] Entschließung des Deutschen Bundestages v. 4. 6. 1970 — BT-Drucks. VI, 860; zur damaligen Kritik an der bis dahin geübten Sparförderung und allgemein auch zu den aufgestellten Reformvorschlägen vgl. das Gutachten der Steuerreformkommission v. 30. 3. 1971; vgl. auch Schriftenreihe des Bundesministeriums der Finanzen, Heft 17, Abschnitt III, Tz. 17 ff.

[25] BT-Drucks. 7/1470, 383.

[26] Ebenda S. 384.

damit am allgemeinen Wirtschaftswachstum erreicht werden. Dies gilt gleichermaßen auch für die Sparförderung nach dem WoPG, bei der die genannten Haushalte in verstärktem Umfang zu der besonderen Vermögensform des Haus- und Grundbesitzes gelangen sollten.

Während es gerade in diesem Bereich inzwischen zu einer recht breiten Streuung von privat genutztem Grundbesitz gekommen ist, bleibt im Hinblick auf die praktischen Auswirkungen der Sparförderung jedoch — insbesondere soweit es das bloße Geldsparen betrifft — anzumerken, daß diese Maßnahme sich nur in beschränktem Umfange vermögensbildend auswirken kann, da sie im wesentlichen nur zu einer Anhebung des Sparanreizes, d. h. des Sparwillens, beiträgt, denn die anzulegenden Mittel müssen aus bereits vorhandenem Einkommen aufgebracht werden. Die Frage, ob die Berechtigten auch über eine entsprechende Sparfähigkeit über ihren konsumtiven Lohnanteil hinaus verfügen, findet im Rahmen dieser Maßnahmen weiter keine Berücksichtigung. Dieser Mangel der staatlichen Sparförderung sollte 1961 durch das „Gesetz zur Förderung der Vermögensbildung der Arbeitnehmer" behoben werden, mit dem erstmals das Ziel der Anhebung auch der Sparfähigkeit verfolgt wurde. Das Gesetz ist seit seiner Einführung mehrfach neugefaßt worden.

2. Gesetz zur Förderung der Vermögensbildung der Arbeitnehmer (VermBG)

a) Das 3. VermBG und § 8 KapErhStG

Das derzeit in der Fassung vom 15. Jan. 1975[27] gültige „Dritte Gesetz zur Förderung der Vermögensbildung der Arbeitnehmer" (3. VermBG) aus dem Jahre 1970[28] hat gegenüber dem bis dahin geltenden 2. VermBG[29] wesentliche Neuerungen gebracht. So wurde einmal der Begünstigungsrahmen von 312,— auf 624,— DM pro Jahr erhöht und zum anderen das Förderungssystem von der Steuer- und Sozialabgabenbefreiung[30] auf die Gewährung einer sogenannten Arbeitnehmer-Sparzulage umgestellt.

Nach der derzeitigen Regelung erhalten Arbeitnehmer[31], soweit ihr zu versteuerndes Einkommen 24.000,— DM (Ehegatten: 48.000,— DM) jährlich nicht übersteigt, für vom Arbeitgeber erbrachte sogenannte

[27] BGBl. I, 257.

[28] Vom 27. 6. 1970 — BGBl. I, 930.

[29] Vom 1. 7. 1965 — BGBl. I, 585.

[30] Vgl. §§ 12, 13 2. VermBG.

[31] Es gilt im wesentlichen der arbeitsrechtliche Arbeitnehmerbegriff — vgl. § 1 Abs. 2 3. VermBG; vgl. näher *J. Bonsels*, S. 18 ff.; *Gérard / Kunze / Schäfer*, Kennziffer 810 S. 1 ff.

vermögenswirksame Leistungen eine Arbeitnehmer-Sparzulage von 30 % dieser Leistungen, soweit sie den Betrag von 624,— DM nicht übersteigen[32]. Als vermögenswirksame Leistungen gelten nur die gem. § 2 Abs. 1 3. VermBG vom Arbeitgeber für den Arbeitnehmer in bestimmter Form erbrachten Leistungen aus dessen Arbeitslohn. In den Katalog der zugelassenen Anlagearten gehören

— die Sparbeiträge nach dem SparPG (§ 2 Abs. 1 Nr. a)
— die Aufwendungen nach dem WoPG (Abs. 1 Nr. b)
— sonstige vom Arbeitnehmer erbrachte unmittelbare Aufwendungen für den Wohnungsbau, einschl. der Entschuldung (Abs. 1 Nr. c)
— der Erwerb von sogenannten Belegschaftsaktien zum Vorzugskurs mit 6jähriger Sperrfrist (Abs. 1 Nr. d)
— die Beiträge zu Lebens-Kapitalversicherungsverträgen mit einer Mindestlaufzeit von 12 Jahren (Abs. 1 Nr. e)[33].

Die vom Arbeitgeber auf Antrag des Arbeitnehmers in der von diesem frei gewählten Anlageart abzuführenden zusätzlichen vermögenswirksamen Leistungen können nach der heute geltenden Regelung sowohl im Einzelarbeitsvertrag oder einem Tarifvertrag (oder einer sonstigen bindenden Festsetzung) vereinbart werden[34].

In den §§ 8 - 11 sieht das Gesetz zudem die Vereinbarung von vermögenswirksamen Arbeitgeberleistungen aufgrund einer sogenannten innerbetrieblichen leistungsabhängigen Ergebnisbeteiligung vor. Ein durch die Mitarbeit des Arbeitnehmers im Betrieb erzielter besonderer Leistungserfolg soll hiernach für die vermögenswirksamen Arbeitgeberzuwendungen verwendet werden. Das Gesetz enthält insoweit eingehende Rahmenvorschriften, in denen auch eine besondere Auskunftsverpflichtung für den Arbeitgeber zur Ermittlung des Leistungserfolges festgelegt ist[35]. Auf die einzelnen Modalitäten dieser betrieblichen Erfolgsbeteiligung kann hier nicht näher eingegangen werden[36]; sie hat in der wirtschaftlichen Praxis bis heute auch keine nennenswerte Realisierung erfahren[37].

Allgemein gilt auch im Rahmen der Förderung nach dem VermBG, daß der Arbeitnehmer über die vom Arbeitgeber zusammen mit dem Arbeitslohn auszuzahlenden Sparzulagen frei verfügen kann, während für die vermögenswirksam angelegten Beiträge die jeweiligen Festsetzungsfristen gelten. Die nach diesem Gesetz auf Antrag des Arbeit-

---

32 §§ 2 u. 3 3. VermBG; für kinderreiche Familien erhöht sich der Prämiensatz auf 40 %.

33 Zu den einzelnen Anlageformen vgl. näher *J. Bonsels*, S. 32 ff.

34 §§ 3 Abs. 1, 4 Abs. 1, 6 3. VermBG.

35 § 11 3. VermBG.

36 Vgl. hierzu auch *A. Dickas*, S. 177 ff.

37 Vgl. *G. Schaub*, S. 396.

nehmers vermögenswirksam anlegbaren Leistungen des Arbeitgebers können sowohl aus dem laufenden Arbeitseinkommen des Arbeitnehmers (§ 4 3. VermBG) als auch aus vom Arbeitgeber „zusätzlich" erbrachten Leistungen erfolgen. Die Gewährung von zusätzlichen Arbeitgeberleistungen wird vom Gesetz in gewissen Fällen mit einer weiteren Steuerermäßigung in der Form des zusätzlichen Steuerabzugs bei der ESt und KSt honoriert[38].

Für die gem. § 2 Abs. 1 Nr. d geförderte vermögenswirksame Anlage zum Erwerb von eigenen Aktien des Arbeitgebers zum Vorzugskurs gilt § 8 des Gesetzes über steuerrechtliche Maßnahmen bei Erhöhung des Nennkapitals aus Gesellschaftsmitteln und bei Überlassung von eigenen Aktien an Arbeitnehmer" (KapErhStG)[39]. Darin ist bestimmt, daß der Firmenzuschuß, den eine AG oder KGaA ihren Arbeitnehmern gewährt, wenn sie diesen eigene Aktien zu einem Vorzugskurs (unter dem üblichen Börsenkurs liegender Abgabekurs) überläßt, lohnsteuerfrei bleibt, soweit die Vergünstigung nicht mehr als 50 % des Börsenkurses, höchstens 500,— DM, ausmacht und eine 5jährige Sperrfrist eingehalten wird[40].

Wie bereits an anderer Stelle erwähnt, können die vermögenswirksamen Arbeitnehmer-Sparzulagen zusätzlich zu den Prämien des WoPG (bzw. des Sondersteuerabzugs für Bauleistungen gem. § 10 EStG) oder des SparPG in Anspruch genommen werden, da das zwischen den einzelnen Sparförderungsmaßnahmen geltende Kumulierungsverbot insoweit aufgehoben ist.

b) Ziele und Auswirkungen der Förderung nach dem VermBG

Schon das erste Vermögensbildungsgesetz von 1961[41], wie auch dessen Fortführung im Zweiten und Dritten Vermögensbildungsgesetz, verdankt seine Einführung im wesentlichen der seit Ende der 50er Jahre in der Bundesrepublik entfachten Diskussion um eine gerechtere Vermögens- und Eigentumsbildung durch stärkere Teilhabe der unselbständig Tätigen am Vermögenszuwachs der expandierenden Wirtschaft. Durch gezielte staatliche Maßnahmen sollten die im Zuge des Wiederaufbaus der deutschen Wirtschaft erneut entstandenen Vermögens-

---

[38] Vgl. § 14 3. VermBG. Die vom Arbeitgeber erbrachten zusätzlichen vermögenswirksamen Leistungen, die gem. § 12 Abs. 6 arbeitsrechtlich Bestandteile des Lohnes sind, haben bereits als „Betriebsausgaben" zu einer Gewinnschmälerung und damit auch zu einer Steuerermäßigung des Arbeitgebers geführt.

[39] In der Fassung v. 10. 10. 1967 — BGBl. I, 977.

[40] Für die Förderung nach dem 3. VermBG gilt jedoch die 6jährige Festlegungszeit gem. § 2 Abs. 1 Nr. d 3. VermBG.

[41] Vom 12. 7. 1961 — BGBl. I, 909.

ungleichheiten ausgeglichen werden[42]. Dazu sollte im Gegensatz zur bisherigen Sparförderung neben dem Sparwillen auch die Sparfähigkeit vor allem der Arbeitnehmer, insbesondere der unteren und mittleren Einkommensschichten, angehoben werden durch Arbeitgeberleistungen, die in besonderem Maße aus einer frei vereinbarten betrieblichen Ergebnisbeteiligung fließen sollten[43].

Durch die auf diese Weise geförderte Erhöhung des freiwilligen Arbeitnehmersparens sollte zugleich sichergestellt werden, daß die Arbeitnehmer zukünftig zur Sicherung des Lebensunterhalts nicht mehr ausschließlich auf ihr Arbeitseinkommen und auf die Einrichtungen der sozialen Sicherheit angewiesen sein sollten[44]. Doch veranlaßte schon die Beschränkung des Förderungsrahmens auf 312,— DM im 1. VermBG den Bundesrat zu der Stellungnahme, daß das Gesetz insoweit nur einen „bescheidenen Versuch" darstellen könne[45]. Daß vor allem dem 1. VermBG im Ergebnis kein großer Erfolg beschieden war, beruht im wesentlichen jedoch darauf, daß zum einen nur solche vermögenswirksame Leistungen des Arbeitgebers sozialversicherungsfrei und steuerbegünstigt waren[46], die auf rein freiwilliger Basis zwischen Arbeitgeber und Arbeitnehmer vereinbart wurden (da nach der „partnerschaftlichen" Prägung des Gesetzes tarifvertragliche Vereinbarung ausgeschlossen waren) und zum anderen darauf, daß von den Arbeitgebern vorwiegend keine zusätzlichen Leistungen angeboten, sondern bereits bestehende Sozialleistungen in vermögenswirksame Leistungen umgewandelt wurden[47]. Der dadurch „vorprogrammierte Mißerfolg"[48] des 1. VermBG sollte durch die Neuregelung nach dem 2. VermBG von 1965 behoben werden. Nach der Neufassung konnten nunmehr vermögenswirksame Arbeitgeberleistungen auch tarifvertraglich vereinbart werden, und eine Klausel verhinderte die Umwandlung bestehender Sozialleistungen in vermögenswirksame Leistungen. Die Arbeitnehmer konnten jetzt auch auf bloßen Antrag hin, also ohne Einvernehmen mit dem Arbeitgeber, Teile ihres regulären Lohnes vermögenswirksam anlegen, was insbesondere Arbeitnehmern in Unternehmen ohne (zusätzliche) Arbeitgeberleistungen zugute kam.

---

[42] Vgl. etwa die Ausführungen des Abgeordneten Katzer in der 1. Lesung über die Regierungsvorlage — Verh. des Dt. Bundestages. 3. Legislaturperiode, Stenogr. Berichte S. 8003.

[43] So die Begründung der Bundesregierung zum Entwurf eines 1. VermBG — BT-Drucks. III, 2390 S. 4 ff.

[44] Äußerung des Bundesarbeitsministers Blank in der 1. Lesung (Fn. 42) S. 8000.

[45] BT-Drucks. 2390 S. 9 f.

[46] §§ 10 u. 11 1. VermBG.

[47] Vgl. *U. Andersen*, S. 126.

[48] Vgl. *W. Höhnen*, 20 Jahre vermögenspolitische Diskussion, S. 31.

Im wesentlichen bewirkte jedoch auch dieses Gesetz nur eine auf privater Initiative des einzelnen Arbeitnehmers aus seinem vorhandenen Einkommen eingeleitete vermögenswirksame Sparanlage gem. § 4 2. VermBG, zumal von der im Gesetz hervorgehobenen Form der betrieblichen Ergebnisbeteiligung bis heute kein nennenswerter Gebrauch gemacht worden ist[49]. Ein gewisser „Durchbruch"[50] in der angestrebten vermögenswirksamen Tarifpolitik erfolgte erst durch das 3. VermBG, mit dem — wie bereits beschrieben — der Förderungsrahmen auf 624,— DM erhöht, das Förderungssystem auf die Zahlung einer Arbeitnehmer-Sparzulage umgestellt und der Anlagekatalog erweitert wurde. Inzwischen nutzen fast 70 % aller Arbeitnehmer die vermögenswirksame Anlage nach diesem Gesetz, und der überwiegende Teil von ihnen erhält tariflich vereinbarte zusätzliche Arbeitgeberleistungen[51], wenn auch der Förderungsrahmen von 624,— DM noch nicht überall erschöpft ist.

Letztlich zeigen jedoch die gesetzgeberischen Zielvorstellungen ebenso wie die rechtstechnische Ausgestaltung dieser Maßnahmen zur Vermögensbildung, daß auch bei der Förderung durch die Vermögensbildungsgesetze die Bildung von individuellem Sparkapital durch Anlage nach dem SparPG und WoPG im Vordergrund steht. Zwar erstreckt sich diese Förderung nicht mehr auf alle natürlichen Personen (wie beim SparPG und WoPG), da der Begünstigtenrahmen grundsätzlich auf Arbeitnehmer, also auf die unselbständig im Rahmen eines Arbeitsverhältnisses Tätigen beschränkt wurde, doch steht die Förderung im übrigen in keinem weiteren Zusammenhang mit dem Arbeitsverhältnis, d. h. der arbeitsrechtlichen Stellung des Arbeitnehmers im Unternehmen, was u. a. auch in der Ausweitung des Förderungsrahmens auf Beamte, Richter, Berufs- und Zeitsoldaten zum Ausdruck kommt[52]. Da die Anlage vermögenswirksamer Leistungen derzeit vorwiegend in der Form des Kontensparens nach dem SparPG (oder WoPG) erfolgt, führt auch das 3. VermBG in seinen Auswirkungen kaum über eine allgemeine Sparförderung aus Haushaltsmitteln hinaus; ihm kommt

---

[49] Vgl. *G. Schaub*, S. 396.

[50] *W. Drechsler*, S. 20; *H. Ehrenberg*, Vermögenspolitik für die 70er Jahre, S. 76.

[51] Zur Entwicklung der Sparförderung nach dem VermBG vgl. *W. Drechsler*, S. 21; *U. Andersen*, S. 128; *J. Schröder*, Vermögensbildung in Arbeitnehmerhand, S. 111 und unten Fn. 53. Zu den neuesten Zahlen vgl. Handelsblatt v. 11. 10. 1977 S. 5 und v. 24. 11. 1977 S. 7; Zahlenmaterial des Bundesministers für Arbeit und Sozialordnung, in: Zahlen des Instituts der deutschen Wirtschaft 1977. Vgl. auch RdA 1977, S. 373.

[52] Vgl. § 1 Abs. 4 3. VermBG und das „Gesetz über vermögenswirksame Leistungen für Bundesbeamte, Berufssoldaten und Zeitsoldaten" v. 17. 7. 1970 — BGBl. I, 1097. Es erscheint daher zu eng, das 3. VermBG als „dem Arbeitsrecht" angehörig zu betrachten — so aber *G. Schaub*, S. 391.

daher mehr konjunkturpolitische als vermögenspolitische Bedeutung bei.

Wie sich heute nach Ablauf der ersten Sperrfristen zeigt, haben sich die bisherigen Regelungen auch weitgehend als Finanzierungsinstrument für aufwendige Konsumgüter erwiesen, so daß sie mehr zu einem „temporären Zwecksparen“ als zu einer echten Vermögensbildung beitrugen[53]. Den für eine stärkere Beteiligung der Arbeitnehmer an der volkswirtschaftlichen Neuvermögensbildung wesentlichen Sektor des industriell genutzten Produktivvermögens erreichten auch diese Gesetze nur am Rande[54] und nur insoweit, als von der Anlage gem. § 2 Abs. 1 Nr. d Gebrauch gemacht werden kann[55].

Eine gezieltere Ausrichtung der staatlichen Vermögenspolitik am Produktivvermögen erfolgte daher bislang nur im Rahmen der staatlichen Privatisierungsmaßnahmen durch Ausgabe von sogenannten Volksaktien und durch das „Gesetz über Kapitalanlagegesellschaften“ von 1957.

3. Die Privatisierung von erwerbswirtschaftlichen Staatsunternehmen und das Gesetz über Kapitalanlagegesellschaften

Zu den ersten Maßnahmen der staatlichen Vermögenspolitik zählen in besonderem Maße auch die in den Jahren 1959, 1961 und 1965 erfolgten Teil-Privatisierungen[56] der Preussag, der Volkswagenwerk AG und der VEBA. Beispielhaft soll hier das „Gesetz über die Überführung der Anteilsrechte an der Volkswagenwerk Gesellschaft mit beschränkter Haftung in private Hand“ vom 21. Juli 1961[57] dargestellt werden.

In den inzwischen aufgehobenen[58] §§ 5 - 12 dieses Gesetzes war die Bundesregierung verpflichtet worden, nach erfolgter Umwandlung der Volkswagenwerk Gesellschaft mit beschränkter Haftung in eine Aktiengesellschaft (§ 1 des Gesetzes), Aktien im Gesamtnennbetrag von 60 % des Grundkapitals zu veräußern[59]. Hierbei mußten die Aktien zunächst zu einem staatlicherseits festgesetzten Veräußerungskurs gem. den

---

[53] Vgl. *Brandt / Peter / Werth*, S. 146; *W. Thiele*, S. 4, 8 m. w. N.; *H. Ehrenberg*, Zwischen Markt und Marx, S. 240 f.

[54] Vgl. auch *M. Lutter*, Vermögensbildung und Unternehmensrecht, S. 31.

[55] Zur Ausgabe von Belegschaftsaktien vgl. unten 2. Abschnitt, III, 2 d.

[56] Zum Teil blieben erhebliche Staatsbeteiligungen bestehen, deren Gewicht durch Stimmrechtsbeschränkungen für die neu emittierten Aktien noch verstärkt wurde.

[57] BGBl. I, 585.

[58] Vgl. das Zweite Gesetz zur Änderung des Gesetzes über die Überführung der Anteilsrechte an der Volkswagenwerk GmbH in private Hand v. 31. 7. 1970 — BGBl. I, 1149.

[59] § 5 des Gesetzes.

§§ 6 - 8 des Gesetzes den dort genannten, teils bevorrechtigten Personen angeboten werden. Arbeitnehmer des Volkswagenwerkes waren jeweils bevorzugt zu berücksichtigen[60]. Erwerber, deren steuerpflichtiges Jahreseinkommen 1959 6.000,— bzw. 8.000,— DM (Ehegatten: 12.000,— bzw. 16.000,— DM) nicht überstieg, erhielten beim Erwerb von Aktien bis zu einem Gesamtnennbetrag von 500,— DM (bei Belegschaftsmitgliedern: 1.000,— DM) einen Nachlaß auf den Kaufpreis in Höhe von 20 bzw. 10 %[61]. Voraussetzung für die Gewährung dieses Sozialrabatts war jedoch, daß die Aktien vor Ablauf von 2 Jahren nicht weiterveräußert werden durften[62]. Nach Ablauf der ersten beiden Monate, in denen die Aktien bevorzugt den vorgenannten Personengruppen angeboten werden mußten[63], und nach Ablauf von weiteren zwei Monaten, in denen sie zu dem festgesetzten Verkaufskurs zum allgemeinen Verkauf freigegeben waren[64], erfolgte erst die Zulassung zum allgemeinen Börsenhandel.

Da auch diese Privatisierungsmaßnahme zusätzlich in den Bereich der staatlichen Sparförderung eingebettet war, galten gem. § 11 des Gesetzes die Aufwendungen für den Erwerb von Aktien bei der ersten Veräußerung durch die Bundesrepublik als Aufwendungen nach § 1 Abs. 2 Nr. 3 SparPG 1959. Für die zum Aktienerwerb aufgewandten Beträge konnten also auch Nichtbelegschaftsmitglieder zusätzlich die staatliche Sparprämie beantragen. Mit dieser, wie mit den übrigen bisher erfolgten Privatisierungsmaßnahmen[65] sollte u. a. auch das gesellschaftspolitische Ziel verfolgt werden, breite Bevölkerungskreise zu Aktionären zu machen und sie hierdurch zur Vermögensbildung anzuregen, wobei die eigenen Arbeitnehmer und die Bezieher der unteren Einkommensgruppen in der Bevölkerung bevorzugt berücksichtigt werden sollten. Durch Miteigentum an industriellen Produktionsmitteln sollten diese Personengruppen verstärkt an der volkswirtschaftlichen Kapitalbildung beteiligt werden[66]. Diese neuen Ge-

---

[60] Vgl. §§ 7 S. 2, 8 Abs. 2 des Gesetzes.

[61] §§ 6, 7 S. 1 des Gesetzes.

[62] § 10 des Gesetzes.

[63] Zur verfassungsrechtlichen Zulässigkeit einer derartigen Beschränkung des Begünstigtenkreises vgl. BVerfGE 12, 354 ff. (367 f.).

[64] § 8 des Gesetzes. Der Erwerb war hier jedoch auf höchstens 10 Aktien (unter Anrechnung der nach §§ 6, 7 erworbenen) beschränkt.

[65] Zur Ausgabe von Volksaktien und deren Bedeutung für die Frage der Vermögensbildung in Arbeitnehmerhand vgl. weiter *W. Höhnen*, Die vermögenspolitischen Gesetze und Maßnahmen in der Bundesrepublik Deutschland, S. 73 ff.

[66] Eine Zusammenstellung der gesetzgeberischen Ziele findet sich in der Begründung zum Entwurf eines 2. Gesetzes zur Änderung des Gesetzes über die Überführung von Anteilsrechten an der Volkswagenwerk GmbH in private Hand — BT-Drucks. VI, 509 S. 3.

danken und Möglichkeiten zur persönlichen Eigentumsbildung wurden darüber hinaus als eine erste gesellschaftspolitische Initiative zur Überwindung der „Kluft zwischen Eigentümern und Vermögenslosen“ angesehen, mit der auch bestehende Spannungen abgebaut werden sollten[67].

Dem Ziel der Beteiligung weiter Bevölkerungskreise an Bestand, Zuwachs und Ertrag des industriell genutzten Produktivvermögens sollte auch das 1957 eingeführte „Gesetz über Kapitalanlagegesellschaften“[68] dienen. Die hierdurch ermöglichte breite Streuung von Wertpapierbesitz sollte dazu beitragen, die private Eigentumsbildung und damit das Gefühl der Mitbeteiligung und Mitverantwortung am wirtschaftlichen Geschehen zu fördern[69].

Im Ergebnis haben jedoch weder diese Privatisierungsmaßnahmen noch das KapAnlG die mit ihnen in diesem Sinne verfolgten Ziele in einem nennenswerten Umfang erfüllen können. Zwar konnte hierdurch Anfang der 60er Jahre eine gewisse Popularisierung des Aktienerwerbs in weiten Bevölkerungskreisen erzielt werden, doch wurde diese z. T. durch den Verfall der Aktienkurse in den folgenden Jahren wieder aufgehoben[70]. Im übrigen haben gerade die Privatisierungsmaßnahmen gezeigt, daß die Mehrzahl der Arbeitnehmerhaushalte, die durch diese Maßnahme zur Vermögensbildung angeregt werden sollte, auf den Umgang mit Aktien nicht vorbereitet war, so daß schließlich kaum die Hälfte der emittierten Aktien längerfristig in den Händen der Ersterwerber blieb[71]. Die genannten Regelungen stellen zudem Einzelmaßnahmen dar, die sich letztlich nicht als die „erhofften Initialzündungen“ für eine breitere Vermögensstreuung im Produktionsmittelbereich erwiesen haben[72].

III. Zusammenfassung — Beschränkung der bisherigen staatlichen Maßnahmen zur Vermögenspolitik auf das allgemeine Verteilungsziel

Die bisher vorwiegend von staatlichen Maßnahmen geprägte Vermögenspolitik in der Bundesrepublik Deutschland, die nur in einem

---

[67] Vgl. die Begründung zum Abgeordnetenentwurf eines VW-Gesetzes — Verh. DT-Bundestag, III. Legislaturperiode, stenogr. Berichte S. 251, 252.

[68] Vom 17. 4. 1957 — BGBl. I, 378.

[69] Vgl. den schriftlichen Bericht des Ausschusses für Geld und Kredit — BT-Drucks. II, 2973 S. 1 f. und *J. Baur*, S. 82 m. w. N.

[70] Vgl. *W. Drechsler*, S. 19.

[71] Vgl. den Vermögensbildungsbericht der Bundesregierung (Einleitung Fn. 76) S. 13; *W. Drechsler*, S. 20; *M. Lutter*, Vermögensbildung und Unternehmensrecht, S. 30 m. w. N.

[72] Vgl. *U. Andersen*, S. 131 f.

beschränkten Umfang eine freiwillige Ergänzung im privatwirtschaftlichen Raum erfuhr — etwa durch die vereinzelt auf freiwilliger Basis vereinbarten sogenannten betrieblichen Gewinnbeteiligungs- oder Miteigentumsmodelle oder durch die tarifvertraglichen Investivlohnregelungen im Baugewerbe[73] —, hat in der Vergangenheit mehrfach einen Zielwandel erfahren. Vorrangiges Ziel aller wirtschafts- und vermögenspolitischen Maßnahmen des Staates in den ersten Nachkriegsjahren war zunächst die Sicherstellung und Förderung der für den Wiederaufbau der deutschen Wirtschaft notwendigen Kapitalbeschaffung[74]. Daher blieben schon bei der Währungsreform, bei der die Geldvermögensbesitzer, d. h. die Masse der Kleinsparer, praktisch enteignet wurden, die noch bestehenden geldwerten Sachvermögen, insbesondere der Aktienbesitz, weitgehend unangetastet[75]. Auch der als „direktes Umverteilungsprojekt" zugunsten der Vertriebenen gedachte Lastenausgleich[76] stellte sich in der praktischen Durchführung als eine die Sachvermögenssubstanz nicht angreifende „Steuer" dar[77]. Dem wirtschaftspolitischen Ziel der Förderung des Wirtschaftswachstums sollten nachfolgend neben den steuerpolitischen Maßnahmen[78], zu denen z. B. das DM-Bilanzgesetz, der Abbau der durch die Kontrollratsgesetzgebung überhöhten Einkommensteuertarife und die Einführung von Steuervergünstigungen — insbesondere die 7er-Gruppe des EStG und § 16 Investitionshilfegesetz — gehörten, auch die ersten sogenannten „direkten" vermögenspolitischen Maßnahmen, vor allem die staatliche Sparförderung, dienen. Durch das „Sparen um jeden Preis" sollte der Wirtschaft in ausreichendem Maße Kapital zur Kreditbeschaffung zur Verfügung gestellt werden. Da die Steuervergünstigungen jedoch überwiegend von denen in Anspruch genommen werden konnten, die über ein hohes Einkommen verfügten, blieben die Arbeitnehmer hiervon praktisch ausgeschlossen. Daher zeichnete sich Anfang der 60er Jahre ein erster Zielwandel in der Vermögenspolitik ab. Nachdem sich gezeigt hatte, daß die bisherigen Maßnahmen weitgehend zu einer „Förderung der Vermögensbildung in Unternehmerhand"[79] geführt hatten

---

[73] Hierauf wird im Rahmen der Darstellung der neueren Pläne zur Vermögensbildung in Arbeitnehmerhand noch näher eingegangen.

[74] Vgl. *U. Andersen*, S. 73.

[75] Näher zu Inhalt und Auswirkungen der Währungsreform *K. Neumann*, S. 24 f.

[76] Gesetz über den Lastenausgleich v. 14. 8. 1952 — BGBl. I, 447.

[77] Vgl. *W. Höhnen*, 20 Jahre vermögenspolitische Diskussion, S. 26; beachtlich ist die zeitliche Streckung bis 1979 gem. § 35 LastenAusglG.

[78] Ausführlich: *A. Oberhauser*, Förderung der Vermögensbildung in Unternehmerhand durch finanzpolitische Maßnahmen des Staates, S. 127 ff.

[79] *Ehrenberg / Stork*, S. 24; *A. Oberhauser*, S. 127 ff. Die aufgrund der Nachfrageentwicklung am Markt durchsetzbaren Preiserhöhungen brachten den Unternehmen zudem hohe Gewinnsteigerungen, die ein zusätzliches

und es insbesondere durch die steuerliche Begünstigung der Selbstfinanzierung der Investitionen erneut zu enormen Vermögensungleichheiten zwischen Selbständigen und Unselbständigen, besonders auf dem industriellen Produktionsmittelsektor, gekommen war, rückte mehr und mehr das sogenannte „Verteilungsziel" in den Vordergrund der Vermögenspolitik.

Das Ziel einer breiteren Vermögens- und Eigentumsstreuung in allen Bevölkerungskreisen sollte im Rahmen der bestehenden Sparförderung jetzt durch eine stärkere Begünstigung der unteren und mittleren Einkommensgruppen verwirklicht werden. Hierzu diente neben dem Übergang von der Steuervergünstigung[80] zur sogenannten Sparprämie auch die spätere Einführung von Einkommensgrenzen für die Gewährung einer Prämie[81]. Jedoch erschöpften sich die im Rahmen der Sparförderung verwirklichten Maßnahmen auch weiterhin in einer bloßen Anregung des Geldsparens[82]. Eine Ausnahme bildet hier die Förderung des Wohnungsbaus durch das WoPG, mit der u. a. auch das Ziel einer breiten Streuung des Grundbesitzes bezweckt wurde. Obwohl das zunächst zur Überwindung der Wohnraumnot geförderte Bausparen innerhalb der staatlichen Vermögenspolitik bislang wohl am ehesten sein Ziel erreicht hat, da es im Ergebnis zu einer recht breiten Streuung von Grund und Boden in weiten Bevölkerungskreisen geführt hat[83], zeigt sich letztlich auch hier, daß der Erwerb und der Besitz einer Eigentumswohnung oder eines Eigenheimes immer noch stark einkommensabhängig ist und in den meisten Fällen der eigenen Wohnraumnutzung ohne weitere Rendite dient[84]. Die auch hierbei zum Ausdruck kommende Einkommensabhängigkeit bei der Inanspruchnahme der staatlichen Sparförderung findet seinen Grund vornehmlich darin, daß sich sowohl das SparPG als auch das WoPG allein um eine Anhebung des Sparwillens bemüht. Die Inanspruchnahme dieser Förderung setzt damit notwendig einen Konsumverzicht des Sparers voraus, der um so schwieriger zu verwirklichen ist, je geringer sein Einkommen ist.

Selbstfinanzierungspotential bildeten und die über den Weg der Neukapitalbildung den bisherigen Produktionsmittelbesitzern zuflossen (vgl. ausf. *A. Oberhauser*, Wirtschaftliche Auswirkungen und Grenzen des Investivlohns, S. 17 und *K. Neumann*, S. 25 f.). Kritiker sprechen hier von einem „Zwangssparen" der Masse der Bevölkerung zugunsten einer kleinen Gruppe von Produktionsmittelbesitzern (vgl. *W. Höhnen*, S. 26).

80 Hierbei wurden wegen der Steuerprogression die Höherverdiener bevorteilt.

81 Erstmals 1971 im 3. VermBG, dann durch das StÄndG auch für die übrigen Prämiengesetze.

82 Ausführlich hierzu *U. Andersen*, S. 117 ff.

83 Vgl. die Nachweise bei *W. Drechsler*, S. 16, 17 und *U. Andersen*, S. 129 f.

84 *U. Andersen*, S. 129.

Die „Vermögensbildungsgesetze“, mit denen erstmals nicht nur der Sparwille, sondern auch die Sparfähigkeit durch zusätzliche Arbeitgeberleistungen erhöht werden sollten, stellen in diesem Sinne eine erneute Erweiterung der mit der staatlichen Vermögenspolitik verfolgten Ziele dar. Durch eine gezielte Förderung der Vermögensbildung der Arbeitnehmer, insbesondere in der Form der Teilhabe am Produktivkapital der Wirtschaft. sollten die in diesem Bereich bestehenden Vermögensunterschiede eine gewisse Nivellierung erfahren. Doch erreichte — wie bereits festgestellt — auch die Förderung nach dem 3. VermBG das industrielle Produktivvermögen nur am Rande, da sie in der Praxis vorrangig zum Kontensparen, d. h. zu einem „temporären Zwecksparen“[85] zur Anschaffung von kostspieligen Konsumgütern, genutzt wurde und dieser Dispositionstrend bis heute unverändert fortbesteht[86].

Eine direkte Zielausrichtung der staatlichen Vermögenspolitik an der für das Wirtschaftswachstum besonders wichtigen Vermögensform des industriellen Produktivvermögens erfolgte somit bislang nur im Rahmen der (Teil-)Privatisierungsmaßnahmen und durch das KapAnlG, doch haben auch diese Maßnahmen die mit ihnen verfolgten Ziele einer breiteren Streuung des Aktienbesitzes kaum in einem nennenswerten Umfang verwirklichen können.

Während sich die bisherige staatliche Vermögenspolitik in dem oben beschriebenen Rahmen erschöpft, wurden in den letzten 25 Jahren eine Fülle von weitergehenden Plänen für eine Vermögensbildung in Arbeitnehmerhand diskutiert, die bis heute jedoch kaum über das Planungsstadium hinausgelangt sind. Auch diesen Plänen liegt vorrangig das bereits genannte Verteilungsziel zugrunde. Durch Anhebung der Sparfähigkeit und durch gleichzeitige Ausrichtung der Vermögensbildung am Produktivkapital der Wirtschaft sollen die in diesem Bereich bestehenden Vermögensungleichheiten ausgeglichen werden. Im Unterschied zu den bisherigen staatlichen Maßnahmen zur Vermögensbildung in Arbeitnehmerhand, die keinerlei unternehmensbezogene Ziele — etwa arbeitsrechtlicher oder lohnpolitischer Art — verfolgten[87], soll

---

[85] Vgl. *Brandt / Peter / Werth*, S. 146; *W. Thiele*, S. 4 und 8; weiter zu den Auswirkungen der bisherigen vermögenspolitischen Maßnahmen vgl. auch *Willgerodt u. a.*, S. 273 u. 286 f.; *U. Andersen*, S. 133 ff.; *H. Ehrenberg*, Zwischen Marx und Markt, S. 204 f.

[86] Vgl. *W. Thiele*, S. 4, 8.

[87] Das zeigt in besonderm Maße die schon in der Begründung zum Regierungsentwurf eines 1. VermBG erfolgte schroffe Ablehnung der schon in der damaligen vermögenspolitischen Diskussion bekannten weitergehenden Pläne für eine Vermögensbildung in Arbeitnehmerhand — vgl. BT-Drucks. III, 2390 S. 4. Aufgrund der bislang fehlenden Verknüpfung des Vermögensbildungsgedankens mit der rechtlichen (und wirtschaftlichen) Situation des Arbeitnehmers im Unternehmen haftet auch den im Rahmen des 3. VermBG

bei diesen Plänen in zunehmendem Maße jedoch der Vermögensbildungsgedanke über das bloße „vermögenspolitische Phänomen" hinaus auch dazu genutzt werden, die bisher vorrangig in der Mitbestimmungsthematik befangene Diskussion um eine Verbesserung der Rechtsstellung des Arbeitnehmers im Unternehmen zu ergänzen.

2. Abschnitt

Weitergehende Pläne und Modelle für eine Vermögensbildung in Arbeitnehmerhand

I. Allgemeines

Die nach wie vor unbefriedigende Vermögenssituation in der Bundesrepublik, die vor allem durch die enorme Vermögensakkumulation auf dem Produktionsmittelsektor gekennzeichnet ist, die von Paul Jostock als „Skandal" ... „der nach Abhilfe schreit" bezeichnet wurde[88], hat in der Zwischenzeit zu einer Flut von neuen Vorschlägen geführt, die über den Bereich und die Möglichkeiten der bisherigen staatlichen Vermögenspolitik hinausführen sollen. Ihnen liegt zumeist die wirtschaftstheoretische Erkenntnis zugrunde, daß das Ziel einer breiteren Eigentumsstreuung allein durch eine Förderung des freiwilligen Arbeitnehmersparens nur unvollkommen erreicht werden kann[89], weshalb insgesamt eine stärkere Beteiligung der Arbeitnehmer am Produktivkapital der Wirtschaft angestrebt wird. Hiermit soll zugleich der in diesem Bereich bestehenden einseitigen Kapitalbildung entgegengewirkt werden. Das bislang im Vordergrund stehende Verteilungsziel findet dabei mehr und mehr auch eine Ergänzung durch sozial- und gesellschaftspolitische Zielsetzungen.

Obwohl sich die bislang im Rahmen der neueren Diskussion entwickelten Pläne und Modelle durch eine fast unübersehbare Formenvielfalt auszeichnen, lassen sich die derzeit für eine stärkere Beteiligung der Arbeitnehmer diskutierten Lösungsvorschläge auf zwei wesentliche Grundtypen zurückführen, die nachfolgend in ihren Grundzügen anhand einiger ausgewählter Pläne dargestellt werden sollen. Diese werden hier unter den beiden Oberbegriffen „Investivlohn" und „investive Gewinnbeteiligung" zusammengefaßt. Allen diesen Plänen

---

gewährten „zusätzlichen" Arbeitgeberleistungen vielfach das Odium eines „Geschenks" des Arbeitgebers an, das dieser zudem nur gewährt, weil er sich einen eigenen wirtschaftlichen Vorteil davon verspricht.

[88] *P. Jostock*, S. 38.

[89] Vgl. ausf. *C. Föhl*, Kreislaufanalytische Untersuchungen, S. 102 ff.

ist gemein, daß auch sie beim Sparen der Arbeitnehmerhaushalte als Hauptansatzpunkt für eine Neuverteilung ansetzen[90], dabei aber nicht nur die Sparwilligkeit, sondern auch die Sparfähigkeit beeinflussen wollen[91], damit es zu einem wirklichen „Sparen ohne Konsumverzicht“[92] in den Arbeitnehmerhaushalten kommen kann. Darüber hinaus soll die Beteiligung unmittelbar am Produktivkapital der Wirtschaft sicherstellen, daß nicht, wie bei der bisherigen staatlichen Sparförderung, nur ein temporäres Zwecksparen erreicht wird.

Während die Mehrzahl der im Rahmen dieser Diskussion bis heute entwickelten Pläne und Modelle im rechtspolitischen Bereich noch keine Verwirklichung finden konnten[93], hat es nur im Bereich der sogenannten betrieblichen Partnerschaftsmodelle und ansatzweise auch in den vermögenswirksamen Tarifverträgen des Baugewerbes eine erste praktische Verwirklichung gegeben. Wenn bei der nachfolgenden Darstellung auch ältere Pläne berücksichtigt werden, so findet das seinen Grund einmal darin, daß in ihnen die jeweiligen Systeme aufgestellt wurden und zum anderen, daß bis in die jüngste Zeit keine oder kaum neue Ideen geboren, sondern vielfach nur „alte Vorschläge in neuem Gewand“[94] veröffentlicht wurden.

II. Der Investivlohn — dargestellt anhand einzelner Investivlohnpläne

1. Das Investivlohnsystem

Mit Investivlohn wird ganz allgemein ein Tatbestand bezeichnet, bei dem ein Teil des Lohnes nicht in bar an die Arbeitnehmer ausgeschüttet wird, dieser vielmehr in bestimmten Formen angespart, d. h. „investiert“ und somit der Vermögensbildung zugeführt wird. Während bei den sogenannten „alternativen“ Investivlohnsystemen ein Teil einer sonst üblichen Barlohnerhöhung investiv von den Arbeitnehmern angelegt werden soll, sollen beim sogenannten „additiven“ Investivlohn zusätzliche, d. h. über eine produktivitätsorientierte Lohnerhöhung hinausgehende Zahlungen des Arbeitgebers einer investiven Anlage zu-

---

90 Vgl. *A. Oberhauser*, Der Investivlohn als Mittel der Verteilungspolitik, S. 278.

91 Daß nur eine Kombination von Maßnahmen, die sowohl bei der Einkommensentstehung wie bei der Einkommensverwendung ansetzen, verteilungswirksam ist, wird besonders von *C. Föhl*, S. 202 ff. betont.

92 *O. v. Nell-Breuning*, Vermögensbildung in Arbeitnehmerhand, S. 513 ff.; *ders.*, Eigentumsbildung in Arbeitnehmerhand, passim.

93 Vgl. *L. Vollmer*, Die Entwicklung partnerschaftlicher Unternehmensverfassungen, S. 2.

94 *G. Halbach* in: Materialien IV, Einleitung S. VII.

geführt werden[95]. Bei den bisher diskutierten Investivlohnregelungen beruht die Verpflichtung zur Zahlung eines derartigen, nicht konsumtiv verwendbaren Lohnanteiles entweder auf Gesetz, Tarifvertrag oder auf einer Einzelvereinbarung. Auch das Investivlohnsystem wird z. T. mit einer sogenannten Fondslösung verbunden, d. h. die investive Anlage kann nicht nur im eigenen Unternehmen, sondern auch in übergeordneten Sammelstellen erfolgen. Erste praktizierte Investivlohnregelungen stellen die vermögenswirksamen Tarifverträge im Baugewerbe von 1966 und 1971 dar; auch die im Rahmen des Dritten Vermögensbildungsgesetzes gewährten vermögenswirksamen Arbeitgeberleistungen werden hierzu gezählt. Zur Einführung eines allgemeinen Investivlohns wurden und werden jedoch noch weitergehende Pläne diskutiert.

2. Einzelne Investivlohnpläne

a) Der „Häußler-Plan"

Der auf Karl Arnold[96] und Karl Hinkel[97] zurückzuführende Investivlohngedanke fand 1954 in einem Vermittlungsvorschlag Erwin Häußlers im Lohnkonflikt der Metallindustrie Nordwürttemberg/Nordbaden eine erste praktische Vorstellung. Der „Häußler-Plan" sah vor[98], die von der IG Metall verlangte Lohnerhöhung von 12 Pf/h in eine Barlohnerhöhung von 4 Pf/h (wie von der Arbeitgeberseite angeboten) und in eine „investive" Lohnzahlung von 8 Pf/h aufzuspalten. Letztere sollte an eine durch Tarifvereinbarung errichtete Investment-Treuhandgesellschaft abgeführt werden und dort einem persönlichen Konto des einzelnen Arbeitnehmers gutgeschrieben werden. Die angesammelten und für mindestens 18 Monate gesperrten Beiträge sollten unter breiter Streuung in ertragsgünstigen Unternehmen investiert werden; auf die so geschaffenen Wertpapierfonds sollten Anteilsscheine mit Dividendenberechtigung ausgegeben werden.

Dieser im damaligen Lohnkonflikt nicht verwirklichte Vorschlag, der in Einzelheiten mehrfach abgewandelt und 1955 zu einem „Vorentwurf für ein Gesetz über die investive Verwendung von Lohnerhöhungs-Beiträgen"[99] ausgebaut wurde, hat in seiner Form des so-

---

[95] Allgemein zum System des Investivlohns und seiner Formen vgl. auch *E. Häußler*, Jedem sein Eigentum, passim; *A. Oberhauser*, Der Investivlohn als Mittel der Verteilungspolitik, S. 273 f.

[96] Vgl. sein Referat „Die soziale Festigung unseres Volkslebens", teilw. abgedruckt in Materialien I, S. 11.

[97] Beteiligung der Arbeitnehmer am Produktionsmitteleigentum, Gew. Monatshefte 7. Jg. (1956) S. 412; zum Ganzen vgl. auch *A. v. Loesch*, Zur Problematik des Miteigentums, S. 17.

[98] *E. Häußler*, Der Arbeitnehmer von morgen und *ders.*, Jedem sein Eigentum.

[99] Abgedruckt in Materialien I, S. 19 ff.

genannten alternativen Investivlohns wegen seiner negativen Auswirkungen auf Konsumniveau und Vollbeschäftigung überwiegend Kritik erfahren[100], so daß diese „Blitzidee“[101] Häußlers heute praktisch aus der Diskussion ausgeschieden ist.

Eine erste Variante stellte der sogenannte additive Investivlohnplan von Draeger und Schreiber dar, der 1962 unter dem Titel: „Sparen aus dem Mehreinkommen“ in die Diskussion eingebracht wurde[102]. Danach sollten die Löhne und Gehälter — unabhängig von etwaigen Tariflohnerhöhungen — durch Bundesgesetz für zunächst 8 Jahre um jährlich 0,5 % (was je nach Konjunkturlage erhöht werden konnte) angehoben werden, wobei diese gesetzliche Lohnerhöhung von den Arbeitnehmern auf individuelle Sparkonten bei den Kreditinstituten festgelegt werden mußte. Der volkswirtschaftliche Vorteil des additiven, also zusätzlich zu einer normalen Lohnerhöhung gezahlten Investivlohnes wird darin gesehen, daß hierbei die „inflatorische Tendenz nomineller Lohnerhöhungen und die deflatorische Tendenz der Umlenkung eines Teils der Löhne von konsumtiver zu intensiver Verwendung einander kompensieren“[103], es also zu einem wirklichen „Sparen ohne Konsumverzicht“ (Oswald von Nell-Breuning) kommen kann. Dieser Idee liegt auch der „Leber-Plan“ von 1964 zugrunde.

b) Der „Leber-Plan“

Der vom damaligen 1. Vorsitzenden der IG-Bau-Steine-Erden, Georg Leber, im September 1964 gemachte Vorschlag für eine tarifvertraglich eingeführte Vermögensbildung im Baugewerbe sah folgendes vor[104]:

Aufgrund einer tarifvertraglichen Regelung haben alle Arbeitgeber im Baugewerbe 1,5 % der jährlichen Lohnsumme über die für das Baugewerbe bereits bestehende Zusatzversorgungskasse einem neu zu gründenden „Fonds“ zuzuführen. Zur Aufbringung der Mittel stehen drei Möglichkeiten zur Wahl:

1. Verschuldung des Arbeitgebers gegenüber dem Fonds in Höhe der Pflichtbeiträge in Form verzinslicher Darlehen.
2. Einräumung von Gesellschaftsanteilen mit Dividendenberechtigung gegenüber dem Fonds,
3. Barabführung der Beiträge.

---

[100] Vgl. *W. Höhnen*, Gewerkschaften und Investivlohn, S. 97 ff.

[101] *O. v. Nell-Breuning*, Wirtschaft und Gesellschaft heute, Bd. III, S. 273 ff. (313).

[102] Abgedruckt in Materialien I, S. 88 ff.; vgl. auch *Willgerodt / Bartel / Schillert*, S. 336 f.

[103] *O. v. Nell-Breuning*, Einkommenspolitik und Vermögensbildung, S. 1535 f.

[104] *G. Leber*, Dokumentation 1, S. 9 ff.

Der Fonds, in dem Arbeitgeber und Gewerkschaftsvertreter paritätisch vertreten sind, hat die Aufgabe, die abgeführten Mittel zu verwalten (ähnlich einer Investmentgesellschaft) und sie „vermögens- und bauwirksam" anzulegen, z. B. in der Form von Investitionskrediten für einzelne Bauunternehmen, als Anleihe zur Durchführung von Gemeinschaftsaufgaben (staatlichen Bauvorhaben) oder als Kredithilfe für Bauvorhaben der Arbeitnehmer des Baugewerbes. Haben die für den einzelnen Arbeitnehmer angesammelten Beiträge eine bestimmte Höhe erreicht, so erhält der Arbeitnehmer einen persönlichen Anteilsschein als Anspruch gegen den Fonds. Erst bei Erreichen der Altersgrenze oder Gewährung der Sozialversicherungsrente wegen Erwerbs- oder Berufsunfähigkeit kann der Arbeitnehmer gegen Auszahlung des bis dahin angesammelten Kapitals nebst Zinsen seine Anteilsscheine an den Fonds zurückgeben; er kann die Anteilsscheine aber auch als vererbliche Ansprüche gegen den Fonds behalten[105].

c) Das „Beteiligungslohngesetz — BLG"

Eine stärkere Beteiligung der Arbeitnehmer am Produktivvermögen der Wirtschaft sollte mit dem auf einer Idee Fritz Burgbachers beruhenden, 1970 im Bundestag von der CDU eingebrachten „Entwurf eines Gesetzes über die Beteiligung der Arbeitnehmer am Produktivvermögen und zur Verbesserung der Kapitalstruktur der Wirtschaft, insbesondere des Mittelstandes (Beteiligungslohngesetz — BLG)"[106] ermöglicht werden. Der dafür kraft Gesetzes von den Arbeitgebern als Lohn- oder Gehaltsanteil zu erbringende Betrag von DM 20,— je Arbeitnehmer und Monat (Art. 1, § 7 des Entwurfs) sollte zuzüglich der darauf zu leistenden 30%igen staatlichen Sparprämie (Vermögensbildungszulage — Art. 1, § 10 des Entwurfs) nach dem Anlagekatalog des BLG-Entwurfs vornehmlich zum Erwerb von Beteiligungswerten (Aktien, Investmentzertifikaten, Anteilen an Kapitalbeteiligungsgesellschaften und Wandelanleihen) mit 6jähriger Sperrfrist verwendet werden (vgl. Art. 1, §§ 3, 6)[107]. Die vom Arbeitgeber aufgrund Tarifvertrag, Betriebsvereinbarung oder Einzelvereinbarung zwischen Arbeitgeber und Arbeitnehmer (vgl. Art 1, § 8) nach den Vorschriften des BLG-Entwurfes obligatorisch zu erbringenden vermögenswirksamen Leistungen sind hierzu an das vom Arbeitnehmer zu bestimmende Kredit-

---

105 In den 1966 und 1971 abgeschlossenen Bau-Tarifverträgen ist von diesem Investivlohnkonzept jedoch kaum mehr als eine vermögenswirksame Arbeitgeberleistung (zuzüglich zu Eigenleistungen des Arbeitnehmers) entsprechend dem 2. bzw. 3. VermBG übrig geblieben — vgl. *Willgerodt / Bartel / Schillert*, S. 338 f.

106 BT-Drucks. VI, 616; vgl. auch *F. Burgbacher*, S. 17 ff.; *W. Mückl*, S. 45 ff.

107 Zur Beurteilung: *Willgerodt / Bartel / Schillert*, S. 395 und *J. Schröder*, Vermögensbildung in Arbeitnehmerhand, S. 113.

institut in der vom Arbeitnehmer frei gewählten Anlageform (entsprechend dem gesetzlichen Anlagekatalog) abzuführen (vgl. Art. 1 § 5). Die im Rahmen des Beteiligungslohnsystems angestrebte Kapitalbeteiligung, die am arbeitgebenden oder einem konzernverbundenen Unternehmen, an sonstigen Kapitalgesellschaften mit Sitz im EG-Raum, an Kapitalanlagegesellschaften und an besondere sogenannte Kapitalbeteiligungsgesellschaften (an denen insbesondere die mittelständischen Unternehmen sich beteiligen sollen[108]) erfolgen kann, wird je nach Unternehmensgröße (Beschäftigtenzahl) mit gewissen Steuererleichterungen für den Arbeitgeber honoriert (vgl. Art. 1, § 11 des Entwurfs).

Während von diesem Konzept des BLG, das bis heute zum wesentlichen Inhalt des vermögenspolitischen Grundsatzprogramms der CDU gehört, die Umstellung von der Lohnsteuer- und Sozialabgabenbefreiung zum Prämiensystem inzwischen eine Aufnahme in das 3. VermBG gefunden hat, konnten die sonstigen Erweiterungen, insbesondere die gesetzliche Verpflichtung zur Abführung vermögenswirksamer Arbeitgeberleistungen sowie die Erweiterung des Anlagekataloges im Rahmen der staatlichen Sparförderungsmaßnahmen bislang politisch nicht durchgesetzt werden[109].

3. Verteilungspolitische und unternehmensrechtliche Bezüge des Investivlohnsystems

Wie die vorgenannten Investivlohnpläne ausweisen, liegt auch diesem System — so unterschiedlich das einzelne Verfahren bezüglich der Art der Einführung (gesetzlich/tarifvertraglich) der Mittelaufbringung (%-Anteil der Lohnsumme/fester DM-Betrag), der direkten oder indirekten Abführung (unmittelbar an den Arbeitnehmer oder über Fonds- bzw. Verteilungsstellen) und der Anlagemöglichkeiten auch ausgestaltet ist — insgesamt die Idee zugrunde „eine Fehlentwicklung des industriellen Zeitalters — nämlich die einseitige Verteilung am Produktivkapital — zu korrigieren“[110]. Doch soll nicht, wie bisher im Rahmen der staatlichen Vermögenspolitik, nur die allgemeine Sparkapitalbildung in der Form der Geldvermögensbildung gefördert werden, sondern durch das sogenannte „Beteiligungssparen“ sollen die unselb-

---

108 Zur Förderung von sogenannten Unternehmensbeteiligungsgesellschaften vgl. auch die Gesetzesinitiativen von CDU/CSU v. Juni 1972 — BT-Drucks. VI, 3614 u. 3615, mit denen vor allem der mittelständischen Wirtschaft die Aufnahme breit gestreuten Kapitals und den Arbeitnehmern die Teilhabe auch an Personengesellschaften und an Einzelunternehmen ermöglicht werden sollte.

109 Zu den neuesten Gesetzesinitiativen von CDU/CSU zur Anhebung des Förderungsrahmens von 624,— DM auf 936,— DM und zur Erweiterung des Anlagekatalogs vgl. Handelsblatt vom 26. 8. und 29. 8. 1977, sowie vom 21. 2. 1978. Vgl. auch unten Fn. 195.

110 F. Burgbacher, S. 42.

ständig Tätigen direkt am Produktivvermögen der Wirtschaft und an dessen Zuwachs beteiligt werden[111]. In der Begründung zum BLG-Entwurf wird dazu ausgeführt: „In unserer auf Privateigentum an den Produktionsmitteln basierenden freien Marktwirtschaft ist die Teilnahme eines möglichst großen Bevölkerungskreises am Produktivkapital von besonderer gesellschaftspolitischer Bedeutung. Deshalb müssen auch die Arbeitnehmer am Ertrags- und Wertzuwachs der expandierenden Wirtschaft beteiligt werden.“ Ähnliche Überlegungen und Zielsetzungen liegen auch dem „Leber-Plan“ zugrunde. Nach G. Leber soll hiermit ein dreifaches Ziel angestrebt werden: „1. Der Arbeitnehmer soll mit einem gerechteren Anteil am Sozialprodukt beteiligt werden. 2. Diese Beteiligung wird den Arbeitnehmer am wirtschaftlichen Wachstum teilhaben lassen und seiner staatsbürgerlichen Existenz weiteren Rückhalt geben. 3. Da die für den wirtschaftlichen Fortschritt notwendige Investitionsquote gesichert bleibt, ist die geplante Förderung der Vermögensbildung auch ein Beitrag zur Währungsstabilität[112].“

Dieser kurze Überblick, mit dem das generelle Zielkonzept des Investivlohnsystems zusammengefaßt werden kann, macht bereits deutlich, wie sehr auch die Idee des Investivlohns von der Zielsetzung her im allgemeinen Verteilungsziel befangen ist. Zwar wird in der Begründung zum BLG-Entwurf auch angemerkt, daß mit der Einführung eines Beteiligungslohnes nicht nur der Verteilungsungleichheit und -ungerechtigkeit wirksam begegnet werden könne, sondern darüber hinaus auch „ein wesentlicher gesellschaftspolitischer Fortschritt“ zu erzielen sei: „Die Verteilungskämpfe und der Gegensatz zwischen Arbeitnehmern und Kapitaleignern werden mehr und mehr aufgehoben; denn die Arbeitnehmer werden dann als neue Kapitaleigner am Unternehmensgewinn und der wirtschaftlich notwendigen „Selbstfinanzierungsquote“ partizipieren. Und das auch dann, wenn sich darin eine teilweise gelungene Abwälzung der Lasten des Beteiligungslohnes niederschlägt. Es werden also nicht nur die Verteilungschancen der Arbeitnehmer, sondern auch ihr gesellschaftliches Selbstverständnis positiv beeinflußt und verändert[113].“ Eine weitergehende Einflußnahme auf die soziale Rechtsstellung des Arbeitnehmers wird bei diesem System jedoch schon aufgrund der Beschränkung auf den Lohn-Ansatz unter Zugrundelegung globaler Rechnungsgrößen letztlich ausgeschlossen[114]. Doch versucht der Investivlohn zumindest eine „Antwort auf

---

[111] So auch in der Einleitung zum BLG-Entwurf — BT-Drucks. VI, 616 (auch abgedruckt bei: *P. Pulte*, S. 21).

[112] *G. Leber*, Dokumentation 1, S. 14.

[113] BT-Drucks. VI, 616 (*P. Pulte*, S. 41).

[114] Der Lohn-Ansatz bewirkt zudem, daß lohnintensive Unternehmen von einem derartigen System ungleich stärker belastet werden als kapitalinten-

das Dilemma der traditionellen Nomiallohnpolitik der Gewerkschaften"[115] zu geben, die die bestehende und für ungerecht gehaltene Einkommens- und Vermögensverteilung bisher nur durch eine „expansive Lohnpolitik" (V. Agartz), d. h. durch über dem Produktivitätsfortschritt liegende Bar-Lohnabschlüsse zugunsten der Lohn- und Gehaltseinkommen, verändern wollten, was sich ohne gleichzeitige Beeinflussung der Einkommensverwendung, d. h. der Umlenkung von konsumtiver zu investiver Verwendung dieser Lohnerhöhungen, aber als weitgehend verteilungsunwirksam herausgestellt hat[116]. Daß ein arbeitsrechtlicher oder unternehmensrechtlicher Bezug bei diesen Maßnahmen zur Vermögensbildung letztlich fehlt, zeigt sich auch daran, daß z. B. das Beteiligungslohngesetz zugleich auch eine Förderung der Vermögensbildung von Selbständigen vorsieht (Art. 1, § 12 des Entwurfs) und der Beteiligungserwerb hier allgemein auf die Anlage von Kapitalwerten ausgedehnt ist (vgl. Art. 1, § 3 des Entwurfs).

Vom Zielkonzept her gesehen kann damit auch das Investivlohnsystem nicht wesentlich über den Bereich der bisherigen staatlichen Vermögenspolitik hinausführen, die heute schon im „Gesetz zur Vermögensbildung der Arbeitnehmer" eine Kombination von staatlicher Sparförderung und investiver Lohnzahlung anbietet.

Aber auch unter verteilungspolitischen Gesichtspunkten ist heute das Investivlohnsystem nicht unbestritten. Zwar muß auch hier das Mehr an Lohn, das dem Arbeitnehmer als gesetzlich oder tarifvertraglich vereinbarter (additiver) Investivlohn zukommen soll, zunächst aus den Unternehmensgewinnen finanziert werden[117]. Denn der Investivlohn führt buchungsmäßig zu einer Kostenerhöhung ohne gleichzeitiges Mitwachsen der Erlöse des Unternehmens und damit zu einer

---

sive Unternehmen, was vielfach auch als „systemimmanenter Nachteil" des Investivlohnsystems angesehen wird — vgl. *U. Andersen*, S. 150. Allgemein zu den Auswirkungen des Investivlohnsystems vgl. auch *A. Oberhauser*, Der Investivlohn als Mittel der Verteilungspolitik und *ders.*, Die wirtschaftlichen Auswirkungen und Grenzen des Investivlohns, passim; *W. Bohlen*, insbes. S. 94 ff.; *A. v. Loesch*, Die Grenzen einer breiten Vermögensbildung, insbes. S. 27 ff.

115 *U. Andersen*, S. 140; zum Ganzen vgl. auch *V. Agartz*, WWI-Mitteilungen Heft, 12 (1953); *E. Häußler*, S. 55 m. w. N.

116 *C. Föhl*, Kreislaufanalytische Untersuchungen, S. 102 ff. Im Ergebnis ist daher das Investivlohnsystem in dieser Ausgestaltung nichts anderes als die Anwendung der Erkenntnisse der volkswirtschaftstheoretischen Kreislauftheorie der Verteilung auf die Verteilungspolitik — vgl. *A. Oberhauser*, Der Investivlohn als Mittel der Verteilungspolitik, S. 273 ff.

117 Im Gegensatz zu den nachfolgend dargestellten sogenannten Gewinnbeteiligungsplänen, bei denen der Unternehmensgewinn in der einen oder anderen Form die Berechnungsgrundlage für die Beteiligung abgibt, soll beim Investivlohn aufgrund des Lohn-Ansatzes die Beteiligung aus solchen Gewinnteilen fließen, die aus „ungleichgewichtigen inflatorischen Kreislaufprozessen" entstehen — vgl. hierzu *Willgerodt / Bartel / Schillert*, S. 351.

Schmälerung des Unternehmensgewinns. Doch ist bis heute nicht geklärt, ob diese Kostenerhöhung vom Unternehmen (besonders von marktmächtigen Unternehmen) nicht doch letztlich wieder auf die Preise abgewälzt werden kann[118]. Zudem stellt sich hier das Problem, ob eine derartige (insbesondere tarifvertraglich vereinbarte) Lohnzulage nicht auch die „normalen“ Lohnerhöhungsabsprachen der Sozialpartner beeinflussen wird. Darüber hinaus konzentriert sich die Kritik am Investivlohn heute vor allem auf das Problem des sogenannten „Zwangssparens“ der Arbeitnehmer[119] und darauf, daß als „systemimmanenter Nachteil“[120] des Investivlohns wegen seines Lohn-Ansatzes die besondere Belastung und damit Benachteiligung von lohnintensiven (im Gegensatz zu kapitalintensiven) Unternehmen hervorgehoben wird, da dies zu einem Ausscheiden von sogenannten Grenzbetrieben vom Markt führen könne[121].

Wenn vorstehend zum Verständnis der vermögenspolitischen Bedeutung des Investivlohngedankens auch einige wirtschaftstheoretische Zusammenhänge kurz umrissen werden mußten, so kann hier auf die wirtschaftlichen Auswirkungen des Investivlohns im einzelnen nicht näher eingegangen werden[122]. Neben dieser lohnbezogenen Förderung einer Vermögensbildung in Arbeitnehmerhand werden heute vor allem auch Pläne diskutiert, die direkt beim Gewinn des Unternehmens (und nicht beim Kriterium Lohn) als Umverteilungsmaßnahme ansetzen[123].

III. Gewinn-/Ertragsbeteiligung und sogenanntes Miteigentum

1. Allgemeines — Gewinnbeteiligung als Oberbegriff

Ebenso wie mit den Investivlohnregelungen soll auch mit den Modellen einer „investiven“ Gewinn-/Ertragsbeteiligung der Arbeitnehmer eine Umverteilung des Vermögens zugunsten der Arbeitnehmer und zu Lasten der bisher Berechtigten angestrebt werden. Hierbei soll jedoch unabhängig vom Lohn direkt ein Teil des Gewinns, der damit

[118] *J.-H. Müller*, S. 302 ff.

[119] Vgl. *A. v. Loesch*, Die Grenzen des Investivlohns, S. 33 ff., *O. v. Nell-Breuning*, Wirtschaft und Gesellschaft heute, S. 441 f.

[120] *U. Andersen*, S. 150.

[121] Vgl. *C. Föhl*, Aktuelle Pläne zur Beeinflussung der Einkommensverteilung und Vermögensbildung, S. 133.

[122] Vgl. ausführlich die oben Fn. 114 Genannten.

[123] Bereits in der Begründung zum BLG-Entwurf wird angeführt, daß in einem theoretischen Modell das Ziel der realen und auch wachsenden Beteiligung der Arbeitnehmer am Produktivvermögen durch eine Ertragsbeteiligung (Gewinnbeteiligung — vgl. unten) auch oder sogar besser erreichbar sei, doch fehle einem solchen Idealmodell die Praktikabilität — BT-Drucks. VI, 616 (vgl. auch *P. Pulte*, S. 42).

zur Berechnungsgrundlage wird, zur Vermögensbildung der Arbeitnehmer abgeführt und damit der Alleinanspruch der Anteilseigner auf Zuweisung des nach Abzug der kontraktbestimmten Kosten verbleibenden Gewinns aufgehoben werden[124]. Zumeist steht jedoch auch hier nicht so sehr die Gewinnpartizipierung als solche im Vordergrund der vermögenspolitischen Überlegungen, sondern diese soll zunächst nur als Finanzierungsinstrument[125] für das angestrebte Ziel der „Vermögensbildung" der Arbeitnehmer dienen. Daher sehen die diesbezüglichen Pläne auch kaum eine „Barabführung" der Gewinnbeteiligung an die Arbeitnehmer, sondern eine „investive" Verwendung in Form der Anlage in Beteiligungswerten vor[126].

Aufgrund der Vielfalt der hierzu in der vermögenspolitischen Diskussion entwickelten theoretischen Pläne und der in der Praxis verwirklichten (meist betrieblichen) Lösungen läßt sich jedoch schon für einen Oberbegriff keine einheitliche Terminologie feststellen[127]. So werden die Begriffe Gewinn-/Ertragsbeteiligung teils synonym, teils aber auch mit unterschiedlichem Begriffsinhalt verwendet, je nach den zugrundeliegenden Zurechnungsformen oder Bemessungsgrundlagen, aus denen die Beteiligungen der Arbeitnehmer fließen sollen[128]. Es finden sich aber auch die zum Teil weitergehenden Bezeichnungen der Erfolgsbeteiligung oder Ergebnisbeteiligung. Vielfach wird zwischen Gewinnbeteiligung und Ertragsbeteiligung dahingehend unterschieden, daß erstere allgemein vom Bilanzgewinn des Unternehmens ausgeht[129], während die Ertragsbeteiligung auf der sogenannten Ertragsrechnung aufbaut, womit die betrieblichen Leistungen der Belegschaft stärker berücksichtigt und außerbetriebliche Faktoren ausgeschaltet werden sollen. Im folgenden soll einerlei, ob der Gewinn — verstanden als Differenz zwischen Erträgen und Aufwand eines Geschäftsjahres —

---

124 *U. Andersen*, S. 147. Zusätzlich wird angeführt, daß hiermit auch etwaige Monopolgewinne und Differentialgewinne besonders von marktmächtigen Unternehmen zur Vermögensbildung herangezogen werden können. Zugleich sollen die sogenannten Grenzproduzenten geschont werden.

125 Vgl. *L. Vollmer*, Die Entwicklung partnerschaftlicher Unternehmensverfassungen, S. 36.

126 In Abgrenzung zum Investivlohnsystem wird der einzel- wie gesamtvolkswirtschaftliche Vorteil einer (investiven) Gewinnbeteiligung der Arbeitnehmer allgemein darin gesehen, daß die Liquidität und die Kapitalstruktur der Unternehmen durch eine derartige Maßnahme nicht negativ beeinflußt wird, somit auch die Investitionstätigkeit oder die Investitionsbereitschaft nicht wesentlich beeinträchtigt werden kann — vgl. andererseits *U. Andersen*, S. 149 f.

127 Vgl. besonders *F. Spiegelhalter*, Miteigentum und Gewinnbeteiligung, S. 29 f.; *H. Kilian*, S. 7; Bericht der Studienkommission zur Reform des Unternehmensrechts, S. 20; *W. v. Rhein*, S. 6 f.

128 Vgl. insoweit auch *Krelle / Schunk / Siebke*, Bd. 1 S. 3 f.

129 Entweder nach dem Brutto- oder dem Netto-Bilanzgewinn — vgl. hierzu *W. v. Rhein*, S. 15.

oder der Ertrag — als der von einer Unternehmung in einer Periode durch Erstellung von Gütern oder Dienstleistungen erwirtschaftete Bruttowertzuwachs — zum Ansatz für die Ermittlung der Wertschöpfung im Unternehmen gemacht wird, der Begriff „Gewinnbeteiligung" als Oberbegriff für alle am Gesamtgewinn des Unternehmens (und nicht beim Kriterium Lohn) ansetzenden Modelle und Pläne verwandt werden[130].

Die derzeit diskutierten oder praktizierten Pläne für eine (investive) Gewinnbeteiligung lassen sich nach der Art der Einführung und der Art der Beteiligungsform einteilen in:

— gesetzliche oder freiwillige überbetriebliche und

— gesetzliche oder freiwillige betriebliche Gewinnbeteiligungspläne.

Zwischen den Extremen einer Institutionalisierung durch Gesetz oder auf rein freiwilliger Basis stehen die Pläne, die eine Einführung durch Tarifvertrag oder Betriebsvereinbarung vorsehen[131]. Sollen bei der sogenannten betrieblichen Lösung die einzelnen Arbeitnehmer Beteiligungs- oder Forderungsrechte direkt gegenüber ihrem arbeitgebenden Unternehmen erhalten, so werden bei den sogenannten überbetrieblichen Modellen den Arbeitnehmern einzelner Unternehmen, bestimmter Wirtschaftszweige oder aber der gesamten Wirtschaft Ansprüche gegen zentrale Fonds zugeteilt, an die die betroffenen Unternehmen die Gewinnbeteiligungsabgaben abzuführen haben.

2. Gewinnbeteiligungspläne

a) Gesetzliche überbetriebliche Gewinnbeteiligung

aa) Der „Gleitze-Plan"

In den Jahren 1957 und 1958 hat Bruno Gleitze, Direktor des Wirtschaftswissenschaftlichen Instituts der Gewerkschaften, ein überbetriebliches Gewinnbeteiligungsmodell entwickelt[132], in dem die Kapitalbildung im Unternehmen über die Selbstfinanzierung, d. h. die steuerbegünstigte Reservenbildung, zum Ansatzpunkt für eine Vermögensbildung der Unselbständigen genommen wird. Sein Modell sieht vor, daß die großen Kapitalgesellschaften durch Gesetz verpflichtet wer-

---

130 Nicht hierher gehören Gratifikationen, Tantiemen, Prämien oder sonstige Beteiligungen am sogenannten Betriebsergebnis (Rationalisierungsgewinne, etc.).

131 Die Frage, ob sich diese als juristisch zulässige Mittel erweisen, wird von *W. Herschel,* S. 23 ff. untersucht.

132 Lohnpolitik und Vermögensverteilung in: Sozialer Fortschritt, 1957, S. 53 ff.; ders. Sozialkapital und Sozialfonds als Mittel der Vermögenspolitik, Köln 1968.

den, den Gegenwert eines Teiles dieser Kapitalbildung — er bezeichnet es als sogenanntes „Sozialkapital" — in Form von Aktien oder Obligationen (oder durch Barzahlung) an mehrere, voneinander unabhängige „Sozialkapitalfonds" abzuführen. An dem sich dort ansammelnden Vermögen sollen dann alle begünstigten Arbeitnehmer in Form von Fonds-Anteilen oder langfristigen Guthaben beteiligt werden. Da das Sozialkapital Eigentum an den Produktionsmitteln bleiben und nicht konsumiert werden soll, ist die freie Verfügbarkeit bis zur Erreichung einer bestimmten Altersgrenze (bzw. Invaliditätseintritt) oder bestimmter Sperrfristen ausgeschlossen. Die Verwaltung der Fonds soll ähnlich der Selbstverwaltung der Sozialversicherung organisiert werden.

Dieser Gleitze-Plan entspricht in etwa den Grundzügen, die später W. Krelle in seiner wirtschaftswissenschaftlichen Untersuchung über „Überbetriebliche Ertragsbeteiligung der Arbeitnehmer"[133] aufgestellt hat und die dort für volkswirtschaftlich am ehesten (d. h. ohne wirtschaftliche Schäden) für realisierbar gehalten werden[134].

bb) Der „DGB-Plan"

Während die IG-Metall noch in den 70er Jahren auf ihrer traditionellen Tariflohnpolitik zur Einkommenssteigerung beharrte, wurde der Gleitze-Plan in abgewandelter Form ab 1970 auch im DGB erörtert. In der 1973 vom Bundesausschuß des DGB nach einer Kampfabstimmung verabschiedeten Stellungnahme zur Beteiligung der Arbeitnehmer am Produktivvermögen[135], in der eine angemessene Beteiligung der Arbeitnehmer aller Bereiche am volkswirtschaftlichen Produktivvermögen durch ein überbetriebliches System der Ertragsbeteiligung gefordert wird, ist vorgesehen, daß die einzelnen Unternehmen durch Kapitalerhöhungen Vermögensbeteiligungen schaffen, die an dezentrale, außerhalb des Bankensystems zu errichtende Fonds, die von den begünstigten Arbeitnehmern selbst verwaltet werden, abzuführen sind. Der Plan sieht weiter vor, daß an begünstigte Arbeitnehmer, soweit ihr Einkommen eine bestimmte Höhe nicht überschreitet, unentgeltlich Fondszertifikate ausgegeben werden, über die sie nach Ablauf einer Sperrfrist (die Dauer ist offengelassen) verfügen können. Jedoch sollen die aus der Unternehmensbeteiligung fließenden Gewinne nicht ausgeschüttet, sondern von den Fonds zur Finanzierung von Infrastruktur-Investitionen im öffentlichen Bereich verwendet werden.

---

133 *Krelle / Schunk / Siebke,* Überbetriebliche Ertragsbeteiligung, 2 Bde., Tübingen 1968.

134 Bd. 2, S. 488.

135 „Gegen die Vormacht des Kapitals", teilw. abgedruckt in Materialien IV, S. 7 ff.

cc) Der „Staatssekretäre-Plan" und die „Grundlinien eines Vermögensbeteiligungsgesetzes"

Nachdem die SPD 1960 zunächst mit dem als „Deist-Plan"[136] bekanntgewordenen Vorschlag zur Vermögensumverteilung an die Öffentlichkeit getreten war, wurde 1970 (nach Übernahme der Regierungsgeschäfte durch die sozialliberale Koalition) das sogenannte „Vierer-Programm zur sozialgerechten Vermögensbildung und Sparförderung der Erwerbstätigen" bekannt[137]. Dieser sogenannte Staatssekretäre-Plan sah vor, daß alle Unternehmen mit einem steuerpflichtigen Jahresgewinn von mindestens 100.000,— DM zu einer gesetzlichen Gewinnabgabe verpflichtet werden, die zwischen 2 % und 10 % des steuerpflichtigen Jahresgewinns liegt. Die steuerlich nicht absetzbare Gewinnabgabe sollte in Form von Beteiligungswerten, Bargeld oder Schuldscheindarlehen über eine sogenannte Clearing-Stelle (dazu war die Lastenausgleichsbank vorgesehen) an dezentral aufgebaute Beteiligungsfonds abgeführt werden, die in das bestehende Banken- und Sparkassensystem eingegliedert werden sollten. Für die von den Fonds an die berechtigten Arbeitnehmer (dazu wurden auch Beamte, Richter, Berufs- und Zeitsoldaten gezählt) auszugebenden Anteilsscheine war eine Sperrfrist von 7 Jahren vorgesehen.

In Fortschreibung dieses Plans und in Ausfüllung der Regierungserklärung vom 18. 1. 1973 einigten sich SPD und FDP 1974 auf die „Grundlinien eines Vermögensbeteiligungsgesetzes"[138]. Diese sehen vor, daß alle Unternehmen von einem einkommens- und körperschaftssteuerpflichtigen Gewinn von 400.000,— DM an eine Vermögensbildungsabgabe zu leisten haben, und zwar in Höhe eines im einzelnen gestaffelten Abgabensatzes, der ab ca. 1 Mio. DM Jahresgewinn konstant ca. 10 % beträgt. Personalgesellschaften und Einzelunternehmen erhalten als Ausgleich für den bei Kapitalgesellschaften als Betriebsausgabe abzugsfähigen Unternehmerlohn einen Freibetrag von 100.000,— DM. Als Bemessungsgrundlage dient der nach dem EStG und dem KStG ermittelte gewerbliche Gewinn des betreffenden Unternehmens (ohne Beschränkung auf eine bestimmte Rechtsform) abzüglich der Betriebssteuern. Die Abgabe soll vornehmlich in Form von Beteiligungswerten (eigene Aktien, Aktien des eigenen Unternehmensbereichs oder von beteiligten Unternehmen) erfolgen, weshalb die Abgabe durch Leistung von Geld mit einem Zuschlag belegt wird. Auch hier sind die Abgaben über eine Clearing-Stelle an Beteiligungsfonds

---

136 *H. Deist*, in: Die neue Gesellschaft, Heft 6 (1960).

137 Vgl. *J. Schröder*, S. 114 f.; *H. Ehrenberg*, Vermögenspolitik für die 70er Jahre, passim; *W. Mückl*, S. 19 ff.

138 Abgedruckt in Materialien IV, S. 43 ff. Hierzu vgl. weiter auch *G. Picot*, insbes. S. 27 ff.

abzuführen, die als „Vermögensanlagegesellschaften" mit beschränkter Haftung von den öffentlich-rechtlichen, gemeinwirtschaftlichen, genossenschaftlichen und privaten Geld- und Kreditinstituten (in gegenseitiger Konkurrenz) errichtet werden sollen. Die Berechtigten, zu denen alle Erwerbstätigen (Arbeitnehmer, im öffentlichen Dienst Beschäftigte, Freiberufliche und Selbständige bis zu bestimmten Einkommensgrenzen[139]) gehören, können die Vermögensanlagegesellschaft frei wählen und erhalten in Höhe ihrer Anteilsrechte Fonds-Zertifikate, die nach einer Sperrfrist von 7 Jahren ausgezahlt oder in sonstige Wertpapiere umgetauscht werden können. Der Organisationsaufbau der Vermögensanlagegesellschaft sieht eine gewählte Teilhabervertretung vor, die einen Aufsichtsrat wählt, der die Geschäftsführung zu überwachen hat und in dem die Vertreter der Bezugsberechtigten eine Mehrheit von ⅔ der Stimmen haben. In der Teilhabervertretung soll im übrigen eine „repräsentative Auswahl aus dem Kreis der Bezugsberechtigten" vertreten sein.

Zu einer gesetzlichen Fixierung dieses Koalitionsvorschlages ist es aber bis heute nicht gekommen. In der Regierungserklärung vom 17. 5. 1974 werden hierfür „große rechtliche und technische Schwierigkeiten für die praktische Durchführung" angeführt[140].

In einer neuerlichen Variante der Koalitionsparteien zur Vermögensbildung ist nunmehr vorgesehen, den Tarifvertragsparteien über die sogenannten gemeinsamen Einrichtungen i. S. v. § 4 Abs. 2 TVG in verstärktem Maße die Möglichkeit zu eröffnen, überbetriebliche Vermögensbildungsmodelle (Tariffonds) auszuhandeln. Die Vermögensbildungsabgaben der Arbeitgeber an die gemeinsamen Einrichtungen sollen auch hier in der Form von eigenen Aktien, stillen Beteiligungen oder aber in Bargeld erfolgen. Andere Beteiligungswerte oder -formen sollen aus Gründen der Bewertungsproblematik und der Frage der „Mitunternehmerschaft" (vgl. § 15 Abs. 1 EStG)[141] weiter ausgeschlossen sein.

Die Einzelheiten eines derartigen Einrichtungsmodells sind jedoch unter den Koalitionsparteien noch heftig umstritten. Das gilt nicht nur für die Frage einer (etwaigen) gesetzlichen Rahmensetzung im Hinblick auf die konkrete Ausgestaltung dieser gemeinsamen Einrichtungen der Tarifvertragspartner, sondern ebenso auch für die Frage der Wahlfreiheit der Arbeitnehmer in bezug auf den Beteiligungserwerb (einschl. des Verzichts), der Anrechenbarkeit bereits be-

[139] 36.000,— DM für Alleinstehende und 54.000,— DM für Verheiratete (zuzüglich 9.000,— DM für jedes Kind).

[140] Verhandlungen des Dtsch. Bundestages, Stenogr. Berichte, Bd. 88, S. 6602.

[141] Vgl. auch unten d, cc.

stehender betrieblicher Vermögensbildungsmodelle auf die Abgabeverpflichtung des Arbeitgebers, der Aufstellung von Einkommensgrenzen für die Arbeitnehmerbeteiligung. Ungelöst ist bisher auch die Frage der Gewährung steuerlicher Anreize für Klein- und Mittelbetriebe im Falle einer Beteiligung an den Tariffonds[142]. Insgesamt scheinen damit jedoch auch diesem Modellvorschlag keine großen Realisierungschancen für eine politische Durchführung anzuhaften, so daß es auch insoweit im vermögenspolitischen Bereich beim derzeitig zu beobachtenden Stillstand zu verbleiben scheint.

b) Freiwillige überbetriebliche Gewinnbeteiligung

Während die Initiatoren der oben unter a) skizzierten Pläne nur in einer gesetzlichen Normierung die Gewähr für die Einführung einer Vermögensbildung der Arbeitnehmer auf breiter Grundlage sahen, legte O. A. Friedrich, Präsident des Bundesverbandes der deutschen Arbeitgeberverbände in seinen „Gedanken zur breiteren Vermögensbildung“[143] Ende der 60er Jahre einen Plan zur überbetrieblichen Gewinnbeteiligung auf freiwilliger Basis vor. Die Gewährung beträchtlicher Steuervorteile sollte darin der Anreiz für die Unternehmen sein, einem noch näher zu bestimmenden Investmentfonds unverzinsliche (und langfristig zu tilgende) Schuldforderungen in Form von Schuldscheindarlehen oder Obligationen abzutreten. Für die Vermögensabgabe sollten ertragssteuerfreie Rückstellungen bis zu 5 - 10 % des Bruttojahresertrages gebildet werden können. Die möglichst in Anlehnung an bestehende Investmentfonds zu errichtenden Gläubigerfonds sollten nicht börsenfähige Namenszertifikate auflegen, die jeder sparwillige Arbeitnehmer, Beamte oder auch Selbständige bei hälftiger Eigenleistung zu 200,— DM sollte erwerben können, die in den ersten 5 Jahren aber nicht gekündigt werden konnten.

Dieser Plan ist 1968 vom damaligen Bundeswirtschaftsminister K. Schiller abgewandelt worden. Danach sollten alle Unternehmen, die durch staatliche Investitionsprämien oder durch zinsverbilligte staatliche Kredite gefördert werden, verpflichtet sein, in Höhe der Unterstützung Schuldtitel an eine neu zu errichtende zentrale Verrechnungsstelle zur Vermögensbildung der Arbeitnehmer zu übertragen[144].

c) Gesetzliche betriebliche Gewinnbeteiligung

Im Gegensatz zur überbetrieblichen Gewinnbeteiligung, bei der die Vermögensabgaben an übergeordnete Sammelstellen abzuführen sind,

---

142 Handelsblatt vom 5. 6. 1979 S. 2, 3.

143 Vgl. die Darstellung bei *Apel / Issen*, S. 216 ff., 219 und bei *K. O. Körber*, S. 351.

144 Zu Einzelheiten vgl. *Willgerodt / Bartel / Schillert*, S. 312 f.

an denen alle Arbeitnehmer oder sonstige Berechtigte Anteilsrechte erhalten können, sollen bei der sogenannten betrieblichen Gewinnbeteiligung die Beschäftigten direkt am Gewinn ihres Unternehmens beteiligt werden. Diese unternehmensindividuellen Beteiligungen, besonders wenn sie auf freiwilliger Basis vereinbart werden können, sind zumeist Ausdruck einer umfassenderen Partnerschaftsidee, die in der Form der Miteigentumsbildung ihren prägnantesten Ausdruck findet, was später noch näher dargestellt werden soll.

Vorschläge für eine auf normativer (insbesondere auch tarifvertraglicher) Grundlage eingeführte Beteiligung der Belegschaft am Gewinn des arbeitgebenden Unternehmens hatte bereits Bachmann[145] in den 50er Jahren entwickelt. Auch sein Plan knüpft, wie die meisten der oben beschriebenen überbetrieblichen Gewinnbeteiligungspläne, an die Selbstfinanzierungsrate in den Unternehmen an. Deshalb sollte die Beteiligung der Arbeitnehmer am nicht ausgeschütteten Jahresgewinn erfolgen, und zwar insbesondere bei Aktiengesellschaften in der Form der Teilung des in Zukunft im Unternehmen neu gebildeten Vermögens, das den Beschäftigten in der Form neuer Aktien zukommen sollte (sogenannte Kapitalbeteiligung). Näheres sollte durch Tarifvertrag bestimmt werden können. Den Arbeitnehmern, die im übrigen über das Miteigentum sollten frei verfügen können, empfahl er jedoch, die Aktien des arbeitgebenden Unternehmens zur größeren Risikostreuung in Fonds gegen deren Zertifikate einzutauchen und das so erworbene Vermögen möglichst nicht zu Geld zu machen, sondern zu behalten. Dies sollte jedoch nicht durch Sperrfristen oder Verfügungsbeschränkungen, sondern durch das „Miteigentumssystem“ selbst erreicht werden.

Im Gegensatz zur Bundesrepublik Deutschland, in der Pläne für eine gesetzlich eingeführte betriebliche Gewinnbeteiligung bislang keine große Bedeutung erlangen konnten, ist in Frankreich bereits 1967 durch die „ordonnance no. 67 - 693“ eine obligatorische betriebliche „Beteiligung der Arbeitnehmer am Ertrag der Expansion der Unternehmen“ eingeführt worden[146], die jedoch die in sie gesetzten Erwartungen bisher nicht erfüllen konnte[147].

---

[145] „Kapitalbeteiligung der Arbeitnehmer“, Gew. Monatshefte 1953, S. 208 ff.

[146] Ausführlich: *C. Föhl*, Obligatorische Gewinnbeteiligung in Frankreich ein nachahmenswertes Vorbild?; *G. Eichler*, Die Gewinnbeteiligung der Arbeitnehmer in Frankreich; *G. Halbach*, Gewinnbeteiligung in Frankreich, in: Materialien II, S. 160 ff.

[147] *G. Halbach*, S. 160. Nach der ordonnance werden alle Unternehmen — gleich welcher Rechtsform — zur Einführung einer Gewinnbeteiligung verpflichtet, sofern sie mehr als 100 Arbeitnehmer beschäftigen. Der Anspruch bemißt sich nach dem durch die Steuerbehörde verbindlich festgestellten

d) *Modelle zur freiwilligen betrieblichen Gewinnbeteiligung — Kapitalbeteiligung — Miteigentum*

aa) Allgemeine Grundlagen

Eine freiwillige Gewinnbeteiligung der Belegschaft am arbeitgebenden Unternehmen wurde bereits im vorigen Jahrhundert in einigen Firmen, z. B. in der Berliner Messingfabrik W. Borchert (1868) und von Abbé bei der Firma Zeiss in Jena (1896), eingeführt und zum Teil länger praktiziert[148]. Der Kreis der Unternehmen, die heute in der Bundesrepublik Deutschland ihre Belegschaftsmitglieder am Jahresgewinn beteiligen, hat sich in den letzten Jahren zunehmend vergrößert[149]. Zumeist wird hierbei jedoch die Form der einmaligen, d. h. aus besonderen Anlässen (Firmenjubiläum oder besonders gute Ertragslage) gewährte Gewinn- bzw. „Ertragsbeteiligung" gewählt[150], bei der den Arbeitnehmern in jeweils unterschiedlicher Höhe Teile des Gewinns als zusätzliche Arbeitgeberleistungen zugeteilt werden. Die Abführung erfolgt dann entweder in bar als einmaliger Lohnzuschlag (was einer Barlohnerhöhung gleichkommt)[151]; zum größten Teil wird jedoch auch diese Form der betrieblichen Gewinnbeteiligung mit einer investiven Anlage im arbeitgebenden Unternehmen verbunden (Kapitalanlage/Kapitalbeteiligung).

Gewinn nach Steuern und nach Berücksichtigung einer 5 %igen Verzinsung für das Eigenkapital, sowie einem Abzug, der sich nach dem Verhältnis der Lohnkosten zur betrieblichen Wertschöpfung richtet. Der verbleibende Rest des Gewinns (nach vorausbezahlten Löhnen) wird den Arbeitnehmern zur Hälfte als Gewinnbeteiligung zugeteilt. Hierzu haben die Unternehmen eine Rücklage zu bilden, aus der die Arbeitnehmergewinnanteile nach Ablauf einer 5jährigen Sperrfrist abzuführen sind. Die ordonnance bietet jedoch für die Berücksichtigung der besonderen Situationen ein weites Feld für vertragliche Vereinbarungen. Nach der bisherigen Praxis bezeichnen Kritiker die Unternehmer (Unternehmen) als die Hauptnutznießer der Profitpartizipation, da ihnen die Reform Steuererleichterungen und billige Kredite brachte, während die Arbeitnehmergratifikationen im Einzelfall wie in der Gesamtheit sehr gering ausfielen. Zu den erneuten Reformvorschlägen der französischen Regierung, nach denen die Arbeitnehmer über die Profitpartizipierung hinaus auch zu Miteigentümern der 850 börsennotierenden Firmen werden können (kraft gesetzlicher Verpflichtung), vgl. *F. Heimplätzer*, in: Westdeutsche Allgemeine Zeitung vom 3. 11. 1978 S. 2.

[148] Vgl. *H. Kilian*, S. 69 ff.; *W. G. Schmitz*, S. 18 ff.; *U. Andersen*, S. 150.

[149] Zu den im einzelnen unterschiedlichen Zahlenangaben vgl. *L. Vollmer*, Die Entwicklung partnerschaftlicher Unternehmensverfassungen, S. 27 und *W. Drechsler*, S. 68.

[150] Nach der LohnsteuerdurchführungsVO sind Jubiläumsgeschenke des Arbeitgebers an seine Arbeitnehmer bis zu einer Höhe von jährlich 1.200,— DM lohnsteuerfrei, wenn das Unternehmen 25 Jahre oder ein Vielfaches davon besteht.

[151] Zu den Auswirkungen einer Barabführung vgl. *Willgerodt / Bartel / Schillert*, S. 305.

Letzteres liegt heute in aller Regel der Form der Ausgabe von sogenannten Belegschaftsaktien zugrunde, wie sie inzwischen von einer größeren Zahl von Aktiengesellschaften — vor allem im Zusammenhang mit der Gewährung vermögenswirksamer Arbeitgeberleistungen im Rahmen der staatlichen Vermögensbildungsmaßnahmen — praktiziert wird[152]. Die hierbei vom Unternehmen aufgrund einer Kapitalerhöhung (gegen Einlage — vgl. § 182 AktG — oder aufgrund einer bedingten Kapitalerhöhung — § 192 Abs. 2 Nr. 3 AktG), des vorherigen Erwerbs eigener Aktien (§ 71 Abs. 1 Nr. 2 AktG) oder aufgrund genehmigten Kapitals (§ 202 Abs. 4 AktG)[153] in unregelmäßigen Abständen an die Mitarbeiter nach einem bestimmten Verteilungsschlüssel ausgegebenen Aktien werden diesen zumeist nicht in der Form der reinen Eigenleistung des Unternehmens (Gratisaktien), sondern vielfach in der Form des Firmenzuschusses zu Eigenleistungen des Arbeitnehmers zugedacht[154]. Auch in diesen Fällen ist dann der Unternehmensgewinn Quelle des sogenannten Miteigentumserwerbs des Arbeitnehmers, der neben seiner arbeitsrechtlichen Stellung hiermit auch in (zusätzliche) gesellschaftsrechtliche Rechtsbeziehungen zum arbeitgebenden Unternehmen tritt. Der Firmenzuschuß (= Verbilligung des Abgabekurses gegenüber dem Börsenkurs der Aktie) beträgt hier in der Regel bis zu 50 %, da bis zu dieser Höhe, wenn der Betrag von 500,— DM pro Jahr und Beschäftigten nicht überschritten und eine 5jährige Sperrfrist eingehalten wird, die Vergünstigung gemäß § 8 KapErhStG[155] lohnsteuerfrei bleibt.

Neben dem Weg der Gewährung einer auf einer Kapitalinvestition beruhenden Mitinhaberschaft des Arbeitnehmers, die je nach der Rechtsform des arbeitgebenden Unternehmens über den Bereich der Belegschaftsaktie hinaus recht unterschiedlich ausgestaltet sein kann, wird für eine weitergehende Unternehmensbeteiligung der Arbeitnehmer heute vielfach auch eine mehr mittelbare Eingliederung des Arbeitnehmers in das Unternehmen angestrebt. Hierzu wird dem Arbeitnehmer eine auf schuldrechtlicher Vereinbarung mit dem Arbeitgeber beruhende vermögensrechtliche Beteiligung am Gewinn des Unternehmens gewährt, ohne daß ihm die Stellung eines direkten (Mit-)Gesellschafters eingeräumt wird. Vielfach wird in derartigen „Partnerschaftsverträgen“[156] die Beteiligung vermögensrechtlicher Art noch durch weitere Teilhaberegelungen (Mitbestimmungs- und Mitver-

---

[152] Nachweise bei *W. Drechsler*, S. 66 ff.

[153] Zum Ganzen vgl. *N. Horn*, S. 164 f.

[154] Allgemein zur Finanzierung einer Arbeitnehmer-Kapitalbeteiligung vgl. *W. Drechsler*, S. 70 ff.

[155] BGBl. I, 977.

[156] Vgl. *L. Vollmer*, Die Entwicklung partnerschaftlicher Unternehmensverfassungen, passim.

waltungsregelungen) ergänzt, so daß eine gesellschafterähnliche, aber von einer bestimmten Kapitalinvestition unabhängige Rechtsstellung des Arbeitnehmers im Unternehmen erreicht wird.

Beide Formen der betrieblichen Gewinn- und Kapitalbeteiligung haben inzwischen in mehreren Unternehmen erste praktische Realisierungen erfahren, wobei die einzelnen Modelle aufgrund der vorgegebenen Formenvielfalt im gesellschaftsrechtlichen und allgemein privatrechtlichen Raum ganz unterschiedliche Ausgestaltungen gefunden haben. Wegbereiter der auf rein freiwilliger Basis eingeführten sogenannten Beteiligungsmodelle (Partnerschaftsmodelle) waren insbesondere die Firmen Spindler, Fischer, Pieroth, Behrens (Ahrensburger Modell), Bertelsmann, Rosenthal, Duisburger Kupferhütte u. a., um hier nur einige wenige der bekannt gewordenen Namen zu nennen[157]. Die genannten Modelle sind zumeist Ausdruck einer besonderen Partnerschaftsidee[158], die den Arbeitnehmer aus seiner arbeitsrechtlichen Isolierung im Unternehmen herausheben will. Es sind heute vorwiegend diese, auch unter der Bezeichnung „betriebliches Miteigentum“[159] oder „betriebliche Partnerschaft“[160] propagierten Pläne, die auch unter dem Gesichtspunkt der Vermögensbildung in Arbeitnehmerhand allgemein diskutiert werden.

Da der Vorteil der freiwilligen betrieblichen Gewinn- und Kapitalbeteiligungsmodelle gerade in der Vielgestaltigkeit und Mannigfaltigkeit der möglichen Formen und deren konkreter Ausgestaltung gesehen werden kann[161], muß schon aus diesem Grunde hier auf eine Einzeldarstellung verzichtet werden. Nachfolgend soll daher nur ein kurzer Überblick über einige wesentliche Merkmale und Strukturprinzipien gegeben werden, wie sie aufgrund der geltenden Korpora-

---

[157] Ausführliche Modellbeschreibungen finden sich bei: *F. Froemer*, Vermögensbildung in weiten Bevölkerungskreisen; *H. G. Guski*, Ausgewählte Modelle betrieblicher Vermögensbeteiligung; *Esser / Falthauser*, Beteiligungsmodelle; *M. Jungblut*, Nicht vom Lohn allein; einen allgemeinen Überblick gibt *N. Horn*, S. 135 ff.; zu einzelnen Modellen vgl. *K. Falthauser*, Miteigentum — Das Pieroth-Modell in der Praxis; *Apel / Issen*, S. 190 ff., 236 ff.; *G. P. Spindler*, Mitunternehmertum; *H. G. Guski*, Betriebliche Vermögensbeteiligung; *A. Kraft / H. Konzen*, Die Arbeiterselbstverwaltung im Spannungsfeld v. Gesellschafts- u. Arbeitsrecht.

[158] Vgl. *Apel / Issen*, S. 111.

[159] Zu „betriebliches Miteigentum“ vgl. *A. v. Loesch*, Die Grenzen einer breiteren Vermögensbildung, S. 44 ff.; *H. Kilian*, insbes. S. 19 ff.; *F. Spiegelhalter*, „Miteigentum“ und „Gewinnbeteiligung“, passim. Der vermögenspolitische Begriff des Miteigentums deckt sich nicht mit dem Rechtsbegriff des Miteigentums nach Bruchteilen gem. §§ 1008 ff. BGB.

[160] *L. Vollmer* (Fn. 156), S. 22 ff.; *N. Horn*, S. 135 (insbes. Fn. 5); *K. Meier*, Interdependenzen zwischen Mitbestimmung und betrieblicher Partnerschaft, passim.

[161] Vgl. hierzu auch *H. G. Guski*, S. 288 ff.; *P. Pulte*, S. 221 ff.

tionsordnung bei den heutigen Beteiligungsmodellen vorherrschen oder hauptsächlich diskutiert werden[162].

Gemeinsame Grundlage aller Modelle ist, daß die Mitarbeiter zusätzliche, vom Arbeitslohn unabhängige und aus den Unternehmensgewinnen fließende Zuwendungen erhalten. Diese stehen ihnen in Form von im einzelnen unterschiedlich ausgestalteten Beteiligungsrechten gegenüber dem arbeitgebenden Unternehmen zu, wobei — wie bereits angeführt — neben der Gewährung einer voll-gesellschaftsrechtlichen Mitinhaberschaft insbesondere auch Formen sogenannter „unternehmensrechtlicher Gestaltungen“[163] angestrebt werden.

bb) Gewinnermittlung und Gewinnverteilung

Die nicht auf einer bestimmten Kapitalinvestition des Arbeitnehmers aufbauenden Partnerschaftsmodelle sehen in aller Regel vor, daß den Arbeitnehmern neben den Kapitalgebern und zusätzlich zu ihrem Arbeitslohn aufgrund eines mit dem Unternehmer (Arbeitgeber) abgeschlossenen sogenannten „Partnerschaftsvertrages“ eine regelmäßige materielle Beteiligung am Unternehmensgewinn eingeräumt wird[164].

In der derzeitigen Beteiligungspraxis wird zur Gewinnermittlung zumeist vom Bilanzgewinn des Unternehmens ausgegangen, wobei im allgemeinen der in der Steuerbilanz ausgewiesene Gewinn die Berechnungsgrundlage für eine Arbeitnehmerteilhabe bildet[165]. Dieser wird jedoch noch durch im einzelnen unterschiedliche Abzüge bereinigt. So wird bei der Mehrzahl der Beteiligungsmodelle eine bestimmte Eigenkapitalverzinsung für die Kapitaleigner und eine Risikoprämie für das Wagnis ihres Kapitaleinsatzes abgezogen[166]. Dieser Vorwegabzug wird regelmäßig damit begründet, daß auch die Arbeitnehmer in den ausgezahlten Löhnen und Gehältern bereits eine vorab-Verzinsung auf ihren Leistungsbeitrag erhalten haben[167]. Weiter wird vielfach noch ein sogenannter Unternehmerlohn für in der Geschäftsführung tätige Gesellschafter und gegebenenfalls auch eine sogenannte „Marktrisikorücklage“ abgezogen. Durch die Bildung solcher Rücklagen sollen etwaige zukünftige Verluste zunächst unternehmensbezogen ausgeglichen werden können[168]. Ein verbleibender Restgewinn wird dann

---

162 Vgl. hierzu *W. Drechsler*, insbes. S. 65 ff. (73 ff.).

163 *L. Vollmer*, S. 29.

164 *K. Meier*, S. 101 ff.

165 *M. Lutter*, S. 34 und *L. Vollmer*, S. 46 f.

166 Ausführlich *N. Horn*, S. 159.

167 So auch *L. Vollmer*, S. 47 m. w. N.

168 *Ders.*, S. 47.

zumeist hälftig auf die Arbeitnehmer und die Anteilseigner aufgeteilt[169].

Die interne Aufteilung auf die einzelnen Mitarbeiter erfolgt teilweise proportional zum jeweiligen Jahreseinkommen des Arbeitnehmers, zum überwiegenden Teil jedoch nach Köpfen[170], wobei auch hier im einzelnen unterschiedliche Detailregelungen möglich sind, indem etwa noch an eine bestimmte Dauer der Betriebszugehörigkeit etc. angeknüpft wird. Da auch die im Rahmen der Partnerschaftsmodelle an die Arbeitnehmer abzuführenden Gewinnanteile in den meisten Fällen dem Unternehmen weiter zu Investitionszwecken zur Verfügung stehen und damit gleichzeitig auch der Vermögensbildung der Arbeitnehmer dienen sollen, werden die Beiträge im Unternehmen thesauriert und unterliegen bestimmten Sperrfristen, während der die Arbeitnehmer über die sich ansammelnden Kapitaleinlagen nicht verfügen können[171]. Wie im einzelnen eine derartige Kapitalbeteiligung der Arbeitnehmer am arbeitgebenden Unternehmen rechtlich ausgestaltet oder auszugestalten ist, hängt im wesentlichen von der Rechtsform ab, in der das Unternehmen betrieben wird.

cc) Einzelne Strukturmerkmale möglicher Anlageformen

Für eine Kapitalbeteiligung der Arbeitnehmer (im weitesten Sinne) am arbeitgebenden Unternehmen kommen ganz allgemein in Betracht[172]:

- **Darlehen (§§ 607 ff. BGB)**
- **partiarisches Darlehen**
- **Obligation**
- **stille Beteiligung (mit und ohne Verlustbeteiligung und als atypische stille Beteiligung) — §§ 335 ff. HGB**
- **oHG- und Kommanditbeteiligung (§§ 105 ff.; 161 ff. HGB; §§ 705 ff. BGB)**
- **GmbH-Beteiligung**
- **Aktienbeteiligung**

Darlehen, partiarisches Darlehen und die Obligationen haben (mit Ausnahme der Wandelobligation) rein schuldrechtlichen Charakter und stellen, vom Unternehmen aus gesehen, sogenanntes Fremdkapital dar, das dem Arbeitnehmer mit Ausnahme eines Zinsanspruches auch keinerlei weitergehende Rechte gewährt. In der derzeitigen Beteiligungs-

169 Bei besonders lohnintensiven oder aber auch kapitalintensiven Unternehmen können zum Teil auch andere Verteilungsschlüssel zur Anwendung kommen — vgl. *N. Horn*, S. 160 und *L. Vollmer*, S. 47.

170 Vgl. *N. Horn*, S. 154; *L. Vollmer*, S. 48 m. w. N.

171 Vgl. *U. Andersen*, S. 150.

172 Vgl. die Zusammenstellung bei *W. Drechsler*, S. 73.

praxis werden derartige Beteiligungen daher zumeist als Übergangslösung für eine spätere (auf dem angesammelten Kapital beruhende) mitgliedschaftliche Beteiligung gewählt[173].

Die stille Beteiligung bildet den Übergangsbereich zur gesellschaftsrechtlichen Beteiligung und stellt in der Form der atypischen stillen Gesellschaft reines Eigenkapital dar, ebenso wie die zuletzt genannten rein gesellschaftsrechtlichen Formen. Bei der stillen Gesellschaft, bei der der stille Gesellschafter grundsätzlich nicht an der Substanz des Unternehmens beteiligt ist (vgl. § 335 Abs. 1 HGB), kann aufgrund des hier möglichen weiten Spielraums für vertragliche Regelungen im Hinblick auf eine partnerschaftliche Beteiligung der Arbeitnehmer auch eine faktische Wertzuwachsbeteiligung vereinbart werden (vgl. § 337 Abs. 3 HGB). Weiterer Vorteil dieser Beteiligungsform ist, daß die Vermögenseinlage hier (ebenso wie bei oHG und KG) auch durch Erbringen vermögenswerter Dienste geleistet werden kann. Zugleich kann bei der stillen Gesellschaft, soweit sie — konzipiert als reine Innengesellschaft — überhaupt als mehrgliedrige Gesellschaft anerkannt wird[174], die Haftung der Arbeitnehmer eingeschränkt oder ausgeschlossen (vgl. § 336 Abs. 2 HGB) und auch erweiterte Mitbestimmungs- und Mitverwaltungsrechte der stillen Gesellschafter vereinbart werden.

Im übrigen stehen der praktischen Realisierbarkeit von einigen der möglichen Formen für eine direkte (gesellschaftsrechtliche) Beteiligung der Arbeitnehmer derzeit jedoch zum Teil korporationsrechtliche und insbesondere steuerrechtliche, zum Teil aber auch rein tatsächliche Nachteile im Wege[175]. Nach geltendem Gesellschaftsrecht sind grundsätzlich nur dort mitgliedschaftliche Beteiligungen der Arbeitnehmer am Unternehmen möglich, wo das bestehende Recht sie zuläßt (daher z. B. grundsätzlich nicht beim Einzelkaufmann und bei der eGen — vgl. § 1 GenG) und dann zumeist auch nur in der dort vorgesehenen Form. Für den Fall der oHG-Beteiligung bedeutet letzteres z. B., daß den Arbeitnehmergesellschafter notwendig die unbeschränkte persönliche Haftung gemäß § 128 HGB trifft[176]. Darüber hinaus zeigt sich gerade bei den Personengesellschaften (aber auch bei der GmbH), daß diese von ihrer korporationsrechtlichen Grundstruktur her nur auf einen kleinen Kreis von Mitgliedern ausgerichtet und daher kaum in der Lage sind große Mitgliederzahlen rechtlich-organisatorisch zu be-

---

[173] Vgl. hierzu auch *M. Lutter*, S. 34 m. w. N.

[174] *K. Iber*, S. 303 ff. m. w. N.

[175] Zu den rein tatsächlichen Schwierigkeiten zählen etwa die jeweils notwendigen Handelsregistereintragungen bei der Aufnahme, dem Ausscheiden oder einem sonstigen Wechsel von Gesellschaftern.

[176] Für die KG-Beteiligung vgl. §§ 171 - 176 HGB. Die unmittelbare Haftung entfällt danach nur, wenn und soweit die Einlage geleistet ist.

wältigen[177] (etwa den Ein- und Austritt und die Abfindung bei einem Arbeitnehmerwechsel), was insbesondere auch für die Teilnahme an internen Verwaltungsrechten und deren Ausübung gilt. In steuerrechtlicher Hinsicht ist zu beachten, daß derzeit nach § 15 Abs. 1 Ziff. 2 EStG in den Fällen der atypischen stillen Gesellschaft und der oHG- und KG-Beteiligung neben dieser Kapitalbeteiligung die gesamten Lohn- und Gehaltseinkommen der Mitarbeiter als „Einkünfte aus Gewerbebetrieb" angesehen werden. Auf Unternehmensebene sind diese somit nicht mehr Betriebsaufwand, sondern müssen als Gewerbeertrag versteuert werden. Darüber hinaus sind die beteiligten Arbeitnehmer einkommenssteuerpflichtig, verlieren also mögliche Vergünstigungen des Lohnsteuerrechts. Diese „faktische Unmöglichkeit"[178] verhindert insbesondere die günstigen Formen der direkten Beteiligung der Mitarbeiter als Kommanditisten, bei der die Substanzbeteiligung[179] mit einer auf die Einlage beschränkten Haftung und einer frei zu vereinbarenden Mitbestimmung verbunden werden könnte. In dieser Hinsicht wird daher zu Recht kritisiert, daß das Steuerrecht „die gesellschaftsrechtliche Trennungslinie zwischen Unternehmer und Arbeitnehmer" konserviere[180].

Keine Schwierigkeiten ergeben sich insoweit bei der — notwendig auf einer Kapitalinvestition beruhenden — AG-Beteiligung durch Ausgabe von Belegschaftsaktien, deren Attraktivität nach Fortfall der sogenannten Doppelbesteuerung heute wesentlich erhöht werden konnte[181].

Zur Überwindung der genannten korporationsrechtlichen und steuerrechtlichen Schwierigkeiten in dem für die mittelständische Wirtschaft wesentlichen Personalgesellschaftsbereich wird in der Praxis vielfach versucht, in komplizierten Konstruktionen ähnliche Beteiligungsmodelle zu verwirklichen, ohne daß die genannten steuerrechtlichen Nachteile zum Zuge kommen. Zumeist wird hierzu die Form der Zwischenschaltung einer sogenannten „Beteiligungsgesellschaft" der Arbeitnehmer (etwa einer GmbH) gewählt, die dann je nach Rechtsform des arbeitgebenden Unternehmens entweder als Kommanditistin oder als stille

---

[177] Vgl. *M. Lutter*, S. 40 ff. und *L. Vollmer*, S. 30.

[178] *W. Drechsler*, S. 74; *L. Vollmer* (S. 31) bezeichnet es als „praktisch unüberwindbares Hindernis".

[179] Das ist die aufgrund direkter Gesellschafterstellung ermöglichte Beteiligung am Vermögensbestand der Gesellschaft (nicht nur am Neuvermögen).

[180] *N. Horn*, S. 151.

[181] Vgl. KStRefG v. 31. 8. 1976 — BGBl. I, 2597, mit dem die bisherige Doppelbesteuerung ausgeschütteter Gewinne von Kapitalgesellschaften durch das Anrechnungsverfahren beseitigt worden ist, indem die von der Gesellschaft abgeführte KSt den Anteilseignern voll auf ihre Steuerpflicht angerechnet wird.

Gesellschafterin an diesem beteiligt ist[182], so daß die Arbeitnehmer hier als eigenständiger Verband den bisherigen Anteilseignern an die Seite treten.

Für eine Beteiligung der Arbeitnehmer an einer GmbH hat in diesem Sinne auch der Arbeitskreis GmbH-Reform Vorschläge zur Einführung einer feiwilligen betrieblichen Substanzbeteiligung der Arbeitnehmer an einer GmbH gemacht[183]. Hiernach soll den Arbeitnehmern bei einer entsprechenden Regelung im Gesellschaftsvertrag eine modifizierte Gesellschafterstellung dergestalt eingeräumt werden können, daß diesen ein einheitlicher Geschäftsanteil gemeinschaftlich zugeteilt wird („Arbeitnehmergeschäftsanteil"), der durch Abtretung bestehender Geschäftsanteile oder durch Übernahme im Wege der Kapitalerhöhung ermöglicht werden soll. Hieran könnten sich die Arbeitnehmer dann freiwillig in Form von Anteilen, die nennwertlos sind oder auf einen bestimmten Nennbetrag lauten, beteiligen. Zur Vermeidung eines über die Kapitalbeteiligung hinausgehenden Kapitalrisikos (Haftungsrisiko) sollen die Arbeitnehmer nur solche Geschäftsanteile übernehmen können, für die die Einlage bereits in voller Höhe erbracht ist und bei denen eine Ausfallhaftung und Nachschußpflicht ausgeschlossen ist. Diese gemeinschaftliche GmbH-Beteiligung soll den Vorteil bieten, daß das Ausscheiden oder Eintreten von Mitgliedern nur das Innenverhältnis der Arbeitnehmergesellschafter berührt.

Ähnliche Überlegungen liegen auch den Miteigentumsmodellen der Firmen Süssmuth und Beku zugrunde, bei deren Umwandlung in Arbeitnehmer-Eigentümer-Unternehmen (zur Konkursabwendung und Vermeidung der Stillegung) der Weg über die Gründung eines Vereins der Arbeitnehmer und einer Träger-GmbH gewählt wurde, was in der praktischen Durchführung bisher aber nicht nur rechtliche Schwierigkeiten bereitete[184].

Der vorstehende Überblick über mögliche Strukturelemente einer Arbeitnehmerbeteiligung am arbeitgebenden Unternehmen zeigt, daß die heutigen Beteiligungsmodelle entweder von einer Kapitalinvestition der Arbeitnehmer ausgehen, die zumeist aus einer einmaligen oder mehrmaligen zusätzlichen Arbeitgeberleistung aus dem Unternehmensgewinn resultiert, oder darauf beruhen, daß den Arbeitnehmern unabhängig von einer durch Kapitaleinlage begründeten gesellschaftsrechtlichen Mitinhaberschaft im Innenverhältnis zum Arbeitgeber erweiterte unternehmensbezogene Mitwirkungs- und Mitteil-

---

[182] Vgl. ausführlich *H. Roth*, S. 800; *M. Lutter*, S. 37 ff.; *N. Horn*, S. 152 mit weiteren Hinweisen auf die derzeitige Beteiligungspraxis.

[183] Arbeitskreis GmbH-Reform, Thesen und Vorschläge zur GmbH-Reform, Bd. II, S. 73 ff.

[184] Vgl. hierzu *R. Fischer*, S. 139 ff.

haberrechte eingeräumt werden. In dieser Form ist die Gestaltung der Arbeitnehmerbeteiligung dann unabhängig von der Rechtsform der Inhabergesellschaft, was im wesentlichen auch bewirkt, daß neben der gesellschaftsrechtlichen Mitinhaberschaft hier auch eine steuerrechtliche Mitunternehmerschaft ausgeschlossen wird. In diesen Fällen wechselt die Rechtsstellung des Arbeitnehmers dann auch nicht bloß von der eines Arbeitnehmers zu der eines Gesellschafters, sondern mit den neuen, sogenannten unternehmensrechtlichen Gestaltungen, wie sie z. T. schon 1951 auf dem 39. Deutschen Juristentag[185] diskutiert wurden und die erste konkrete Ausgestaltungen in dem Bericht der vom Juristentag eingesetzten Studienkommission erfahren haben[186], sollen unabhängig vom bisherigen Gesellschaftsrecht neue, sogenannte „partnerschaftliche Unternehmensverfassungen"[187] eingeführt werden. Neben der vermögensrechtlichen Beteiligung werden hierbei auch besondere Gremien („Partnerschaftsausschüsse" oder „Beiräte") zur Wahrnehmung der den Arbeitnehmern zugebilligten erweiterten Mitbestimmungs- und Verwaltungsrechten vorgesehen, denen je nach der Intensität der gewährten Mitbestimmungsrechte auch Überwachungskompetenzen über das Geschäftsführungsorgan zukommen können. Da aufgrund der möglichen Formenvielfalt für eine kapitalabhängige ebenso wie für eine kapitalunabhängige Beteiligung der Arbeitnehmer an den Unternehmensgewinnen hier auf eine weitergehende Darstellung verzichtet und insoweit auf die bereits genannte Literatur verwiesen werden muß, soll nachfolgend nur noch auf einige betriebliche Gewinnbeteiligungspläne hingewiesen werden, die eine Einführung auf tarifvertraglicher Grundlage vorsehen.

e) Pläne für eine tarifvertraglich eingeführte betriebliche Gewinnbeteiligung

Eine auf tarifvertraglicher Vereinbarung beruhende betriebliche Gewinnbeteiligung der Arbeitnehmer am arbeitgebenden Unternehmen wurde im Jahresgutachten 1975 des Sachverständigenrates zur Begutachtung der gesamtwirtschaftlichen Entwicklung[188] zur Lösung der einkommens- und vermögenspolitischen Probleme vorgeschlagen und auch konkrete Vorschläge für eine Verwirklichung gegeben. Dieses auf einem Verzicht der Arbeitnehmer auf eine anstehende Lohnerhöhung

[185] Die Gestaltung der Unternehmensformen unter den Gesichtspunkten der Wirtschafts- und Sozialverfassung, Verhandlungen des 39. Dt. Juristentages in Stuttgart 1951.

[186] Die Partnerschaft der Arbeitnehmer. Untersuchungen zur Reform des Unternehmensrechts, Teil II, Bericht der Studienkommission des Dt. Juristentages. Zum Ganzen vgl. auch L. Vollmer, S. 22 ff.

[187] *L. Vollmer*, passim.

[188] BT-Drucks. VII/4326 Nr. 370 ff.

aufbauende Modell einer „Gewinnbeteiligung bei begrenzter Haftung" soll hier jedoch nicht weiter verfolgt werden.

Eine tarifvertraglich eingeführte betriebliche Gewinnbeteiligung sieht heute vor allem das 1976 veröffentlichte Positionspapier der Arbeitsgemeinschaft selbständiger Unternehmer (ASU) über „Grundsätze für eine weiterführende Vermögenspolitik" vor[189]. Auch nach dem Konzept der ASU soll den Arbeitnehmern verstärkt der Zugang zu dem in der Wirtschaft arbeitenden Kapital ermöglicht werden, wobei nach dessen Wahl sowohl die Anlage in haftendem wie in nichthaftendem Kapital vorgesehen ist. Die Einführung soll durch Tarifvertrag erfolgen, da nach Ansicht der ASU der Tarifvertrag allein in der Lage sei, den Zusammenhang von Einkommens- und Vermögenspolitik zu sichern und die erforderliche Flexibilität zu gewährleisten[190]. Diese Art der betrieblichen Kapitalbeteiligung schlägt auch die Arbeitsgemeinschaft zur Förderung der Partnerschaft in der Wirtschaft e. V. (AGP) vor[191].

Während die vorgenannten Pläne nur wenige Detailregelungen enthalten, hat Vollmer[192], basierend auf den oben dargestellten Prinzipien, die Grundzüge einer tarifvertraglich eingeführten betrieblichen Gewinnbeteiligung im Rahmen einer partnerschaftlichen Unternehmensverfassung näher ausgestaltet. In einer ersten Stufe sollen danach die Tarifvertragsparteien allgemein eine Gewinnbeteiligung für die Arbeitnehmer der vom Tarifvertrag erfaßten Unternehmen vereinbaren. Ausgehend vom Brutto-Bilanzgewinn soll hierzu nach Abzug betriebsfremder Gewinne und Verluste, der Unternehmenssteuern, einer Verzinsung der Kapitaleinlagen und einer Risikoprämie (nach näherer Konkretisierung in einer Betriebsvereinbarung) ein sogenannter „Verteilungsgewinn" ermittelt werden, der der Zustimmung der Arbeitnehmer (Arbeitnehmervertreter im Aufsichtsrat oder Betriebsrat) bedarf. Dieser Verteilungsgewinn wird dann je nach Betriebsvereinbarung auf die Faktoren Kapital und Arbeit aufgeteilt. Die Aufteilung an die einzelnen Arbeitnehmer soll entweder nach Köpfen oder nach dem Lohn-/Gehaltsschlüssel erfolgen. Die auf die Arbeitnehmer entfallenden Gewinnanteile müssen dem Unternehmen jedoch für bestimmte Zeit für Investitionen (in der Form des Darlehens oder der Obligation) zur Verfügung gestellt werden, während der sie zu ver-

---

189 Materialien IV, S. 97 f.

190 Alle Vorstellungen von überbetrieblichen Fonds werden von der ASU entschieden abgelehnt. Nach ihr soll das während der Festlegungszeit bestehende Problem der Kumulierung von Arbeitsplatz- und Vermögensrisiko durch eine Insolvenzversicherung abgemildert werden.

191 Vgl. Handelsblatt v. 29./30. 10. 1976 S. 1.

192 *L. Vollmer*, Unternehmensbezogene (investive) Gewinnbeteiligung, S. 100 ff.

zinsen sind. Auf einer zweiten Stufe sollen dann nach Ablauf der Sperrfristen durch Betriebsvereinbarungen weiterführende Beteiligungsrechte der Arbeitnehmer auf der Grundlage der beiderseitigen Freiwilligkeit vereinbart werden können.

3. Zusammenfassung — Das Für und Wider in bezug auf das System einer Gewinnbeteiligung der Arbeitnehmer

Mit der vorstehenden Strukturanalyse einiger Gewinnbeteiligungsmodelle soll hier der notwendig rudimentär bleibende Überblick über mögliche Formen einer Gewinnteilhabe der Arbeitnehmer abgeschlossen werden. Wenn aufgrund der bestehenden Formenvielfalt innerhalb der Diskussion der vergangenen Jahre hierbei auch auf eine umfassendere Darstellung verzichtet werden mußte, so ist das im Hinblick auf den Fortgang der Arbeit, bei der weder die volks- oder betriebswirtschaftliche noch — jedenfalls nicht vorrangig — die rechtliche Problematik einzelner Detailregelungen möglicher Ausgestaltungsformen im Fordergrund der Betrachtung stehen soll, nicht weiter von Belang. Zum Einstieg in die Problematik reicht es aus, wenn die einzelnen Systeme, wie sie in den letzten Jahren (wenn auch mit unterschiedlicher Gewichtung) innerhalb der Diskussion um eine Vermögensbildung der Arbeitnehmer erörtert worden sind, kurz umrissen werden konnten.

Die angeführten Gewinnbeteiligungssysteme, in denen gleichzeitig die Gegensätzlichkeiten der Positionen innerhalb der derzeitigen Diskussion zum Ausdruck kommen, unterscheiden sich — auf einen kurzen Nenner gebracht — im wesentlichen danach, daß sie zum einen auf der Einführungsebene entweder eine gesetzliche oder aber eine freiwillige Einführung einer (investiven) Gewinnbeteiligung der Arbeitnehmer vorsehen und daß sie zum anderen im Hinblick auf die investive Anlage entweder von einer betrieblichen oder aber von einer überbetrieblichen Ausgestaltung einer derartigen Maßnahme zur Vermögensbildung der Arbeitnehmer ausgehen.

Hierbei stoßen jedoch die divergierenden Meinungen der an der Debatte vornehmlich beteiligten Interessentengruppen konträr aufeinander. So sieht die Arbeitgeberseite allein in einer freiwilligen, allenfalls tarifvertraglich vereinbarten „betrieblichen" Vermögensbeteiligung eine gerechte Lösung für eine stärkere Teilhabe der Arbeitnehmer am Produktivkapital der Wirtschaft. Diese Form der individuellen Vermögensbildung wird als „freiheitliche Alternative" zu den Gewerkschaftsfonds angesprochen[193]. Die bisher veröffentlichten Stellungnah-

---

[193] Vgl. die Denkschrift „Freiheitliche soziale Ordnung — heute und morgen" der Bundesvereinigung der deutschen Arbeitgeberverbände (BDA) v. 1968, teilweise abgedruckt in Materialien I, S. 61 ff.

men befassen sich jedoch mehr mit dem Problem der investiven Anlage und deren konkreter Ausgestaltung, als mit dem der Finanzierung einer solchen Kapitalanlage[194]. Diese unternehmens-(„betriebs-")individuelle Sicht findet heute auf politischer Ebene eine allgemeine Unterstützung in den Reihen von CDU und CSU, die neben ihrem seit 1970 verfolgten Beteiligungslohnsystem jetzt auch eine Förderung autonom vereinbarter betrieblicher Gewinn- und Kapitalbeteiligungsmodelle propagieren[195]. Hierzu sollen durch entsprechende „Grundlinien" insbesondere die bestehenden steuerrechtlichen Hemmnisse beseitigt und gesetzliche Rahmenvorschriften für eine betriebliche Gewinn- und Kapitalbeteiligung der Arbeitnehmer erlassen werden[196].

Demgegenüber befürwortet die Gewerkschaftsseite und mit ihr die sozial-liberale Bundesregierung ihr jeweiliges tarifvertragliches oder auf gesetzlicher Grundlage beruhendes „überbetriebliches" Gewinnbeteiligungskonzept, also die sogenannte „Fondslösung", bei der vorrangig dann auch die Frage der Aufbringung der Mittel für einen solchen Arbeitnehmerfonds und dessen interner Verwaltung diskutiert wird. Entgegen mehrmaliger Ankündigungen in den letzten Jahren konnte jedoch auch das Regierungsprogramm bisher politisch nicht durchgesetzt werden.

So stehen sich heute insbesondere die Meinungen für eine „betriebliche" oder „überbetriebliche" Lösung weitgehend diametral gegenüber. Von den Befürwortern einer betrieblichen Lösung, bei der die investive Anlage der Gewinnbeteiligung der Arbeitnehmer ausschließlich am arbeitgebenden Unternehmen erfolgen soll, wird für eine Begründung positiv vermerkt, daß es hier zu einer unmittelbaren Beziehung des begünstigten Arbeitnehmers zum abgabepflichtigen Unternehmen kommen könne, aus der heraus sich ein verstärktes Eigeninteresse der Arbeitnehmer am Unternehmen und am Unternehmenserfolg entwickeln werde[197]. Diese Motivationslage führe zu verstärkter eigenen Leistungsbereitschaft des Arbeitnehmers und schaffe allmählich statt eines Gefühls der Abhängigkeit das Gefühl der Partner-

[194] Vgl. die Stellungnahme der BDA zur Vermögenspolitik v. 10. 11. 1972 (abgedruckt bei *P. Pulte*, S. 110 ff.) und ihre „Grundsätze für eine weiterführende Vermögenspolitik" v. 7. 10. 1976. Zur Ausschaltung der Risiko-Kumulierung wird hier die Errichtung von Insolvenzversicherungen als gemeinsame Einrichtung der Tarifvertragsparteien ins Auge gefaßt (vgl. in: Materialien IV, S. 97 f.).

[195] Vgl. die Gesetzesanträge der CDU/CSU Bundestagsfraktion v. 26. 6. 1972 (BT-Drucks. VI/3613) und v. 21. 5. 1975 (BT-Drucks. VII/3664) sowie das vermögenspolitische Grundsatzprogramm der CDU v. Nov. 1973 — abgedruckt in: Materialien IV, S. 32 ff.

[196] BT-Drucks. VII/3664 unter Ziff. I u. III.

[197] Vgl. auch G. *Noppeney*, S. 578.

schaft[198]. Bei der Form der direkten gesellschaftlichen Beteiligung ergebe sich zudem der Vorteil, daß diese zu einer durch Übernahme von Kapitalrisiko legitimierten Mitbestimmung führen könne[199], was von anderen jedoch auch als Nachteil einer derartigen Beteiligungsform angesehen wird[200].

Von den Befürwortern einer betrieblichen Lösung wird den Fondsmodellen zumeist entgegengehalten, daß die von den Arbeitnehmern nicht oder kaum kontrollierbaren Fonds sich zu einem eigenständigen Machtfaktor in der Wirtschaft entwickeln könnten[201], bei denen die Belange der einzelnen Unternehmen, wie die der einzelnen Arbeitnehnehmer, keine Beachtung mehr fänden. Vielmehr vergrößere sich bei diesen „kollektiven Formen des Miteigentums und seiner Verwaltung" die Gefahr eines Mißbrauchs der Mitbestimmungsrechte[202], und es wird die Vermutung aufgestellt, daß die Vermögensbildung über Fonds „nur eine Alibi-Funktion" für eine im Zusammenhang mit der paritätischen Mitbestimmung beabsichtigte Veränderung der bestehenden Unternehmensverfassung habe[203]. Die Arbeitgeberverbände sehen in der Fondslösung zum Teil sogar Bestrebungen zur „Syndikalisierung der Wirtschaft", hinter der sich das Ziel einer besonderen Form der Vergesellschaftung verberge[204].

Demgegenüber wenden insbesondere die Gewerkschaften als Befürworter einer Fondslösung gegen die Form der unmittelbaren Beteiligung des Arbeitnehmers am arbeitgebenden Unternehmen ein, letztere verdoppele das Arbeitnehmerrisiko, indem neben das Arbeitsplatzrisiko noch das des Verlustes der Vermögensbeteiligung im Falle der Illiquidität oder des Konkurses der Gesellschaft trete. Die betriebliche Lösung werde überdies zu unerwünschten Betriebsbindungen (Einschränkung der Freizügigkeit beim Arbeitsplatzwechsel) führen und werde die Solidarität der Gesamtarbeitnehmerschaft mindern, da

---

198 Vgl. *U. Andersen,* S. 151 f.; *M. Jungblut,* S. 43 f.; *W. Mückl,* S. 10; *H. Kilian,* S. 101 f.

199 *G. Wöhe,* Interdependenzen, S. 97, 99.

200 Besonders gegenüber der Form der auf einer Substanzbeteiligung beruhenden direkten Gesellschafterstellung wird eingewendet, diese Lösung komme mit der derzeitigen Mitbestimmungsregelung in Konflikt, da die Arbeitnehmerseite hierdurch ein Übergewicht (sogenannte „Überparität") in den mitbestimmten Unternehmensorganen erhielte — vgl. *A. v. Loesch,* Zur Problematik des Miteigentums, S. 43 - 65, 97 und *L. Vollmer,* Die Entwicklung partnerschaftlicher Unternehmensverfassungen, S. 33 ff.

201 Vgl. *G. Wöhe,* Interdependenzen, S. 97 ff., 104 ff. und *L. Vollmer,* S. 83 f. m. w. N.

202 Vgl. *W. Huppert,* S. 37.

203 *G. Wöhe,* Interdependenzen, S. 103.

204 Vgl. die Stellungnahme der BDA „Vermögensbildung oder Gewerkschaftsfonds?", abgedruckt in: Materialien IV, S. 18 ff.

Arbeitnehmer in Unternehmen mit herausragender Wirtschaftsstellung (Monopolstellung) begünstigt würden[205]. Hinter dieser generellen Ablehnung jeglicher betriebsindividueller Beteiligungsmodelle steht die heute offen von Gewerkschaftsseite ausgesprochene Befürchtung, daß die Arbeitnehmer als Mitunternehmer die Gewerkschaftsorganisation nicht mehr benötigten[206].

Neben dem an der Frage der Abführungsform ansetzenden Meinungsstreit wird zuweilen auch der gesamten Idee der Gewinnbeteiligung der Arbeitnehmer entgegengehalten, sie widerspreche dem System der Marktwirtschaft, da die erzielten Unternehmensgewinne (Differentialrenten) nicht durch Ausbeutung der Arbeitnehmer entstanden seien, sondern den Konsumenten marktmäßig über die (hohen) Preise abverlangt würden[207]. Die Arbeitsgeschicklichkeit des einzelnen Arbeitnehmers sei schon in den gezahlten Tariflöhnen abgegolten, so daß der Arbeitnehmer doppelt bevorteilt wäre[208], würde er daneben noch am Resultat der unternehmerischen Prosperität teilhaben. Aus der Mitarbeit des Arbeitnehmers an der Produktion könne deshalb auch kein Recht auf eine Beteiligung an der Reservenbildung im Unternehmen hergeleitet werden. Im übrigen stelle sich hier das unlösbare Problem der gerechten Aufteilung des zuvor als verteilungserheblich festgestellten Gewinns auf die beteiligten Produktionsfaktoren. Nach O. v. Nell-Breuning kommt in diesem Problem die Falschheit der gesamten Fragestellung einer Gewinn-/Ertragsbeteiligung überhaupt zum Ausdruck. Denn eine „gerechte" Aufteilung könne es nicht geben, da objektiv gar nicht festzustellen sei, welcher Produktionsfaktor mit welchem Anteil am Zustandekommen des Produktionsergebnisses beteiligt sei. Deshalb verstoße eine solche Quantifizierung „gegen die Denkgesetze", und die Frage der unmittelbaren Gewinnbeteiligung sei, da falsch gestellt, unlösbar[209].

Bei diesem Stand des Für und Wider gegenüber dem System einer Gewinnbeteiligung und seiner konkreten Ausgestaltung verwundert es nicht, daß in diesem Bereich der Diskussion für eine weiterführende Vermögenspolitik, die sich nicht in einer bloßen staatlichen Sparförde-

---

205 *E. Stein* (S. 44) scheint in einer gesetzlichen Normierung einer derartigen betrieblichen Lösung sogar einen Verstoß gegen den Gleichheitssatz des Art. 3 GG zu sehen.

206 Handelsblatt v. 18. 1. 1978 S. 2.

207 *A. v. Loesch*, Die Grenzen einer breiteren Vermögensbildung, S. 21 m. w. N.

208 Vgl. *G. Briefs*, Eigentumsbildung der Arbeiterschaft.

209 *O. v. Nell-Breuning*, Wirtschaft und Gesellschaft heute, Bd. I, S. 419; *ders.*, Aktuelle Fragen der Gesellschaftspolitik, S. 78 ff. Zur „unlösbaren Frage" der Aufteilung des Sozialprodukts nach Leistungsbeiträgen vgl. *H.-D. Ortlieb*, S. 36.

rung, d. h. in aus Steuergeldern finanzierten Subventionen, erschöpfen soll, kein Fortschritt zu verzeichnen ist, was gleichermaßen jedoch auch für die übrigen Vermögensbildungspläne gilt. Obwohl bis zuletzt in keinem Partei- oder Regierungsprogramm, ebensowenig wie in den programmatischen Stellungnahmen der Sozialpartner, eine grundsätzlich positive Haltung zur Frage der Vermögensbildung in Arbeitnehmerhand fehlt, ist es derzeit zu einem bedenklichen Stillstand derartiger reformpolitischer Maßnahmen gekommen[210]. Während heute die Formen der freiwilligen betrieblichen, d. h. der auf einer Eigeninitiative einzelner Unternehmer beruhenden Gewinn- und Kapitalbeteiligungen mehr und mehr aus den „Kinderschuhen" herauszuwachsen scheinen, zumal diese nicht nur in der Großindustrie, sondern auch in der mittelständischen Wirtschaft eine zunehmende Verbreitung finden[211], scheint auf politischer Ebene derzeit nur eine Fortführung der kleinen Schritte, etwa durch Novellierung des 3. VermBG realisierbar zu sein[212].

Doch zeigt sich auch im Bereich der auf rein freiwilliger Basis eingeführten Beteiligungsmodelle, daß hier ein einheitliches Konzept für eine Mitbeteiligung der Arbeitnehmer am gemeinsam erwirtschafteten Wertzuwachs noch nicht gefunden worden ist. Aufgrund der Grenzen, die das geltende Korporationenrecht setzt, geht die heutige Beteiligungspraxis zudem in den meisten Fällen noch von einer Kapitaleinlage der Arbeitnehmer zum Beteiligungserwerb aus (insbesondere Belegschaftsaktien), so daß es bislang nur in einigen wenigen Fällen der sogenannten „Partnerschaftsbetriebe" zu einer echten Neuorientierung des historisch gewachsenen Arbeitnehmer/Arbeitgeber-Verhältnisses gekommen ist.

Daß sich aber gerade in diesem Bereich der gesellschaftspolitischen Diskussion keine weiterführenden Aktivitäten für eine rechtspolitische (Gesamt-)Lösung zu entfalten vermögen, erscheint um so unverständlicher, als in der Nachkriegsdiskussion um eine Vermögensbildung in Arbeitnehmerhand vornehmlich hier neben dem rein makro-ökonomischen Aspekt der Reichtums-Umverteilung in zunehmendem Maße auch weitergehende gesellschafts- und wirtschaftspolitische und insbesondere auch sozialpolitische Leitmotive und Zielsetzungen erkennbar werden. Jedoch scheinen die Gegensätzlichkeiten der einzelnen Interessentengruppen gerade dort besonders deutlich zu Tage zu treten, wo die Forderung nach einer Vermögensbildung in Arbeitnehmer-

---

210 So auch *L. Vollmer*, S. 2.

211 Vgl. Handelsblatt v. 28. 6. 1977 S. 3 und v. 5. 12. 1978 S. 6.

212 Eine Gesetzesinitiative zur Aufstockung des 624,— DM-Gesetzes auf 936,— DM und zur Ausweitung des Anlagekataloges hatte Ende 1977 Bayern im Bundesrat eingebracht — vgl. hierzu Handelsblatt v. 26./27. 8. 1977 und v. 29. 8. 1977.

hand und die zur Realisierung vorgeschlagenen Lösungswege über das „verteilungspolitische Phänomen“ hinausgehen und in die bestehenden Unternehmensstrukturen eingreifen.

3. Abschnitt

Einführungsmotive und allgemeine Leitvorstellungen im Rahmen der heutigen Vermögensbildungsdiskussion

I. Das erweiterte Zielkonzept für eine Vermögensbeteiligung der Arbeitnehmer

Die vorbezeichneten Maßnahmen und Pläne, die im wesentlichen den derzeitigen Stand der vermögenspolitischen Diskussion in der Bundesrepublik Deutschland skizzieren, zeigen auf, daß neben der Form der staatlichen Sparförderung inzwischen ein breites Instrumentarium für eine erweiterte Teilhabe der Arbeitnehmerschaft am volkswirtschaftlichen Wirtschaftswachstum, insbesondere an der Selbstfinanzierungsrate der Industrie, entwickelt worden ist. Für alle bisher unter der Rubrik der Vermögensbildung in Arbeitnehmerhand diskutierten Reformvorschläge gilt zunächst, daß auch sie vorrangig dem sogenannten Verteilungsziel, d. h. der Überwindung der analysierten und für ungerecht gehaltenen Vermögenskonzentration im Produktionsmittelbereich dienen sollen[213].

Neben diesem Primärziel liegen der Forderung nach einer Vermögensbildung in Arbeitnehmerhand heute jedoch z. T. noch eine Reihe weiterreichender, teils unterschiedlicher, teils sich überschneidender Leitvorstellungen zugrunde. Wirtschaftstheoretische und wirtschaftspraktische Zielsetzungen treffen dabei mit allgemein gesellschaftspolitischen Leitideen zusammen. Zum Teil werden für eine Einführung auch sozialpolitische und allgemein moralische Motive genannt, wie sie bereits im vorigen Jahrhundert besonders von der katholischen Soziallehre zur Begründung der Forderung nach breiterer Eigentumsbildung (Vemögensbildung) vorgetragen worden sind. Die maßgeblichen Gedanken hierzu kommen auch heute vor allem aus dem kirchlichen Bereich, da es gerade die beiden christlichen Großkirchen waren, von denen wesentliche Impulse nicht nur für die Nachkriegsdiskussion um eine Vermögensbildung in Arbeitnehmerhand ausgingen und ausgehen.

---

[213] Vgl. die zusammenfassende Übersicht über die vermögenspolitischen Konzepte in der Bundesrepublik bei *W. Mückl*, insbes. S. 13 ff.; vgl. auch *W. Thiele*, passim; *H. Kilian*, insbes. S. 96 ff.; *U. Andersen*, S. 105 ff.

Da es seit jeher ein wesentliches Anliegen mit vorwiegend sozialer Motivation innerhalb der katholischen Gesellschaftslehre war, die aufs „schwerste gestörte Verteilung der Erdengüter" wieder mit den sozialethischen Postulaten für eine sozialgerechtere Eigentumsordnung, insbesondere der christlichen Forderung nach dem „Gemeinwohl" und der „Gemeinwohlgerechtigkeit" des Privateigentums in Übereinklang zu bringen[214], fordern im Rahmen der Nachkriegsdiskussion gerade die Kirchen, daß durch breite Streuung von Eigentum (Vermögen) jedem Einzelnen die Vorteile des privaten Eigentums zuteil werden sollen. Dies diene nicht nur dem Ziel der Existenzsicherung, sondern auch dem der Verwirklichung der persönlichen Würde des Menschen, wie es zuletzt noch in der Sozialenzyklika Mater et Magistra von Papst Johannes XXIII. aus dem Jahre 1961 hervorgehoben wurde[215].

Nach der Stellungnahme des Zentralkomitees der Deutschen Katholiken zu Fragen des Eigentums an den Produktionsmitteln[216] soll eine personenenbezogene Eigentums- und Vermögensbildung u. a. dazu dienen, „die wirtschaftliche und soziale Stellung des Bürgers, insbesondere des Arbeitnehmers, zu stärken". Denn hiermit werde zugleich eine größtmögliche persönliche Freiheit garantiert und auch das Wirtschaftssystem funktionsfähig gehalten[217]. In der 1962 von der evangelischen Kirche herausgegebenen „Denkschrift zur Eigentumsfrage" wird zur Begründung der Forderung nach einer gerechteren Verteilung des Sozialproduktes durch breitere Eigentumsstreuung an den Produktionsmitteln angeführt, daß es zum Freiheitsraum des Menschen gehöre, daß er rechtlich, wirtschaftlich, geistig und sittlich fähig werde, selbst Haushalter über einen Anteil am Produktivvermögen des Volkes zu sein. Dazu gehörte dann jedoch nicht nur die Bereitschaft, Produktivvermögen zu bilden und zu erhalten. Die Menschen müßten auch in der Lage sein, die mit diesem Vermögen verbundenen Entscheidungsbefugnisse sachgemäß und wirkungsvoll wahrzunehmen[218].

---

214 Vgl. ausführlich unten Teil II, 1. Abschnitt, II.

215 „Mater et Magistra" nr. 75 ff., 113 ff. — vgl. in: Die Sozialenzyklika Papst Johannes' XXIII, S. 128 ff., 146 ff.

216 Abgedruckt in: Materialien IV, S. 2 f.

217 Deshalb wurde hierin ein langfristiges politisches Konzept für eine direkte Beteiligung der einzelnen Arbeitnehmer am Produktivkapital bei personaler Verfügbarkeit gefordert.

218 „Eigentumsbildung in sozialer Verantwortung" von 1962 — abgedruckt bei *P. Pulte*, S. 124 ff. Zur Darstellung und Kritik vgl. auch *H. Weber*, S. 176 ff. und *P. Heyde*, S. 204 ff. Für die Lösung der Aufgabe einer breiteren und gerechteren Eigentumsbildung (Eigentumsstreuung) werden in Ziff. 17 bis 23 der Denkschrift ein Bündel von unterschiedlichen Maßnahmen vorgeschlagen. Weitere Stellungnahmen im Rahmen der Vermögensbildungsdebatte sind die „Empfehlungen zur Eigentumspolitik" aus dem Jahre 1964 des von beiden

Aus dem kirchlichen Bereich kommt in diesem Zusammenhang dann auch die weitere Überlegung, daß nur durch eine breitere Eigentumsbildung die Privateigentumsordnung selbst funktionstüchtig erhalten werden könne. Denn nur, wenn alle Menschen den ihnen gebührenden Anteil an den Erdengütern erhielten, könne die Privateigentumsordnung ihren Sinn erfüllen: „die Sicherung der personalen Freiheit und Initiative, die Möglichkeit der Lebensentfaltung des Einzelnen und seiner Familie, seine Unabhängigkeit vom Staat und von den gesellschaftlichen Machtgebilden“[219]. Die durch die Eigentumslosigkeit breiter Schichten weitgehend eingebüßten Funktionen des Eigentums, besonders die Sekuritäts- und die Einkommensfunktion, könnten so erneuert und gestärkt werden und das Privateigentum wieder zum Garanten der Freiheit und der Würde des Menschen werden[220]. Durch eine stärkere Eigentumsbildung werde besonders für die unselbständig Tätigen, die „Nur-Lohnarbeiter“, die Möglichkeit zur persönlichen und verantwortlichen Lebensgestaltung verbreitert, der wirtschaftliche Zwang vermindert, die Anpassungsfähigkeit an wirtschaftliche und gesellschaftliche Veränderungen erhöht sowie die verantwortliche Planung des beruflichen Lebensweges und damit die eigenständige Daseinsvorsorge erleichtert[221]. Gerade in Beziehung auf die selbstverantwortliche Eigenvorsorge für die sogenannten Wechselfälle des Lebens wird angemerkt, daß in einer Gesellschaft, in der 80 % der Bevölkerung kein oder kaum Vermögen besitzen, das Eigentum „die Funktion der Weckung und Stärkung der Eigeninitiative und Selbstverantwortung in bedenklicher Weise eingebüßt“ habe[222]. Dies könne im Ergebnis nur dadurch beseitigt werden, daß auch die Arbeitnehmerschaft in breitem Umfang an der volkswirtschaftlichen Kapitalbildung beteiligt werde[223]. In diesem Zusammenhang erscheint die Forderung nach Vermögensbildung in Arbeitnehmerhand dann auch als „freiheitliche Alternative zum Versorgungsstaat“[224].

Kirchen gebildeten gemeinsamen Arbeitskreises von Sozialwissenschaftlern (abgedruckt in: Materialien I, S. 122 ff.), die wesentliche Impulse für die Novellierung des 1. VermBG gegeben haben.

219 Vgl. *F. Klüber*, Eigentumstheorie und Eigentumspolitik, S. 285 ff.; *J. Höffner*, Jahrbuch 1966, S. 225 ff.

220 Zum Ganzen vgl. *J. Höffner*, ebenda S. 219 ff.; *U. Andersen*, S. 108 ff.; *F. Burgbacher*, S. 45 f.

221 Vgl. die Zusammenstellung bei *F. Burgbacher*, S. 43; zum Problem der selbstverantwortlichen Vorsorge vgl. *J. Höffner*, Jahrbuch 1966, S. 314 ff. (319 ff.) und die evangelische Denkschrift „Eigentumsbildung in sozialer Verantwortung“, I, 4.

222 *J. Höffner*, Christliche Gesellschaftslehre, S. 172.

223 Vgl. dazu auch die Zielsetzungen für eine liberale Vermögenspolitik in den „Freiburger Thesen der FDP zur Gesellschaftspolitik“, Bonn 1971.

224 *K. Stopp*, S. 15.

Neben diesen am Institut des Privateigentums ausgerichteten Fragen einer allgemeinen Verteilungsgerechtigkeit dient das Leitbild der Verwirklichung der menschlichen Würde als „existentielles Grundziel“[225] noch für weiterreichende Zielsetzungen im Vermögensbildungsbereich. So soll die Vermögensbildung in Arbeitnehmerhand auch zur Überwindung der historisch gewachsenen sozialen Ordnungsstrukturen im Unternehmensbereich führen. Nicht nur durch den Forderungskatalog der „Mitbestimmung in der Wirtschaft“, sondern auch durch gesteigerte Teilhabe am materiellen Wirtschaftserfolg soll der Arbeitnehmer aus seiner „Objektstellung“ im unternehmerischen Produktionsprozeß zum selbständigen Wirtschaftssubjekt erhoben werden[226]. Die Bildung von Produktivvermögen in Arbeitnehmerhand wird als gangbarer Weg angesehen, den Gegensatz von „Kapital“ und „Arbeit“ abzubauen[227] Hierbei soll der Arbeitnehmer zum gleichgestellten Partner in der Wirtschaft erhoben werden, womit zugleich bestehende Machtstrukturen abgebaut und neue wirtschaftliche Machtausweitungen verhindert werden könnten[228]. In dieser Hinsicht unterfällt dann auch der Vermögensbildungsgedanke der Zielmaxime einer „Demokratisierung der Wirtschaft“, wie sie bislang vor allem im Themenbereich der „Mitbestimmung in der Wirtschaft“ diskutiert wurde[229]. Die letztgenannten Gedanken sind insbesondere Inhalt der sogenannten „Partnerschaftsideologie“[230], wie sie in den bereits erörterten Partnerschaftsmodellen für eine betriebliche Gewinn- und Kapitalbeteiligung zum Ausdruck kommt.

In den Zielkatalog für eine Vermögensbildung in Arbeitnehmerhand gehören aber auch weitergehende rechts- und wirtschaftsstrukturelle Leitvorstellungen. So wird mit der Idee der Teilhabe breiter Bevölkerungsschichten am Zuwachs des Produktivvermögens der Wirtschaft der Gedanke verbunden, daß mit einer Neuordnung der Vermögensverteilung nicht nur das Rechtsinstitut des Privateigentums gefestigt und damit allen sozialistischen oder kollektivistischen Bestrebungen entgegengewirkt werden könne[231], sondern daß damit auch die markt-

---

225 *E. Lipowsky*, S. 5 ff.

226 Vgl. *E. Preiser*, S. 195.

227 *G. H. Roth*, S. 801.

228 Vgl. *F. Burgbacher*, S. 46; *U. Andersen*, S. 107; *H. Kilian*, S. 97 f. m. w. N.

229 Ausführlich: *F. Fabricius*, Marktwirtschaft und Mitbestimmung, Rz. 63; für den Vermögensbildungsbereich: *R. Fischer*, Selbstverwaltung in der Bundesrepublik — Chancen und Grenzen; *A. Geißler*, Fragen zur genossenschaftlichen Unternehmensdemokratie; *O. v. Nell-Breuning*, Arbeitnehmer — Mitarbeiter — Mitunternehmer; *F. Vilmar*, Mitbestimmung und Partnerschaft im Betrieb.

230 Näher hierzu: *H. Staatz*, S. 42 ff. Zum Partnerschaftsgedanken und zur Partnerschaftsideologie vgl. die Aufsätze in Fricke / Geißler (Hrsg.).

231 *G. Leber*, Dokumentation 1, S. 7.

wirtschaftliche Ordnung als Teil der freiheitlich demokratischen Grundordnung gestärkt und vor allen Anfeindungen bewahrt werden könne[232]. „Wer ... erkannt hat, daß die marktwirtschaftliche Ordnung als Teil der freiheitlich demokratischen Gesamtordnung unentbehrlich ist, wird seine Aufgabe darin erkennen, die Marktwirtschaft vollkommener zu machen und sie durch Elemente zu ergänzen, die ihr einen noch höheren Grad an Gerechtigkeit und Menschlichkeit verleihen. Als ein strategischer Punkt ist hierbei die Vermögensbildung anzusehen" (Ludwig Erhard)[233]. In der Beteiligung der Arbeitnehmer am Produktivvermögen der Wirtschaft wird daher auch „die Korrektur" gesehen, die aus der „kapitalistischen" eine „soziale" Marktwirtschaft machen werde[234]. Zugleich wird betont, daß hiermit die durch eine allzu einseitige Vermögensverteilung hervorgerufene politische und ökonomische Gefährung der Marktwirtschaft verhindert werden könne[235]. Denn diese sei politisch in Gefahr, weil „vermögenslose Massen kein Interesse an der Aufrechterhaltung der Privateigentumsordnung, insbesondere dem Privateigentum an Produktionsmitteln hätten"[236], und sie sei wirtschaftlich gefährdet, weil die Marktwirtschaft ohne solches Privateigentum nicht funktionsfähig sei[237].

Besonders im Hinblick auf die zuletzt genannten Zielvorstellungen werden dem Gedanken einer Vermögensbildung in Arbeitnehmerhand jedoch auch erhebliche Einwände entgegengesetzt.

II. Generelle Einwände gegen das allgemeine Zielkonzept einer breiteren Vermögens-(Eigentums-)Streuung

Trotz der positiven Haltung, die nicht nur die Kirchen, sondern auch die Parteien und Verbände der Forderung nach einer Vermögensbildung in Arbeitnehmerhand heute entgegenbringen, fehlt es auch

---

[232] *H. Ehrenberg,* Vermögenspolitik für die 70er Jahre, S. 83 ff., 90 f.; *F. Burgbacher,* S. 48; *H. Kilian,* S. 97.

[233] In: Vorwort zu *Willgerodt / Bartel / Schillert,* S. 10.

[234] *J. Even,* passim.

[235] Vgl. hierzu *H. Willgerodt,* Vermögenspolitik zwischen Freiheit und Kollektivismus, S. 183 ff.

[236] Vgl. *O. v. Nell-Breuning,* Aktuelle Fragen der Gesellschaftspolitik, S. 61.

[237] *Willgerodt / Bartel / Schillert,* S. 119 ff.; *F. Burgbacher,* S. 16; *H. C. Nipperdey,* S. 52. Vom Zielkatalog für eine breitere Vermögensbildung werden daneben auch wirtschaftspolitische Nebenziele umfaßt, wie etwa das der Förderung der Funktionsfähigkeit des Kapitalmarktes (vgl. *F. Burgbacher,* S. 46) oder das der Verbesserung der Kapitalstruktur insbesondere von Klein- und Mittelbetrieben (vgl. *W. Mückl,* S. 13). Auch betriebssoziologische (etwa: Abbau von Spannungen zwischen Arbeitgeber und Arbeitnehmer) und betriebswirtschaftliche (etwa: Anreiz zu höherem Leistungseinsatz) Überlegungen zählen hierher — zum Ganzen vgl. *R. Häusler,* S. 23.

nicht an Stimmen, die aus unterschiedlichen Gründen der gesamten Idee der Vermögensbildung in Arbeitnehmerhand ablehnend gegenüberstehen. Vor allem gegenüber dem Aspekt der „Verteilungsgerechtigkeit" oder „Verteilungsungerechtigkeit" wird eingewendet, daß es ein Problem der Vermögensverteilung überhaupt nicht gebe. Denn der derzeitige Vermögensbestand und die Regelung der Vermögenszuteilung entspreche genau den Zwangsläufigkeiten einer auf dem Institut des Privateigentums (auch an Produktionsmitteln) und auf dezentralen Entscheidungsbefugnissen beruhenden evolutorischen Marktwirtschaft[238]. Diese sei neben der Geldschöpfung in erster Linie auf das Sparen (Investieren) der Unternehmen angewiesen, so daß deren Vermögenszuwachs sich mit Notwendigkeit aus dem System selbst ergebe. Damit sei auch die Vermögensverteilung unter die sozialen Schichten der Bevölkerung determiniert und die bestehende Ungleichheit der Vermögensverteilung müsse als ein notwendiges Element der Marktwirtschaft angesehen werden[239]. Der Gedanke einer allgemeinen Beteiligung breiter Bevölkerungsschichten am Produktivvermögen, auch in der Form der Neuordnung zukünftiger Vermögenszuwächse, wird daher auch als Eingriff in die bestehende Rechts- und Wirtschaftsstruktur und als unzulässige „Enteignung" der bisherigen Kapitaleigentümer angesehen[240].

Wenn letzteres auch argumentativ vorgetragene Interessenvertretung sein mag, so wird doch auch vom gesellschaftspolitisch entgegengesetzten Standpunkt aus angeführt, daß sich mit einer — wie immer ausgestalteten — Um- oder Neuverteilung des Produktivvermögens die hochkonzentrierte Verteilung dieser Vermögensform nicht beseitigen lasse, da diese irreversibel und nur ein Element eines umfassenden Konzentrationsprozesses sei, der historisch unaufhaltsam voranschreite und bei dem es mehr um das Problem der Kontrolle wirtschaftlicher Macht, als um das einer anderen Vermögensverteilung gehe[241]. Deshalb müßten die „Vermögensverteiler" aufhören „illusionären, romantisch-verschwommenen Zielsetzungen" nachzujagen, statt zur Lösung des

---

238 So *K. Littmann*, Über einige Zwangsläufigkeiten der Vermögensverteilung in der Marktwirtschaft, S. 210 ff.; *ders.*, Bestimmungsgründe der Einkommensverteilung in der modernen Wirtschaft, S. 678 ff.

239 *Ders.*, Über einige Zwangsläufigkeiten, S. 217; „notwendiges" ist im Original gesperrt gedruckt. Mit dieser Argumentation wird letztlich der alte Einwand aufrechterhalten, es sei eine wirtschaftliche Notwendigkeit, daß das Einkommen der breiten Masse niedrig gehalten werden müsse, da nur so die volkswirtschaftlich notwendige Investitionsrate gewährleistet werde — vgl. dazu *O. v. Nell-Breuning*, Eigentumsbildung in Arbeitnehmerhand, S. 18 f.

240 Vgl. *H. Rasch*, Die Umverteilung des Vermögenszuwachses der Unternehmer in verfassungsrechtlicher Sicht, S. 253 ff.; vgl. auch *L. Vaubel* in: Vorwort zu: Eigentum und Eigentümer, Bd. 1 der Veröffentlichungen der Walter-Raymond-Stiftung, Köln 1960, S. 13.

241 *E. Loderer*, S. 24; vgl. auch *N. Koubek*, S. 68 ff.

Problems am Kernpunkt anzusetzen, nämlich die mit dem Privateigentum an den Produktionsmitteln verknüpfte Verfügungsmacht in den Griff zu bekommen: in der Form der gleichberechtigten Mitbestimmung der Arbeitnehmer im Unternehmen und in der Gesamtwirtschaft[242]. Denn die These, der Arbeitnehmer könne durch vermögenspolitische Maßnahmen vom Objekt zum Subjekt wirtschaftlicher Entscheidungsprozesse gemacht werden, sei „wirklichkeitsfremde Sozialromantik" mit allenfalls psychologischer Bedeutung[243].

Die Gegner der gegenwärtigen Diskussion tragen zudem vor, daß die bislang vorgeschlagenen vermögensbildenden Maßnahmen keinerlei Vorteile für den einzelnen Arbeitnehmer bringen könnten, da eine individuelle Verbesserung des Lebensstandards der Arbeitnehmer über die Vermögenspolitik nicht erreicht werden könne[244], zumindest nicht in größerem Maße, als es durch die bisherige Lohn- und Sozialpolitik gewährleistet sei. Es stelle eine „Realität" dar, daß eine breitere Streuung von Eigentum (Vermögen) nicht eine Demokratisierung der Wirtschaft, sondern höchstens eine Verstärkung der Macht der Manager bewirke[245]. Zugleich wird vorgebracht, die vermögenspolitischen Programme nähmen viel eher negativen Einfluß auf die gewerkschaftliche Lohnpolitik, auf die Mitbestimmungspolitik sowie auf jegliche staatliche Reformpolitik, in der auf die Verbesserung der Lebensqualität abgestellt werde[246].

Einem Großteil der Zielsetzungen und Motivationen für eine Vermögensbildung in Arbeitnehmerhand wird außerdem unterstellt, sie seien ideologisch verbrämt, da nicht konkrete, die Situation des Menschen verbessernde Ziele im Vordergrund stünden, sondern abstrakte gesellschaftspolitische Leitbilder, die den Menschen eher von der Analyse der eigenen Situation abhalten würden[247]. So haben noch 1969 die Jungsozialisten ihre ablehende Haltung gegenüber allen Plänen für eine Vermögensbildung in Arbeitnehmerhand damit begründet, daß eine auf individuelle Vermögensbildung ausgerichtete Politik lediglich der Verschleierung des antagonistischen Widerspruchs zwischen kollektiver Produktion und individueller Aneignung diene[248]. Die auf dem kath. Subsidiaritätsprinzip basierenden individualistischen Pläne seien in erster Linie entworfen worden, um eine Vermögensneuverteilung zu verhindern.

---

242 *K. H. Pitz / R. F. Kuda,* insbes. S. 374 f.

243 So *E. Stein,* S. 33 in Fn. 97.

244 Vgl. *W. Schmähl,* S. 107 ff.

245 *E. Loderer,* S. 9 ff., 24.

246 *Ders.* und *H. J. Krupp,* S. 141, 147.

247 *Ders.,* S. 127 f.; vgl. auch *J. Spinnarke,* S. 177 f.

248 Zit. nach *F. Burgbacher,* S. 12.

III. Ergebnis: Unschlüssigkeiten im Zielkonzept und fehlende Begründungsbasis

Der vorstehende Meinungsstreit weist aus, daß neben dem breiten Spektrum an Lösungsvorschlägen für eine weiterführende Vermögenspolitik heute ein ebenso weites Spektrum an zum Teil uneinheitlichen, sich überschneidender, aber auch konträrer Zielkonzeptionen für reformpolitische Maßnahmen im Vermögensbildungsbereich existieren. Das Primärziel der breiten Streuung von Produktivkapital unter alle Bevölkerungsschichten, insbesondere die Arbeitnehmerschaft, in der Absicht, den berechtigten Personenkreis in erweitertem Umfang am Ertrags- und Wertzuwachs einer auch weiterhin expandierenden Wirtschaft teilhaben zu lassen und so auch eine Änderung der bestehenden Einkommens- und Vermögensverteilung herbeizuführen, findet eine zunehmende Ergänzung durch eine ganze Reihe von sozial-, wirtschafts- und gesellschaftspolitischen Leitvorstellungen und Zielsetzungen, die mit unterschiedlicher Gewichtung auch zur Begründung der Forderung nach einer Vermögens-/Eigentumsbildung in Arbeitnehmerhand herangezogen werden.

In Wirklichkeit bezeichnen diese jedoch in aller Regel bloße Folgewirkungen einer breiteren Eigentumsstreuung (insbesondere am Produktivkapital der Wirtschaft). Diese Zielsetzungen stellen zum überwiegenden Teil gesellschaftspolitische Schlagworte dar, die eine eigentliche Begründung für die generelle Frage der Einführung derartiger reformpolitischer Maßnahmen nicht erkennen lassen, was mit ein Grund dafür ist, daß die neueren Pläne und Modelle gerade auf politischer Ebene bisher nicht über das Planungsstadium hinausgelangen konnten. Der Streit bezüglich der einzelnen Ausgestaltung einer Vermögensbildungsmaßnahme — etwa der nach einer bloß individuellen oder aber kollektiven Vermögensbildung — zeigt dann gleichermaßen wie die zuletzt genannten, ebenfalls interessenorientierten Einwände gegen das Gesamtsystem einer Vermögensbildung in Arbeitnehmerhand, daß das Primärziel selbst noch keine tragfähige Begründung gefunden hat, bzw. der Ausgangspunkt noch gar nicht richtig erkannt ist. Der bis heute im Vordergrund stehende Aspekt der Reichtumsumverteilung, der angeregt ist durch die im Zuge der Nachkriegsentwicklung wieder angewachsene ungleiche Anhäufung von Produktivvermögen in den Händen weniger, bei dem aber weder die Ursachen einer derartigen Entwicklung noch deren Rechtsberechtigung hinterfragt wird, muß sich notwendig in allgemeinen Gleichheits- oder Gerechtigkeitspostulaten erschöpfen, wenn für die Forderung nach einer Vermögensbildung in Arbeitnehmerhand hieraus eine Begründung gegeben werden soll. Aufgrund dieser Unzulänglichkeiten mußten die gemachten Reformvorschläge zumeist bloße Proklamationen bleiben, und es konnte die Frage aufkommen, ob diese dann nicht nur „politische und ökonomische Leerformeln“ darstellen, die von den eigentlichen Fragen ablenken sollen[249].

Da durch die Verlagerung der Problemstellung auf die gesamtvolkswirtschaftliche Verteilungsebene zugleich verhindert wurde, daß sich die Forderung nach einer vermögensrechtlichen Beteiligung der Arbeitnehmer am unternehmerischen Wertzuwachs mit der Mitbestimmungsthematik verband, konnte es auf diesem Felde der Sozial- und Gesellschaftspolitik bisher nicht zu einer Neuorientierung des Verhältnisses der im Unternehmen zusammenwirkenden Faktoren und ihren Trägern kommen. Während die Mitbestimmungsthematik allenfalls einen Teilbereich der Eigentumsfrage umfaßt[250] (der nach der Verfügungsberechtigung aus und über Eigentum an Produktionsmitteln) und es bei der derzeitigen Diskussion um eine Vermögensbildung in Arbeitnehmerhand vornehmlich nicht um den Wertanteil des einzelnen, sondern um die Verteilung des Sozialproduktes als solches geht[251], konnte die Grundsatzdiskussion um die soziale und rechtliche Integrierung der Arbeitnehmerschaft in die moderne Industrieordnung bisher keinen nennenswerten Fortschritt nehmen.

Andererseits mußte aufgrund dieser Betrachtungsweise die Forderung nach breiterer Vermögensbildung/Eigentumsbildung notwendig mit gesamtvolkswirtschaftlichen Wachstumsgesichtspunkten in Konflikt geraten, da eine prosperierende Wirtschaft unerläßliche Voraussetzung für ein derartiges (Global-)Konzept ist[252]. In der rezessiven Wirtschaftsphase der vergangenen Jahre konnte das „Wohlstandsverteilungsziel“ so auch leicht von konjunkturell vordringlicheren Fragen nach Wirtschaftswachstum, Vollbeschäftigung und Geldwertstabilität auf einen zweitrangigen Stellenwert innerhalb der aktuellen Tagesdiskussion verdrängt werden. Das „unfruchtbare Denken in Anteilsquoten am Sozialprodukt“[253] hat insgesamt die Grundsatzfrage nach dem sozial- wie rechtsethischen Verhältnis von Arbeit und Eigentum und die Frage der Berechtigung der einseitigen Eigentumszuordnung im Unternehmensbereich weitgehend in den Hintergrund treten lassen oder dazu geführt, daß entsprechende Lösungsansätze allzuleicht als Ausfluß sozialistischer Ideologien verdammt wurden.

Während heute das monetäre Verteilungsziel in der Diskussion im Vordergrund steht, fehlt zumeist der Versuch, die eigentliche Grund-

---

249 So aber *A. v. Loesch*, Die Grenzen einer breiteren Vermögensbildung, S. 7.

250 Vgl. oben Einleitung, insbes. III.

251 So vor allem *O. v. Nell-Breuning* (oben Fn. 209).

252 Vgl. *G. Noppeney*, S. 578.

253 *A. v. Loesch*, Die Grenzen, S. 81.

idee auch einer rechtlichen Absicherung zuzuführen, und zwar nicht nur im Sinne einer positiv-rechtlichen Einordnung aufgestellter Forderungen, sondern vielmehr im Sinne eines umfassenden rechtstheoretischen Problemaufrisses. Es kann jedoch nicht genügen die tatsächlich ungleiche Aufteilung des wirtschaftlich wie sozial wichtigen Eigentums an Produktionsmitteln und der daraus abgeleiteten Rechte innerhalb unserer Gesellschaft nur als ungerecht zu behaupten und mit den Postulaten der Menschenwürde und der Demokratie eine gerechte oder gerechtere Mitsprache bzw. Vermögens-(Neu)Verteilung zu verlangen. Auch kann eine Modellösung und deren wirtschaftstheoretische Absicherung sachnotwendig erst auf einer zweiten Stufe erfolgen, nachdem die Frage der Berechtigung der Einführung eine rechtliche Absicherung im Sinne einer Überprüfung der Gesamtrechtsordnung auch auf ihre Grundwerte, ihre sozialethischen Grundlagen hin, erfahren hat. „Denn nur, wenn sich das erstrebenswerte Ziel auf einen Grundtatbestand gemeinsamer sozialethischer Überzeugungen zurückführen läßt, kann es auch politisch verwirklicht werden“[254], wobei die Betonung auf „gemeinsam“ liegen muß. Wie gerade die letzte Vergangenheit gezeigt hat, führt das jetzige Modelldenken mit seiner „entweder-oder-Sicht“ nicht weiter, da hierdurch eine politische Entscheidung fast unmöglich wird.

Im folgenden soll daher der Versuch einer Grundlagenbestimmung für die sozialethische und von hier aus gespeiste rechtspolitische Forderung nach einer Vermögensbildung in Arbeitnehmerhand unternommen werden. Ausgehend von den historischen Bedingtheiten der geltenden Unternehmensordnung mit ihrer asymmetrischen Behandlung der in und an einem Unternehmen mitwirkenden Faktoren und deren Trägern, deren Zusammenhänge nicht nur als Ursache aller sozialen Spannungen im Industrialismus, sondern auch als ursprünglicher Anlaß auch der Forderung nach einer Vermögensbildung in Arbeitnehmerhand zu erkennen sind, wird hierzu vor allem auf die sozialreformerischen Bestrebungen einzugehen sein, in deren Rahmen gerade die katholische Soziallehre seit alters her eine Lösung der bis heute ungelösten Arbeiterfrage im eigentumsrechtlichen und vermögensrechtlichen Bereich anstrebt und die zur Grundlage auch der derzeitigen Diskussion im vermögenspolitischen Bereich in der Bundesrepublik geworden sind.

---

[254] *B. Molitor*, Vermögensverteilung als wirtschaftspolitisches Problem, S. 52.

TEIL II

Allgemeine Grundlagenbestimmung für die Forderung nach einer Vermögensbildung in Arbeitnehmerhand Die katholische Soziallehre und ihre Lösung der „sozialen Frage des Industriezeitalters"

1. Abschnitt

Vermögensbildung in Arbeitnehmerhand als Maßnahme zur Verwirklichung der Forderung nach dem „gerechten Lohn"

Das Problem der Verteilung von Reichtum, insbesondere des Eigentums an Produktionsmitteln, ist eines der ältesten sozialen Probleme überhaupt[1]. Vor der Industrialisierung stellte es sich als „soziale Frage" der gerechten Verteilung des Eigentums an Grund und Boden, welche in der Form von Boden- und Agrarreformen gelöst werden sollte. Mit Beginn des Industriezeitalters und der kapitalistischen Wirtschaftsweise entbrannte die soziale Frage erneut, jetzt in der Form der „Arbeiterfrage" — als „soziale Frage des Industriezeitalters"[2]. Ihr vornehmlichster Inhalt war die Forderung nach einer umfassenden Verbesserung der rechtlichen, wirtschaftlichen und sozialen Stellung des Arbeitnehmers in der Industriegesellschaft. Hiermit sollte nicht nur die „soziale Not" der sogenannten Arbeiterklasse (16-Stunden-Tag, Kinderarbeit etc.), sondern auch deren durch die Strukturgesetze der kapitalistischen Wirtschaftsordnung verfestigte Vermögensarmut (Eigentumslosigkeit) überwunden werden.

I. Die früh-kapitalistische Wirtschaftsordnung als Grundlage der „sozialen Frage des Industriezeitalters"

Die in der liberal-kapitalistischen Wirtschaftsordnung fußenden Gründe für die allgemeine Forderung nach einer Verbesserung der wirtschaftlichen und gesellschaftlichen Stellung der Arbeitnehmerschaft

---

1 Vgl. *A. v. Loesch*, S. 11 und *A. Dickas*, S. 3.

2 Vgl. dazu schon *E. v. Ketteler*, Die Arbeiterfrage und das Christentum. Allgemein zur sozialen Frage: *F. A. Westphalen*, Sp. 259 ff.; *J. Messner*, S. 473 ff.; *H. Sacher, O. v. Nell-Breuning*, passim; *F. Negro*, S. 87 ff.

lassen sich allgemein mit den Schlagworten der „Trennung des Produzenten von den Produktionsmitteln“, der Machtunterworfenheit oder „Subordination“ der Arbeit unter das Kapital sowie mit dem Begriff des „Abfindungslohnes“ umreißen, die die historisch gewachsene und in ihren Grundstrukturen bis heute bestehende Unternehmensordnung der westlichen Welt kennzeichnen[3].

1. Trennung des Produzenten von den Produktionsmitteln

Anders als in der vorindustriellen Gesellschaft des Bürgertums, die, soweit sie sich aus den Bindungen der Feudalherrschaft gelöst hatte, als Eigentümergesellschaft bezeichnet werden kann[4], ist die überwiegende Mehrheit der Bevölkerung in den modernen Industriestaaten seit der „industrial revolution“[5] gezwungen, ihren Lebensunterhalt durch abhängige Arbeit in einer arbeitsteiligen Organisation zu verdienen. Die Ersetzung der handwerklichen Güterproduktion der ehemaligen Zunftgesellschaft durch die arbeitsteilige, maschinelle Produktion der technisierten Großbetriebe hatte jedoch zur Folge, daß es zur unüberwindbaren Trennung der Arbeitskraft vom Produktionsmitteleigentum kam.

Aufgrund der Verwendung teurer Maschinen und Apparate bei der industriellen Produkterzeugung war erstmals Kapitaleinsatz in einem Umfang erforderlich geworden, der nur von wenigen „Besitzenden“ aufgebracht werden konnte, die ihr Vermögen bisher aus der Verwertung von Grundbesitz erworben hatten. In der Form der Aktiengesellschaft, die rechtshistorisch auf die großen überseeischen Handelskompanien zurückgeführt werden kann[6], wurde den Großbetrieben die Beschaffung des zur Errichtung der Produktionsstätten benötigten Kapitals erleichtert, womit diese, wie das Institut der Kapitalgesellschaft überhaupt, zur wichtigsten industriellen Unternehmensform wurde[7]. In ihr mußte sich das Gros der stark anwachsenden Bevölkerung als Industriearbeiter „verdingen“, da es von der industriellen Eigen-Produkterzeugung weitgehend ausgeschlossen war und andererseits die maschinelle Massenproduktion die handwerkliche Gütererzeugung stark zurückgedrängt hatte.

Sobald aber das Eigentum an den Produktionsmitteln einerseits und die Arbeit mit und an ihnen andererseits nicht mehr der gleichen Person zufielen und für die Arbeiter, anders als bei den Gesellen in-

---

3 Vgl. oben Einleitung II, 2.

4 R. *Richardi*, Der Mitbestimmungsgedanke, S. 20.

5 *A. Toynbee*, Lectures on the industrial revolution in England.

6 Vgl. *H. Würdinger*, Kap. Aktiengesellschaft, S. 124.

7 Vgl. P. *Raisch*, Bd. 1, S. 65.

nerhalb der Zünfte, auch keine Aussicht mehr bestand, jemals aus eigener Kraft diese Trennung überwinden zu können, war die „Einheit von totem Produktionsmittel und lebendiger Arbeit" zerstört[8]. Wer aus der Verwertung seiner Arbeitskraft seine Existenz bestreiten mußte, der war gezwungen, Arbeit bei dem zu suchen, der seine Existenz aus der Bereitstellung von Kapital sichern konnte und damit allein in der Lage war, eine Produktionsstätte zu errichten. In der Ausgestaltung des Verhältnisses der so getrennten „Produktionsfaktoren" liegt der Ansatzpunkt der Sozialkritik an der gewachsenen Unternehmensordnung begründet[9].

2. Unternehmerische Tätigkeit, Kapital und Macht

Der „Eigentümer-Unternehmer", der in einer Person Gründer, Kapitalgeber und Unternehmer war, ist kennzeichnend für die frühen Verhältnisse im industriellen Großunternehmen. Da er aktiv an der Leitung des Unternehmens beteiligt war, fühlte er sich als „souveräner Herrscher in seinem Reich"[10]. In seiner Person deckten sich „Unternehmensinteresse" und „Eigentumsinteresse" (sog. interessenmonistische Unternehmensform). Aus seinem „Eigentumsrecht"[11] an den Produktionsmitteln leitete er Herrschaftsrechte über das Unternehmen, leitete er „Macht" ab, so wie früher der Grundbesitz Grundlage der Macht des Feudalherren war[12]. Denn „Macht verbindet sich stets mit dem Faktor, der am schwersten zu bekommen ist und am unersetzlichsten ist" (J. K. Galbraith)[13]. Macht bedeutet dabei die Chance, seinen Willen auch gegen Widerstand durchzusetzen[14]. Wirtschaftliche Macht ist somit die im Unternehmensbereich bestehende Möglichkeit der Durchsetzung des unternehmerischen Willens gegen das Wollen anderer (interner wie externer Personen)[15]. Sie zeigte sich seit den Anfängen der industriellen Großunternehmen darin, daß der Unternehmer nicht nur die Maschinen, die Produktionsmittel im herkömmlichen Sinne, sondern auch „die Arbeit" als weiteren Produktionsfaktor ein-

---

[8] *L. Preller*, S. 11.

[9] Dazu *A. Rich*, S. 17; *H. Herkner*, S. 2; *H. Bachmann*, S. 208.

[10] *A. Rich*, S. 18; *H. Grebing*, S. 73.

[11] Für den Fall der rechtlich selbständigen Kapitalgesellschaft ist diese Formulierung zwar rechtlich ungenau, doch bedeutet der rechtliche Kunstgriff der juristischen Person nur, daß deren Eigentum eine „Zwischenstufe" in bezug auf die Zurechnung zu den dahinterstehenden natürlichen Personen bedeuten kann — vgl. auch *K. Ullrich*, S. 11 ff.

[12] *J. K. Galbraith* (S. 63) nennt es die „Machtverlagerung vom Grundbesitz auf das Kapital".

[13] s. S. 72.

[14] *M. Weber*, S. 28.

[15] Zur Macht von Organisationen vgl. *N. Luhmann*, insbes. S. 70 ff.

kaufte, sich dienstbar machte, über die sie ausführenden Personen weitgehend bestimmen, über sie herrschen konnte. Dabei beschränkte sich das Bestimmungsrecht nicht auf ein funktionales, auf den technischen Produktionsablauf bezogenes Anweisungsrecht, sondern es umfaßte die gesamten (materiellen wie gesellschaftlichen) Lebensverhälnisse der Arbeitnehmer[16].

Der Unternehmer, der sein Geld- oder Sachvermögen (Eigentum) investiv zum Zwecke der Ergiebigkeitssteigerung in der Wirtschaft einsetzte und sich zur Erreichung dieses Zweckes der menschlichen Arbeitskraft („human assets") mittels des Lohnvertrages bediente, gewann so mit der Verfügung über die Arbeitskraft „eine Herrschaftsstellung auch über die Person des Arbeiters"[17], ohne daß dies auf einen freien Willensentschluß des Arbeitnehmers zurückzuführen war. Da andererseits die rechtliche Ordnung der Arbeitsverhältnisse mit der technischen Entwicklung nicht Schritt hielt[18], wurde auch im Industrialismus der bloße Sachbesitz zur Grundlage der Macht des Menschen über den Menschen[19]. Diese Macht zeigt ihre Auswirkungen nicht nur in Beziehung zum Arbeitnehmer oder in Richtung auf den Markt, sondern als politische Macht auch in Richtung auf die staatlichen Gremien und deren Entscheidungen[20].

3. Subordination der Arbeit und Abfindungslohn

Die unmittelbare Folge der Vormachtstellung des Kapitals war, daß der Faktor Arbeit als reiner Kostenfaktor[21] behandelt wurde, der außerhalb des Unternehmens stand und den es möglichst niedrig zu halten galt. „Hinfort waren Kapital und Arbeit nicht mehr Glieder einer gemeinsamen ständischen Wirtschaftskooperation, der Zunft, sondern zwei für dauernd getrennte gegnerische Klassen[22]. Es fand keine Kooperation zwischen den Produktionsfaktoren, sondern eine „Subordination", eine Unterordnung der Arbeit unter das Kapital statt[23]. Deren Auswirkungen zeigten sich besonders in der einseitigen Festlegung der vertraglichen Gegenleistung, d. h. der Arbeitsentlohnung.

---

16 Vgl. dazu *O. v. Nell-Breuning*, Wirtschaft und Gesellschaft heute, S. 225.

17 Vgl. *F. Klüber*, Eigentumstheorie und Eigentumspolitik, S. 255.

18 Vgl. dazu *Bobrowski / Gaul*, S. 34.

19 *F. Klüber*, S. 255 ff., 287.

20 Zum Einfluß der Macht der Großindustrie auf das Verhältnis von Staat — Wirtschaft — Gesellschaft vgl. *F. Fabricius*, Marktwirtschaft und Mitbestimmung, insbes. Rz. 22 - 40; *ders.*, Rechtstheoretische Grundfragen zum Problem Multinationaler Unternehmen, S. 126 ff.

21 Vgl. *A. Brock u. a.*, S. 49.

22 *E. Häußler*, Jedem sein Eigentum, S. 16.

23 *A. Rich*, S. 18.

Da der Preis der Arbeit wie der Marktpreis eines Produktes nach dem freien Spiel von Angebot und Nachfrage bestimmt wurde, führte das Überangebot an freien Arbeitskräften sowie die mit der Entwicklung der modernen Technologie einhergehende hohe Bevölkerungsvermehrung zu einem „ehernen Lohngesetz" (F. Lasalle)[24], d. h. zu einer Verfestigung der Arbeitsentlohnung an der Grenze des physischen Existenzminimums[25]. Nachdem die Arbeitnehmer beim notwendigen Kampf um einen Arbeitsplatz „ihr Recht am Ertrag der werteschaffenden Arbeit" bewußt oder unbewußt mit „verkauft" hatten[26], wurde der Lohn aber auch zum „ausschließlichen Preis für die Ware Arbeit" (sog. Abfindungslohn).

In der so verstandenen Subordination des Faktors Arbeit unter den Faktor Kapital, in der dem anhängigen Lohnarbeiter kein Raum für menschliche Freiheit blieb und in der er zum „Industrieuntertan" (Friedrich Naumann)[27] wurde, liegt das eigentliche Kernproblem der sozialen Frage des Industriezeitalters[28]. Obwohl die Industrialisierung, verbunden mit großem Geldumlauf und steigendem Nationalreichtum, erstmals die Voraussetzungen mit sich brachte das soziale Grundproblem der vorindustriellen Zeit, die „natürliche Armut" (Karl Marx), den „Pauperismus"[29] des Großteils der Agrarbevölkerung durch Teilhabe vieler am Wirtschaftswachstum zu überwinden, wurden im liberalen Ökonomismus diejenigen, die nur ihre Arbeitskraft in den Wirtschaftsprozeß einbringen konnten, zur Eigentumslosigkeit verdammt. Einmal eigentumslos blieb der Arbeitnehmer auch zukünftig vom Eigentum ausgeschlossen. Zwar war im Gefolge der Gewerbefreiheit der Faktor Arbeit erstmals in der Wirtschaftsgeschichte vertragsfrei geworden[30], doch verhinderte es die große Masse der Arbeitsuchenden weitgehend, daß diese den wenigen Produktionsmittelbesitzern auf der Ebene der — auch faktischen — Gleichberechtigung gegenübertreten konnten. Denn die im Gefolge der französischen Revolution auch in Deutschland einsetzende Freiheitsbewegung hatte dem Großteil der Bevölkerung letztlich nur eine „formale Freiheit"[31] gebracht, da den Betroffenen mit der Freilassung nicht auch die notwendigen Mittel verschafft worden waren, sich in Freiheit und Gleichheit gegenüber den

---

24 Vgl. die Darstellung bei *L. Brandt*, S. 32 ff.

25 Vgl. *W. Dreier*, Sp. 482; *J. Höffner*, Jahrbuch 1966, S. 172.

26 *F. Schmidt*, S. 53.

27 Ausgewählte Schriften, S. 278.

28 *A. Rich*, S. 18, 20.

29 *Ders.*, S. 15.

30 *E. Häußler*, Jedem sein Eigentum, S. 15. Zur Arbeitsvertragsfreiheit vgl. auch *W. Däubler*, Das Grundrecht auf Mitbestimmung, S. 1 ff. und *F. Fabricius*, Marktwirtschaft und Mitbestimmung, Rz. 160 ff.

31 *F. Fabricius*, Marktwirtschaft und Mitbestimmung, Rz. 160.

Besitzenden zu behaupten. So ergab sich für die Arbeiter die Zwangslage, „sich im ‚freien' Arbeitsvertrag dem Diktat des Arbeitgebers zu unterwerfen"[32]. Die Möglichkeit zur Wahl zwischen dem Abschluß eines „Gesellschaftsvertrages" oder eines „Arbeitsvertrages" bestand und besteht bis heute für sie nicht.

Solange aber die Arbeitnehmer keinerlei rechtliche Integrierung in das „Unternehmen" finden, dieses nur als Unternehmung des Unternehmers anerkannt wird, kann eine Regelung Bestand haben, nach der allein letzteren — je nach Rechtsform — entweder als unmittelbare Frucht des industriellen Eigentums oder unmittelbar oder mittelbar über die Beteiligung („wirtschaftliches Eigentum") der ausgeschüttete Jahresgewinn ebenso wie der durch die Investitionen anwachsende Wertzuwachs im Unternehmensbereich zugewiesen wird. Die Kapitalbeteiligung wird hierbei als allein ursächlich für die wirtschaftliche Prosperität des Unternehmens angesehen[33]. Die für diese „kapitalistische" Wirtschaftsweise systemimmanente Gewinnerzielungsmaxime konnte in der Folge zwar zu einer ungeahnten Ausdehnung des Sozialproduktes führen, doch hatte dies zwangsläufig aufgrund der vorgenannten Gegebenheiten eine sehr ungleiche Vermögenszuwachsverteilung, d. h. eine einseitige Vermögensakkumulation, insbesondere des Produktivvermögens, in den Händen weniger zur Folge, die im wesentlichen bis heute fortwirkt. Bereits in den historisch-politischen Blättern für das katholische Deutschland des Jahrgangs 1868 wird hierzu unter der Rubrik „Zeitläufe — Streiflichter auf die soziale Bewegung der letzten Monate" angemerkt[34]:

„Die Nationalreichtümer sind allenthalben mehr oder weniger enorm gestiegen ... Für England liegt der offizielle Nachweis vor, daß das steuerbare Landeseinkommen in den 8 Jahren von 1853 bis 1861 um 50 % gestiegen ist. Aber Hr. Gladstone hat auch gleich hinzugefügt: dieser berauschende Zuwachs von Reichtum und Macht sei ganz und gar auf die besitzenden Klassen beschränkt. In Beziehung auf das arme Volk ist der liberale Ökonomismus nicht nur hinter allen seinen Verheißungen zurückgeblieben, sondern, er hat auch, indem er die Besitzenden einseitig immer noch reicher machte, das arme Volk in demselben Verhältnis physisch und moralisch ärmer gemacht."

Die optimistische Auffassung des ökonomischen Liberalismus des 18. und 19. Jahrhunderts, nach der die Freiheit der wirtschaftlichen Betätigung und die Verfolgung der eigennützigen Interessen aller

---

[32] *Ders.*, Rz. 168; vgl. auch *H. Herkner*, S. 7 ff.

[33] Deshalb konzentrieren sich die gesellschaftsrechtlichen Bestimmungen auch vorwiegend auf den Schutz der vermögensrechtlichen Eigeninteressen der Anteilseigner — vgl. *B. Molitor*, Kapitel Eigentum I, S. 36 und oben Einleitung II.

[34] *Görres*, Historisch-politische Blätter für das katholische Deutschland 62. Bd., S. 389 ff.

Marktteilnehmer zum Wohlstand des einzelnen wie zur Wohlfahrt der gesamten Nation führt[35], hat damit insgesamt bewirkt, das das „Laisser-faire-Prinzip“ im Bereich der Güterproduktion zu einer bisher nicht gekannten Entfaltung der wirtschaftlichen Kräfte führen konnte, in seiner konkreten Ausgestaltung des Kapitalismus[36] versagte es aber letztlich in der Verteilungssphäre[37]. Denn das dem freien Marktmodell vorstehende Freiheits- und Gleichheitsideal[38] kann solange nicht zur vollen Entfaltung gelangen, als dem einzelnen Teilnehmer am Markt — dessen unmittelbar regelnde Hand die perfekte Konkurrenz darstellt[39] — neben der formalen Freiheit nicht auch die materiellen Mittel verschafft werden, damit er sich in Freiheit und Gleichheit neben anderen dem Konkurrenzkampf stellen kann. Dies zeigt sich auch daran, daß das freie Marktmodell in seiner theoretischen Ausprägung noch davon ausgeht, daß Einzelpersonen und nicht etwa juristische Personen oder andere Machtgruppen am Marktverkehr teilnehmen[40].

In der praktischen Ausprägung des Systems konnte jedoch der Freiheitsbegriff von wirtschaftlichen Machtgruppen zur Durchsetzung ihrer eigenen Interessen ausgenutzt werden und der Staat degradierte zunehmend zum sogenannten „Nachtwächterstaat“ (F. Lasalle), dem jeglicher Eingriff in das bestehende Wirtschaftsgefüge untersagt war, und

---

35 Vgl. *A. Smith*, Bd. II, S. 40 ff.

P. T. Ellsworth umschreibt das allgemeine Grundprinzip von dem sich die Menschen in der sogenannten westlichen Welt bei der Organisation ihres Zusammenlebens leiten lassen, unter Bezugnahme auf A. Smith äußerst prägnant wie folgt: „Für den Einzelnen ist es am besten, Beurteiler seiner eigenen Handlungen zu sein. Individualinteressen einzelner kollidieren nicht miteinander, sondern stimmen sich ab nach Maßgabe einer natürlichen Harmonie. Deshalb führen die eigennützigen Handlungen von einzelnen zur Wohlfahrt aller und eine fortlaufende Regulierung durch eine Regierung ist unnötig. Die besten Ergebnisse können erlangt werden, wenn der Staat eine Politik des ‚let-alone‘, des ‚laisser-faire‘ verfolgt“ — in: The industrial Economy, S. 46 (zit. nach *F. Fabricius*, Marktwirtschaft und Mitbestimmung, Rz. 95). B. Mandeville hat dieses Prinzip auf die Kurzformel gebracht: „Private vices, public benefits“ — vgl. *E. Streißler*, S. 87 f. m. w. N.

36 Seine geschichtliche Ausprägung erfuhr der Wirtschaftsliberalismus dann zunächst in der Form des (Individual-)Kapitalismus — zum heutigen Begriffsinhalt vgl. *W. Sombart*, Der moderne Kapitalismus. Zu den Hauptmerkmalen der kapitalistischen Wirtschaftsweise vgl. *W. Dreier*, Sp. 478 ff.; *W. Sombart*, Die Ordnung des Wirtschaftslebens, S. 27 f. und allgemein auch *A. Schumpeter*, Kapitalismus, Sozialismus, Demokratie.

37 *F. Klüber*, Eigentumstheorie und Eigentumspolitik, S. 11.

38 Vgl. *F. Fabricius*, Marktwirtschaft und Mitbestimmung, Rz. 137.

39 Vgl. *ders.*, Rz. 98 m. w. N.

40 *Ders.*, Rz. 105.

Zur Machtkonzentration durch Teilnahme von juristischen Personen, insbesondere Konzernen und sonstigen Unternehmensverbindungen am Markt vgl. auch *ders.*, Rechtstheoretische Grundfragen zum Problem multinationaler Unternehmen, insbes. S. 128 ff.

dessen Funktion sich auf die Garantie der im „ordre nature“ vorgegebenen Freiheitsrechte wie: Vertrags- und Gewerbefreiheit (einschl. Wettbewerbsfreiheit) und insbesondere der für dieses System notwendigen Privateigentumsinstitution beschränkte[41]. Die sich im wachsenden Industrialismus zeigenden Auswirkungen sind dann ebenso zum Ansatzpunkt sozialrevolutionärer Bestrebungen wie zum Anlaß der Forderung nach einer vermögensrechtlichen „Teil“-habe der Arbeiter am Produktivkapital der Wirtschaft, also unserer heutigen Forderung nach „Vermögensbildung in Arbeitnehmerhand“ geworden, die als „sozialreformerische“ Reaktion auf den Kapitalismus bezeichnet werden kann.

II. Die sozialreformerische Reaktion
Die katholische Soziallehre und die Eigentumsfrage

Während die sozialrevolutionären Ideologien[42] als „schroffe Antithese zum schrankenlosen Liberalismus“[43] erst in der Abschaffung des Erbrechts, später in der der Kapitalrendite („Recht auf den vollen Arbeitsertrag“[44]) eine Änderung der Einkommensverhältnisse herbeiführen wollten und schließlich nur in der Abschaffung des Privateigentums (an Produktionsmitteln) — von Proudhon als „Diebstahl“ bezeichnet: „la propriété c'est le vol“[45] — eine Lösung des Arbeiterproblems sahen,

[41] In dieses System paßt notwendig nur eine Eigentumsordnung die auf dem unumschränkten Eigentumsrecht des einzelnen aufbaut und damit eine Identität von formellem Recht und effektiver Macht herstellt — vgl. *E. R. Huber*, Bd. II, S. 4, der diese Identität das „Kriterium des Kapitalismus“ nennt.

[42] Die Vertreter des sogenannten „Früh-Sozialismus“ waren zunächst noch weitgehend im theoretischen Bereich — als Denkmodelle — mit der Frage der Überwindung der bestehenden Gesellschafts- und Wirtschaftsstrukturen und damit auch der Privateigentumsordnung befaßt (vgl. etwa *Th. Morus*, *T. Campanello*, *J.-J. Rousseau* oder *Saint-Simon*), doch wurden bereits von den Schülern Saint-Simons, dem Kreis um Proudhon und insbesondere dann von Marx und Engels erste konkrete Doktrinen entwickelt, die auf eine revolutionäre Umwälzung der wirtschaftlichen und gesellschaftlichen Verhältnisse ausgerichtet waren. — Vgl. hierzu *J. Kolbinger*, S. 444 ff. m. w. N.; *M. Bitz*, S. 25.

[43] Vgl. *A. Dickas*, S. 4.

[44] Vgl. ausführlich *A. Menger*, Das Recht auf den vollen Arbeitsertrag.

[45] *P. J. Proudhon*, Ausgewählte Texte S. 1 ff. Als gemeinsame Grundlage der sozialistischen Ideologien kann gelten, daß „die Arbeit“ zum alleinbestimmenden Faktor in der Wirtschaft (und auch in der Politik) erhoben wird. Während jedoch noch die frühsozialistischen Saint-Simonisten den Führungsanspruch des Unternehmers als des geistig den Arbeitern Überlegenen betonten, jedoch die Abschaffung des Erbrechts verlangten, damit die Kapitalien nicht in die Hände von Personen fallen sollten, die der Zufall der Geburt ausgewählt hatte, leitete die Forderung nach dem „Recht auf Arbeit“ (Charles Fourier) über zu der auf W. Thompson zurückzuführenden Idee des Rechts auf den vollen Arbeitsertrag. Danach sollte jedem Mitglied der Gesellschaft ein Anspruch auf Zuweisung des vollen Ertrages seiner Arbeit

entwickelte sich im vorigen Jahrhundert vor allem innerhalb der katholischen Soziallehre auch eine mehr „sozialreformerische“[46] Richtung zur Überwindung der sozialen Frage des Industriezeitalters heraus. In deren Rahmen wurde eine mehr „evolutionäre“ Lösung des Arbeiterproblems innerhalb des Systems der marktwirtschaftlichen Wirtschaftsweise und deren Ausrichtung am Privateigentum (auch an Produktionsmitteln) angestrebt. Sie kann als Ausgangspunkt der heutigen Vermögensbildungsdebatte angesehen werden. Denn neben menschenwürdigen Arbeitsbedingungen wurde hier besonders auch eine breitere Eigentums- und Vermögensstreuung zur Verbesserung der sozialen Stellung des eigentumslosen Industriearbeiters propagiert.

Schon unter den Vorläufern der eigentlich erst mit der päpstlichen Enzyklika „Rerum novarum“ begründeten katholischen Soziallehre hatte sich die Überzeugung durchgesetzt, daß es durch entsprechende Maßnahmen jedem unselbständig Tätigen ermöglicht werden müsse, im weitesten Sinne auch Teilhaber am Produktivkapital der Wirtschaft zu werden. Hierzu hatte bereits 1847, also 1 Jahr vor dem „Kommunistischen Manifest“ und 20 Jahre vor dem „Kapital“ der rheinische Katholikenführer Peter Franz Reichensperger eine „Eigentumsbildung in Arbeiterhand“ im Sinne einer Gewinnbeteiligung der Arbeiter ge-

---

zustehen. Die Verwirklichung dieses Rechts und sein Einfluß auf die Gestaltung der Eigentumsordnung wurde dabei recht unterschiedlich gesehen. Während nach dem Großindustriellen Robert Owen Produktivassoziationen der Arbeiter gebildet werden sollten, um den Gewinn des Unternehmers auszuschalten, sahen L. Blanc und F. Lassalle in den — mit staatlicher Hilfe zu errichtenden — „Arbeiterassoziationen“ nicht nur ein Mittel zur Wiedervereinigung von Arbeit und Kapital (Eigentum), sondern auch das Mittel zur Verwirklichung des „Rechts auf Existenz“ — zum Ganzen vgl. *A. Menger*, S. 16 ff., 51 ff., 94 ff., 117 ff. und *J. Kolbinger*, S. 449 ff. Es wurden aber auch eigentumsrechtliche Extremlösungen vertreten. Als „laboristische Antithese zum klassisch-kapitalistischen Unternehmen“ (*A. Rich*, S. 26) konnte nach P. J. Proudhon die Gleichheit aller nur durch Aufhebung des hergebrachten Eigentumsinstituts liberaler Denkweise erreicht werden. Seine Formel: Eigentum ist Diebstahl, mit der er in ganz Europa bekannt wurde, verstand er als Herausforderung an das Bürgertum. Die in weiteren Denkschriften erfolgte Klarstellung seiner Vorstellungen über das Eigentum weisen jedoch aus, daß Proudhon das Eigentum wohl nicht wirklich beseitigen, sondern nur dessen Mißbrauch, von ihm selbst als „Eigentum“ bezeichnet, abschaffen wollte (vgl. die Zitate bei *Th. Ramm*, Einl. S. XIX f.). Zudem sollte die Erneuerung nach Proudhon im Gegensatz zu Marx und der Theorie des Marxismus nicht in revolutionären Aktionen, sondern durch — wenn auch radikale — Reformen verwirklicht werden, weshalb Marx später eine Gegenposition zu Proudhon bezog, den er im „Kommunistischen Manifest“ einen „Bourgeois-Sozialisten“ nannte. Hierzu und zur Marxschen Eigentumsposition, die das Resultat seiner Arbeits- oder Mehrwertlehre ist, vgl. *K. Marx*, Das Kapital; *ders.* „Lohnarbeit und Kapital“; *K. Marx / Fr. Engels*, Manifest der kommunistischen Partei.

[46] *J. Höffner*, Jahrbuch 1966, S. 176 ff.; *A. Dickas*, S. 4. Höffner unterscheidet von der sozialreformerischen noch die neuere sogenannte sozialpolitische Richtung.

fordert[47]. Danach sollte der Arbeiter auf gesetzlichem Wege „einen bestimmten Anteil am reinen Gewinne derjenigen Fabrik, worin er beschäftigt ist", nach Maßgabe seines Lohnes zugesichert erhalten[48]. Dadurch werde ihm allmählich ein mäßiges Kapital verschafft, womit eine der bedeutungsvollsten sozialen Aufgaben der Gegenwart wenigstens teilweise gelöst werde, nämlich Kapital und Arbeit in ein gerechtes Verhältnis zueinander zu bringen. Auch Bischof Emmanuel v. Ketteler bezeichnete es 1864 als „unbillig", „wenn der überschießende Gewinn ausschließlich dem toten Kapitale und nicht auch dem verwendeten Fleisch und Blute zufalle", wo doch der Arbeiter „täglich gleichsam ein Stück seines Lebens verarbeite"[49]. Diese Verteilung widerspreche der „natürlichen Gerechtigkeit". Er trat deshalb dafür ein, den Arbeiter zum „Teilnehmer" und „Miteigentümer des Fabrikgeschäfts" zu machen, so daß er „jetzt seinen Tagelohn und später seine Dividende" habe[50]. Wie Ketteler stand auch Frhr. von Vogelsang der Lasallschen Idee der Produktivgenossenschaften wohlwollend gegenüber[51]. Nach ihm sollte den Arbeitern „eine ganze Skala von Anteilsrechten am gewonnenen Mehrwert übertragen werden, damit nicht mehr unterschieden werden könne, wer „Eigentümer des Etablissements sei, ob der Unternehmer oder der Arbeiter"[52]. Denn das christliche Sittengesetz erfordere, daß Kapital und Arbeit auch soziologisch verbunden und daß das jetzt rechtlose Verhältnis zwischen Arbeitnehmer und Arbeitgeber zu einem wahren Gesellschaftsverhältnis entwickelt werde[53].

Die zum Teil uneinheitlichen Bestrebungen innerhalb der katholischen Sozialbewegung führten schließlich dazu, daß die Päpste als Oberhirten der katholischen Kirche lehramtlich zu den aufgeworfenen Fragen Stellung nahmen. In deren Sozialenzykliken fand die Forderung nach breiterer Eigentumsstreuung einen ersten programmatischen Niederschlag[54], wie überhaupt in deren erster: „Rerum novarum" von 1891 die katholische Gesellschaftslehre ihre eigentliche Begründung fand.

---

[47] Einen Überblick über die Anfänge der Diskussion gibt *F. Burgbacher*, S. 8 und *J. Höffner*, Jahrbuch 1966, S. 242 ff.

[48] *P. F. Reichensperger*, S. 253 f.

[49] In: Die Arbeiterfrage und das Christentum, zit. nach *J. Höffner*, Jahrbuch 1966, S. 177, 186.

[50] Zum Ganzen vgl. *J. Höffner*, S. 186 m. w. N.; *ders.*, Christliche Gesellschaftslehre, S. 128; *F. Burgbacher*, S. 9 f.

[51] *J. Höffner*, Jahrbuch 1966, S. 177.

[52] *W. v. Klopp*, S. 462 ff. zit. nach *J. Höffner*, Jahrbuch 1966, S. 177.

[53] *J. Höffner*, S. 186.

[54] *Ders.*, S. 185, 186 f. und *A. v. Loesch*, Die Grenzen einer breiteren Vermögensbildung, S. 11.

Für Papst Leo XIII. war der entbrannte „soziale Kampf“ als Folge der „fortschreitenden Industrialisierung ... der geänderten gesellschaftlichen Beziehungen zwischen Produktionsmittelbesitzer und Lohnarbeiter, der Zusammenballung von Vermögen in den Händen weniger und Verarmung vieler ...“[55] maßgeblicher Anlaß für die Sozialenzyklika „Rerum novarum“, „Über die Arbeiterfrage“ aus dem Jahre 1891. In ihr wird u. a. die Forderung aufgestellt, daß durch höhere Löhne es auch der „Masse der Bevölkerung“ ermöglicht werden müsse „irgendein Eigentum“ zu erwerben, damit die Klassentrennung überwunden und allmählich eine Annäherung der beiden Schichten stattfinden könne (nr. 35). Wenn sich hierbei auch der Papst aufgrund der Auseinandersetzung der katholischen Kirche mit dem Sozialismus damaliger Prägung zu einer weitgehenden Verteidigung des Einzeleigentums auf der Grundlage der thomistischen Eigentumslehre veranlaßt sah[56], so waren die diesbezüglich erhobenen Mißdeutungen einer „Heiligsprechung des Eigentums“, wie auch die in den folgenden 40 Jahren eingetretenen wirtschaftlichen Wandlungen, Anlaß für Papst Pius XI. dieser Frage ein erneutes Weltrundschreiben zu widmen.

In der Sozialenzyklika „Quadragesimo anno“ setzte sich 1931 auch Pius XI. für eine gerechtere Ausgestaltung und Verteilung des weiterhin als „naturgegebenes Gesetz“ anerkannten Eigentums an den Produktionsmitteln ein:

> „Da die Erdengüter, die in unserem Zeitalter des sogenannten Industrialismus in so reicher Fülle erzeugt werden, nicht richtig verteilt und den verschiedenen gesellschaftlichen Klassen nicht entsprechend zugute gekommen sind“ ... „ist mit aller Macht und Anstrengung dahin zu arbeiten, daß wenigstens in Zukunft die neugeschaffene Güterfülle nur in einem billigen Verhältnis bei den besitzenden Kreisen sich anhäufe, dagegen in breitem Strom der Lohnarbeiterschaft zufließe“[57].

Durch breitere Vermögensbildung sollte dabei nicht nur die „Proletarität“ der Arbeitnehmerschaft überwunden, sondern zugleich auch eine allgemeine Lohngerechtigkeit herbeigeführt werden. Ebenso wie bei den Vorläufern der katholischen Soziallehre stand daher auch in den genannten Enzykliken die Forderung nach einer größeren Eigentums-/Vermögensstreuung nicht für sich, sondern sie war wesentlicher Teil der weiterreichenden sozialethischen Forderung nach Zuerkennung des „gerechten Lohnes“ an die unselbständig für einen anderen tätige Arbeiterschaft.

---

[55] „Rerum novarum“ nr. 1 — Text und dtsch. Übersetzung in: Die sozialen Rundschreiben Leos XIII und Pius' XI v. *G. Gundlach.*

[56] *O. v. Nell-Breuning,* Die soziale Enzyklika, Einleitung S. V.

[57] „Quadragesimo anno“ nr. 60 und 61, in: *G. Gundlach,* S. 103.

III. Die Lohnfrage als Ausgangsbasis der Forderung nach einer Vermögens-/Eigentumsbildung in Arbeitnehmerhand

In „Rerum novarum" wird zur Lohnfrage ausgeführt, daß aufgrund des gegenseitigen Angewiesenseins der beiden Produktionsfaktoren Kapital und Arbeit („das Kapital bedarf der Arbeit und die Arbeit des Kapitals" — nr. 15) es zu den „wichtigsten" Verpflichtungen des Arbeitgebers gehöre, dem Arbeiter ein „gerechtes Entgelt" zu gewähren. Zwar würden verschiedene Faktoren zur Bestimmung der „gerechten Lohnhöhe" zusammenwirken;

„aber im allgemeinen mögen sich die Besitzer der Produktionsmittel und die Leiter der Unternehmungen erinnern, daß es weder nach göttlichem noch menschlichem Recht angängig ist, um des höheren Ertrags willen die Bedürftigen und Schwachen im Lohn zu drücken und so aus der Not der anderen Kapital zu schlagen. Jemanden um den geschuldeten Lohn bringen, ist fürwahr eine schwere Sünde, die laut zum Himmel um Rache ruft" — nr. 17.

Die an anderer Stelle angeführten Aussagen zur Bestimmung der Lohnhöhe zeigen dann in besonderem Maße auf, in welch engem Zusammenhang hier die Eigentums- und die Lohnfrage stehen.

Ausgangspunkt für die Lohnfrage ist in „Rerum novarum" zunächst die Feststellung, daß die Höhe des Lohnes grundsätzlich durch die freie Zustimmung des Arbeiters bestimmt werde. Daher scheine der Arbeitgeber seinen Verpflichtungen nachzukommen und nichts weiteres mehr schuldig zu sein, wenn er nur den vereinbarten Lohn gezahlt habe. Leo XIII. fährt fort, daß hierbei jedoch „ein sehr wichtiger Punkt" überhaupt nicht bedacht sei: „Der Arbeiter arbeitet nämlich dafür, daß er sich die Güter, die für die mannigfachen Lebensbedürfnisse und vor allem zu seiner eigenen Lebensnotdurft nötig sind, beschafft[58]." Die Arbeit des Menschen habe daher von Natur aus zwei ihr innewohnende Eigenschaften: etwas Persönliches (nämlich die unlösbare Verknüpfung der Arbeitskraft mit der Person des die Arbeit Verrichtenden) und etwas Notwendiges, weil nämlich der Ertrag der Arbeit dem Menschen zur Notdurft des Lebens nötig ist und weil den Menschen die Natur unwiderstehlich antreibt, für dies Nötigste zu sorgen. Zwar könne das persönliche Moment es dem Arbeiter freistellen, zu geringer Lohnhöhe (oder umsonst) seinen Arbeitsvertrag abzuschließen, dies widerspreche jedoch dem Moment des Notwendigen, das sachlich nicht von dem persönlichen Moment getrennt werden könne. Denn die Erhaltung des Lebens sei eine Pflicht, die alle binde die die abzuschütteln ein Verbrechen sei. Daraus entstehe notwendig das Recht, sich die lebensnotwendigen Güter zu beschaffen[59]:

---

[58] „Rerum novarum" nr. 34.

[59] Nr. 34 u. nr. 35.

„Dies alles aber gibt dem kleinen Mann ausnahmslos nur der Lohn, den er durch seine Arbeit sucht. Mögen daher auch der Arbeiter und sein Arbeitgeber frei sich einigen und ausdrücklich eine bestimmte Lohnhöhe abmachen, so ist doch auch noch die natürliche Gerechtigkeit bei dem Vorgang mitbestimmend; und zwar ist dieses Moment vordringlicher und früher als der freie Wille der Vertragsparteien. Der Lohn darf nämlich nicht unter ein Minimum sinken, so daß er auch ein vernünftiges Maß von Lebensbedürfnissen des Arbeiters nicht mehr deckt. Wenn nun der Arbeiter aus Not oder, um einem schlimmeren Geschick zu entgehen, sich den harten Bedingungen entgegen seinem eigentlichen Willen beugt, weil der Geschäftsinhaber oder der Betriebsleiter diese Bedingungen festsetzen, so weicht er eben der Gewalt, das Ganze ist dann eine schreiende Ungerechtigkeit" ...

„Ist der Lohn des Arbeiters ausreichend, so daß er sich, seine Frau und seine Kinder gut ernähren kann, so wird er ohne große Mühe, wenn er verständig ist, sich aufs Sparen verlegen; und der wird es dahin bringen, wozu auch die Natur selbst ihn anzutreiben scheint, daß ihm nach Abzug aller Unkosten etwas übrigbleibt, von dem er sich einen kleinen Besitz beschaffen kann. Unserer Frage kann man ja bekanntlich wirksam nur beikommen, wenn man unter allen Umständen festhält, daß das Recht auf Sondereigentum zu achten und zu wahren ist. Daher muß die Gesetzgebung dieses Recht begünstigen und nach Möglichkeit dahin zielen, daß die Mehrzahl der breiten Massen es vorzieht, irgendein Eigentum zu haben.

Gesetzt den Fall, man erreicht dieses Ziel, so würde ganz wunderbarer Nutzen daraus entstehen; und sicherlich nicht der allergeringste Nutzen wäre eine der Billigkeit mehr entsprechenden Verteilung der Güter. Die Macht der Umschichtungen in der Gesellschaft hat nämlich in den Städten zwei Klassen von Bürgern auseinandergerissen, und zwar so, daß eine nicht geringe Kluft zwischen beiden liegt. Auf der einen Seite die Herrenschicht, die nur herrscht, weil sie Geld hat. Diese Schicht ist allein ausschlaggebend in Industrie und Handel, sie weiß die Produktivität der Wirtschaft in die Richtung des eigenen Vorteils und Interesses zu lenken und hat auch in der Politik das entscheidende Wort. Auf der anderen Seite ist die breite Masse eine hilflose, schwache, seelisch ungesunde und jeder Wühlarbeit zugängliche Schicht. Wenn nun aber die Energie des einfachen Mannes durch die Hoffnung angereizt wird, einmal an dem Ertrag der heimatlichen Scholle Anteil zu haben, dann wird allmählich eine Annäherung der beiden Schichten stattfinden, da ja der krasse Unterschied zwischen höchstem Reichtum und tiefster Bedürftigkeit wegfällt."

Nach „Rerum novarum" ist daher Ziel und Folge einer gerechten Lohnzuweisung eine ebenso gerechte Verteilung der Güter, d. h. des Vermögensbesitzes unter die verschiedenen Bevölkerungsschichten.

Auch in der Sozialenzyklia „Quadragesimo anno" wird dieser Zusammenhang zwischen der Forderung nach dem gerechten Lohn und einer breiteren Eigentumsbildung der Arbeiter betont. Nachdem zunächst das Lohnarbeitsverhältnis für „nicht in sich ungerecht" angesehen wird (nr. 64) wird auch festgestellt, daß sich "für den heutigen Stand der gesellschaftlichen Wirtschaft" eine „gewisse Annäherung des Lohnarbeitsverhältnisses an ein Gesellschaftsverhältnis" empfehlen möge, da hierdurch die Arbeiter zu „Mitbesitz oder Mitverwaltung oder zu irgendeiner Art von Gewinnbeteiligung" gelangen würden (nr. 65). Für die gerechte Bemessung des Lohnes, die sich nach den drei Gesichtspunkten: ausreichender Lebensbedarf für die Familie, Lebensfähigkeit des Unternehmens und allgemeine Wohlfahrt zu richten habe[60], wird unter dem Wohlfahrtsgesichtspunkt Bezug genommen auf die bereits in anderem Zusammenhang in der Enzyklika erörterte Problematik der Vermögensbildung der Arbeitnehmer — als Ausfluß eines gerechten Verhältnisses von „Kapital und Arbeit". Denn es widerstreite der Tatsache „einem der beiden, dem Kapital oder der Arbeit, die Alleinursächlichkeit an dem Ertrag ihres Zusammenwirkens zuzuschreiben, vollends widerspricht es der Gerechtigkeit, wenn der eine oder der andere Teil, auf diese Alleinursächlichkeit pochend, das ganze Erträgnis für sich beansprucht"[61].

Die vorstehenden Auszüge machen damit deutlich, daß die Forderung nach einer Vermögensbildung in Arbeitnehmerhand ihren historisch begründeten Ansatz in der allgemeinen Frage nach Zuerkennung des „gerechten Lohnes" unter Anerkennung eines ebenso „gerechten" Verhältnisses zwischen Kapital und Arbeit hat. Die hierzu vorgeschlagenen Ausgestaltungsmöglichkeiten („Miteigentum" oder „Gewinnbeteiligung" etc.) stellen dann einzelne Formen dar, die sozialethische Forderung nach einem gerechten Arbeitsentgelt zu verwirklichen, indem neben den Barlohn, der konsumtiven Zwecken für den Familienunterhalt dient, weitere Lohnformen treten, mit denen der Arbeitnehmer zur eigenständigen Lebensvorsorge auch eine Beteiligung am Produktivkapital der Wirtschaft finden soll.

Noch nicht entschieden ist bis hierher jedoch die Frage, welche Lohnhöhe dem „gerechten" Lohn oder dem „gerechten Verhältnis von Kapital und Arbeit entspricht, d. h. auch, welche Bestimmungsgründe für die „gerechte" Güterverteilung maßgebend sind. Auch hierzu versucht die katholische Soziallehre eine Antwort zu geben.

---

[60] „Quadragesimo anno" nr. 70 ff.

[61] Ebenda nr. 53; zur Frage der Lohnbestimmung vgl. auch *E. Welty*, Johannes' XXIII Vermächtnis an die Arbeitnehmer, S. 131 ff.

2. Abschnitt

Sozialethische Bestimmungsgründe für die Bemessung eines „gerechten" Lohnes und einer „gerechten" Güterverteilung

I. Soziale Gerechtigkeit und Billigkeit als Lohnmaßstab

Während in „Rerum novarum" mit dem Moment der „Notwendigkeit der Arbeit" als von der Natur vorgegebenes Prinzip zur Lebenserhaltung und dem der „natürlichen Gerechtigkeit", die „vordringlicher und früher als der freie Wille der Vertragsparteien" sei, nur allgemeine Angaben über die Lohnhöhe gemacht werden[62], will „Quadragesimo anno" diese „natürlichen" Bestimmungsgründe verdeutlichen. Aus der wesenseigenen Doppelnatur der Arbeit, ihrem „sozialen und individuellen Charakter" werden zunächst die drei bereits genannten Gesichtspunkte für die Bemessung und Regelung der Arbeitsentlohnung abgeleitet: ausreichender Lebensunterhalt für die Familie, Lebensfähigkeit des Unternehmens und allgemeine Wohlfahrt. Im Hinblick auf die Berücksichtigung des Unternehmensinteresses wird dabei gefordert, daß „in gemeinsamen Überlegungen und Anstrengungen" Werksleitung und Belegschaft auftretende Schwierigkeiten überwinden müßten als Zeichen der „inneren Verbundenheit und christlichen Solidarität" der beiden[63]. Für den Grundsatz der „allgemeinen Wohlfahrt" wird Bezug genommen auf die an anderer Stelle bereits abgehandelte Frage der Erträgnis- und Güterverteilung. Als Leitregel für die gerechte Bemessung der beiderseitigen Anteile am Erträgnis, wonach jedem (Arbeit und Kapital) „sein Anteil" zukommen solle, wird darauf abgestellt, daß die Verteilung der Erdengüter wieder mit den Forderungen des „Gemeinwohls bzw. der Gemeinwohlgerechtigkeit" in Übereinstimmung gebracht werden müsse[64]; denn auch nach ihrer Unterstellung unter das Sondereigentum höre die Erde nicht auf dem allgemeinen Nutzen zu dienen[65].

Ähnliche Aussagen über die Bemessung eines gerechten Lohnes finden sich auch in der 1961 erschienenen Sozialenzyklika „Mater et Magistra". Auch Papst Johannes XXIII. stellt hierin die Lohnfrage und zwar nicht nur für die sogenannten Entwicklungsländer der Dritten Welt, sondern erneut auch für die Industriestaaten[66]. Jedoch wird die

---

[62] Vgl. „Rerum novarum" nr. 34, 35.

[63] „Quadragesimo anno" nr. 73.

[64] Ebenda nr. 58.

[65] Vgl. „Rerum novarum" nr. 7 f. und „Quadragesimo anno" nr. 56.

[66] In: Die Sozialenzyklika Papst Johannes XXIII, Mater et Magistra, nr. 68 ff. (S. 122 ff.).

Lohnfrage nicht mehr unter dem Gesichtspunkt der „Entproletarisierung der Arbeiterklasse“ abgehandelt, sondern aufgrund der geänderten wirtschaftlichen und sozialen Verhältnisse nur noch unter dem Gesichtspunkt, daß die Lohnhöhe nicht weiter „rein markt- oder machtmäßig“ gestaltet werden dürfe: „Darum darf die Höhe der Vergütung nicht dem Spiel der Marktgesetze überlassen werden, sie muß vielmehr bestimmt werden nach Gerechtigkeit und Billigkeit ...[67].“ Die Postulate der Gerechtigkeit und Billigkeit werden nunmehr als oberste Kriterien für die Bestimmung der Arbeitsentlohnung angeführt. Für die Bemessung eines nach Gerechtigkeit und Billigkeit zu bestimmenden Lohnes wird zur Konkretisierung auf die „naturrechtlich nachweisbaren Bestimmungs- oder Bemessungsgründe“ abgestellt, die in „Quadragesimo anno“ bereits genannt worden waren. „Mater et Magistra“ ergänzt diese jetzt noch um das vorangestellte Prinzip der „produktiven Leistung“: Da in den wirtschaftlich fortgeschrittenen Ländern Leistungen von geringer Bedeutung oder fraglichem Wert nicht selten hohe und höchste Entgelte erzielten, die ausdauernde und werteschaffende Arbeit ganzer Schichten arbeitsamer und ehrbarer Bürger dagegen allzu niedrig und für den Lebensunterhalt unzureichend oder jedenfalls in keinem gerechten Verhältnis zu dem geleisteten Beitrag zum allgemeinen Wohl oder zum Gewinn der betreffenden Unternehmen oder zum Volkseinkommen entgolten werde, müsse zur Bestimmung der Lohnhöhe zusätzlich berücksichtigt werden: „an erster Stelle die produktive Leistung“[68].

Obwohl dieser Leistungsgesichtspunkt neben den in „Quadragesimo anno“ bereits genannten Bestimmungsgründen einen besonderen Stellenwert erhält, wird — aus Gründen, auf die später noch zurückzukommen sein wird — für eine nähere Anteilsberechnung hierauf jedoch nicht weiter zurückgegriffen. Viemehr wird auch hier wieder auf das allgemeine Gemeinwohl und die soziale Gerechtigkeit als Zumessungsmaßstab für eine gerechte Einkommens- und Güterverteilung abgestellt. Unter der Überschrift: „Arbeitsentgelt“ und dem weiteren Untertitel: „Die Angleichung von wirtschaftlichem und sozialem Fortschritt“ wird nämlich angeführt, daß es ein „wichtiges Gebot der sozialen Gerechtigkeit“ sei, daß alle Bevölkerungskreise am wachsenden Reichtum der Nation entsprechend beteiligt werden[69]. Unter Bezugnahme auf das schnelle wirtschaftliche Wachstum in der Nachkriegsentwicklung über die Selbstfinanzierung der Unternehmen, die selbst weder mit Lob noch mit Tadel belegt wird[70], leitet Johannes XXIII. die Forderung ab: „Wo

---

[67] „Mater et Magistra“ nr. 71.

[68] Ebenda nr. 71.

[69] „Mater et Magistra“ nr. 73 ff.

[70] Vgl. hierzu auch *E. Welty*, Die Sozialenzyklika Johannes XXIII, S. 128 Anm. 48.

dies zutrifft [sc. schnelles Wachstum über die Selbstfinanzierung], könnte den Arbeitern ein rechtmäßiger Anspruch an diese Unternehmen zuzuerkennen sein, den diese einzulösen hätten, vor allem dann, wenn sie im übrigen nicht mehr als den Mindestlohn zahlen[71]." Diese „Rechtspflicht" könne in geeigneter und wünschenswerter Form u. a. dadurch erfüllt werden, daß die Arbeiter in geeigneter Weise in Mitbesitz an ihren Unternehmen hineinwachsen[72]. Jedoch müsse auch hier darauf geachtet werden, daß zwischen dem Arbeitslohn und der verfügbaren Gütermenge ein Verhältnis gewahrt werde, das Rücksicht nehme sowohl auf das volkswirtschaftliche, als auch auf das gesamtmenschliche Gemeinwohl[73].

In der gesamten Lohn- und Beteiligungsfrage wird in den sozialen Rundschreiben damit das Gemeinwohl zu „Norm und Maß" und zur Richtschnur für alle soziale Gerechtigkeit erhoben, aus dem Rechtspflichten und Rechtsforderungen insbesondere auch für eine gerechte Güter- und Eigentumsverteilung abgeleitet werden[74]. Dieses Merkmal des Gemeinwohls bzw. der Gemeinwohlgerechtigkeit als sozialem Ordnungselement ist auch zum bestimmenden Faktor innerhalb der neueren katholischen Soziallehre geworden und wird gerade auch in der Nachkriegsdiskussion um eine Vermögensbildung in Arbeitnehmerhand als vornehmlichster Maßstab zur Bestimmung einer gerechten Vermögens- und Eigentumsbildung herangezogen. Jedoch rückt hierbei der Zusammenhang mit der Lohnfrage zunehmend in den Hintergrund, da nicht mehr das Problem des gerechten Einkommens, sondern das einer gerechten Güterverteilung im Vordergrund aller Überlegungen steht.

II. Gemeinwohl- und Gemeingebrauchsprinzip als Güterverteilungsmaßstab

Nachdem aufgrund der in diesem Jahrhundert eingetretenen Veränderungen in den wirtschaftlichen und sozialen Verhältnissen der Arbeitnehmer der Forderung nach einer „Entproletarisierung der Arbeiterschaft" durch Gewähren eines „gerechten Lohnes" zunehmend die Grundlage entzogen worden war, wird seit „Mater et Magistra" die Frage der Vermögens-/Eigentumsbildung auch innerhalb der katholischen Soziallehre vorwiegend nicht mehr unter dem Gesichtspunkt der Lohnfrage, sondern mehr und mehr als „reines" Vermögens-Umverteilungsproblem zur Verwirklichung einer „gemeinwohlgerechten" Güter- und Eigentumsverteilung auf gesamtvolkswirtschaftlicher Ebene

---

71 „Mater et Magistra" nr. 75.

72 Ebenda nr. 77.

73 Ebenda nr. 78.

74 Vgl. auch *E. Welty*, S. 128.

gesehen. Diese Sicht hat über den kirchlichen Bereich hinaus die gesamte Nachkriegsdiskussion um eine Vermögensbildung in Arbeitnehmerhand in der Bundesrepublik beeinflußt.

In der Enzyklika von 1961 wird die Frage der Bildung von Eigentum im Kapitel „Privateigentum" erneut aufgeworfen und — nunmehr losgelöst von der in anderen Kapiteln abgehandelten Lohnfrage — eine wirksame Streuung des (hier nicht auf Produktionsmittel beschränkten) Eigentums gefordert. Diese Forderung wird aus dem „natürlichen Recht auf Eigentum" jedes Menschen (auch an den Produktionsmitteln) abgeleitet, das für alle Zeit gelte und „in der Natur der Dinge" selbst grundgelegt sei[75]. Daher genüge es nicht, „nur das naturgegebene Recht auf Privateigentum, auch an Produktionsmitteln, zu betonen". Mit gleichem Nachdruck müsse alles unternommen werden, damit alle Kreise der Bevölkerung in den Genuß dieses Rechts gelangen könnten. Der grundsätzlichen Anerkennung des Privateigentums entspreche nämlich die Forderung, „wenn Eigentum, dann möglichst Eigentum für alle"[76]. Diese Forderung leitet sich ab aus der christlichen Anerkennung des Privateigentums als naturrechtlicher Rechtsinstitution, wie es zum wesentlichen Inhalt der katholischen Eigentumslehre gehört und worauf auch die päpstlichen Sozialenzykliken, besonders „Rerum novarum" in ihrer grundsätzlichen Auseinanderstezung mit dem Sozialismus, abstellen[77].

Die Entscheidung für das Privateigentum (in den Sozialenzykliken meist Sondereigentum genannt) als Prinzip der Güterordnung ist grundgelegt in der christlichen Naturrechtslehre, insbesondere der scholastischen Tradition seit Thomas von Aquin[78]. Danach ist das Sondereigentum „ein dem Menschen von Natur aus zustehendes Recht" ... „und weil nun der Mensch unter allen animalischen Lebewesen allein ein Geisteswesen ist, so kommt ihm zu, daß er die Erdengüter nicht nur wie die anderen Lebewesen gebrauchen, sondern sie auch zu unverrückbarem und dauerndem Eigen haben darf". Dies gelte nicht nur von den Dingen des unmittelbaren Verbrauchs, sondern auch von den dauerhaften Gebrauchsgütern[79]. Denn dadurch, daß der Mensch „seine geistige Anstrengung und seine Körperkraft auf die Beschaffung der Naturgüter" verwende, ordne er den Teil der Welt, an dem er selbst sich bemüht, auf seine eigene Person hin; „er legt gleichsam etwas persönliches hinein, so daß man mit vollem Recht sagen muß, dieser Teil sei von niemandem verletzbares Eigen . . ."[80].

---

75 „Mater et Magistra" nr. 109.

76 Ebenda nr. 114. In diesem Sinne auch *F. Klüber*, Eigentumstheorie und Eigentumspolitik, S. 422.

77 Vgl. „Rerum novarum" nr. 5 ff.

78 Vgl. unten Teil III., 3. Abschnitt.

79 „Rerum novarum" nr. 5.

Die Privateigentumsinstitution wird innerhalb der christlichen Naturrechtslehre jedoch nicht dem „reinen“ Naturrecht, sondern dem „sekundären“ Naturrecht („jus gentium“ in der thomistischen Terminologie) [81] zugeordnet, da deren Anerkennung erst auf der soziologischen Ebene aus der Geschichtlichkeit des Menschen eine Ableitung erfährt, während der göttliche Grundsatz des „Gemeingebrauchs der Güter“, des „usus communis rerum“ zum „jus naturale“, d. h. zum reinen oder unwandelbaren Naturrecht gezählt wird, da die Idee des „usus communis rerum“ auf der metaphysischen Ebene ihren Standort im christlichen Naturrechtsdenken hat. F. Klüber führt in seiner umfassenden Darstellung der katholischen Eigentumslehre hierzu aus, daß der Schluß auf die Privateigentumsordnung in der von Thomas von Aquin begründeten katholischen Eigentumslehre erst geschieht, „nachdem innerhalb des metaphysischen Bereichs die logische Differenzierung bis zur Idee des Gemeingebrauchs, der sozialethischen Prämisse der Eigentumsbegründung, vorangetrieben ist und sodann diesem metaphysischen Sachverhalt als der logischen propositio maior Argumente aus dem soziologisch historischen Feld als propositio minor hinzugefügt werden können, woraus sich als conclusio die Notwendigkeit des Privateigentums als eines Mittels zur Verwirklichung des Gemeingebrauchs ergibt“[82]. Aus dieser Mittel-/Zweckbestimmung folgert er dann, daß der Grundsatz des Gemeingebrauchs (Gemeinwohls) als oberster christlicher Naturrechtssatz auch unter Anerkennung des Privateigentums als Institution notwendig eine Anwendung auf die inhaltliche Ausgestaltung des individuellen Eigentumsrechts und damit allgemein auch auf die Regelung der Güterordnung findet, da diese weiter dem Gemeingebrauchsprinzip als „Grundgesetz der Güterordnung“ unterstellt ist[83].

Für die Frage des Verhältnisses des Menschen zur Dingwelt rückt daher mit dem Übergang von der individualmetaphysischen Ebene zur sozialmetaphysischen Ebene, also unter Berücksichtigung der zwischenmenschlichen Beziehungen, die „Idee des Gemeinwohls“ in den Vordergrund, die als oberstes Prinzip aus der personalen Struktur des Menschen abgeleitet wird: „Er ist als ens individuale et sociale von seiner Natur her wesensmäßig auf die Ergänzung durch die Gemeinschaft angelegt und dazu berufen, in der Gemeinschaft den Sinn seiner Existenz, die Aneignung von Werten zu verwirklichen[84].“ Aus der Idee des Ge-

---

80 „Quadragesimo anno“ nr. 7, 8.

81 Vgl. *A. Auer*, Sp. 1221.

82 *F. Klüber*, Eigentumstheorie und Eigentumspolitik, S. 90 f.

83 *Ders.*, Eigentum und Naturrecht, S. 10.

84 *Ders.*, Eigentumstheorie und Eigentumspolitik, S. 70 ff. und die Zusammenfassung S. 416 ff.

meinwohls, dem „suum cuique“ in der aristotelisch-thomistischen Philosophie, leitet sich für den Bereich der Güterordnung die Forderung nach dem „Gemeingebrauch der Güter“ als Ausdrucksform des Gemeinwohlprinzips in seiner Anwendung auf die Ordnung der Güterherrschaft ab[85], so daß auch das Gemeingebrauchsprinzip als „sozialphilosophische Prämisse“ als einzig absolut und überzeitlich gültiger Satz erscheint. Demgegenüber erfährt das Privateigentum als „Primärform der geschichtlichen Konkretisierung des Gemeingebrauchsprinzips“[86] erst auf der soziologisch-juristischen Ebene aus der empirischen Erkenntnis der Geschichtlichkeit der menschlichen Existenz eine Berechtigung[87], mit der Folge, daß es auch den geschichtlichen Wandlungen unterworfen ist[88].

Die Ausgestaltung des Privateigentumsrechts im christlichen Naturrechtsdenken steht damit notwendig unter dem Anspruch der Gemeingebrauchsmaxime, da das Privateigentum seine rechtliche Legitimation erst aus der „Eignung als Instrument des Gemeingebrauchsprinzips“ erhält[89]. Für die katholische Eigentumslehre ergibt sich daraus die Konsequenz, daß die Ausgestaltung und Regelung des „individuellen“ Eigentumsrechts entsprechend dem Anspruch des Gemeinwohls den ständig wechselnden geschichtlichen Verhältnissen angepaßt werden kann und muß. Wird von dem Eigentumsrecht ein derartiger Gebrauch gemacht, daß das göttliche Gebot der austeilenden Gerechtigkeit („iustitia distributiva“) verletzt wird, so stellt Eigentum („Reichtum“) ein sittliches Übel dar[90]. Aufgrund der derzeitigen geschichtlichen Situation, die durch eine Zusammenballung großindustrieller Vermögen in den Händen weniger gekennzeichnet ist, folgert die katholische Soziallehre, daß diese „gemeinwohlwidrige“[91] Vorgegebenheit eine Neu-

---

[85] *Ders.*, S. 80 ff.

[86] *Ders.*, S. 420.

[87] *Ders.*, S. 115 ff.

[88] Vgl. ausführlich *F. Klüber*, S. 215 ff.: „Weil aber die Privateigentumsordnung ihre Existenz von jenem höheren Recht des Gemeingebrauchs der Güter herleitet, muß sie diesem in ihrer konkreten Ausgestaltung entsprechen. Das bedeutet, daß die individuellen Eigentumsrechte nicht absolut und unanfechtbar gültig sind, sondern wandelbar; denn ihre rechtliche Ausgestaltung ist davon abhängig, daß sie dem Ursinn der Privateigentumsordnung, der Verwirklichung des Gemeingebrauchs der Güter, dienen. Widerstreiten sie dem Anspruch des Gemeingebrauchs und also dem Gemeinwohl, dann drängt die Forderung der Gemeinwohlgerechtigkeit auf eine Neugestaltung und Neuabgrenzung der konkreten Eigentumsrechte.“

[89] *Ders.*, S. 421.

[90] Vgl. dazu auch *F. Negro*, S. 36 und *F. Klüber*, S. 65. Nach *Klüber* muß dies insbesondere gelten, soweit es sich um die Form des Produktionsmitteleigentums handelt, das in anonymen Kapitalgesellschaften zusammengefaßt ist, da hier jegliche sozialethische Grundlage — etwa seine dienende Funktion für die Persönlichkeitsentfaltung des einzelnen Menschen — fehlt.

[91] Vgl. *J. Höffner*, Jahrbuch 1966, S. 104.

ordnung der Eigentumsrechte erforderlich mache, da nur so die Ausgestaltung des Eigentumsrechts wieder mit dem Gemeingebrauchsprinzip in Übereinklang gebracht werden könne, woraus vor allem die Forderung nach breiter Eigentumsstreuung insbesondere durch stärkere Teilhabe der Arbeitnehmerschaft am Produktivkapital der Wirtschaft abgeleitet wird. Dies ist heute zum bestimmenden Grundsatz innerhalb der gesamten Vermögensbildungsdebatte geworden[92]. Die in den Bereich dieser eigentumspolitischen Aufgabe der Neugestaltung von Eigentumsrechten — neben der Idee der Mitbestimmung — gehörende Forderung nach einer Vermögensbildung in Arbeitnehmerhand ist nach F. Klüber „als Mittel der leichten Hand" der Sozialisierung als Mittel „der schweren Hand" vorzuziehen[93].

Damit bleibt festzuhalten, daß die neuere katholische Soziallehre aufgrund des Vorrangs des Gemeingebrauchsprinzips ihre soziale Forderung im vermögensrechtlichen Bereich heute allein aus der Unterscheidung des Eigentumsrechts vom Eigentumsgebrauch ableitet und sie allein mit der Doppelseitigkeit des Eigentums — seiner individuellen und seiner sozialen Seite[94] — sowie mit der Überordnung des Gemeinwohls über das Eigentumsausübungsrecht begründet, womit aber der ehemals so betonte Lohnansatz weitgehend in den Hintergrund gedrängt ist.

Wenn sich die vorstehenden Ausführungen im wesentlichen auf die Darstellung der katholischen Soziallehre zu diesem Themenbereich beschränkten, was seine Rechtfertigung darin findet, daß in ihr nicht nur der eigentliche Grund für die noch heute gültige Forderung nach einer Vermögensbildung in Arbeitnehmerhand angelegt ist, sondern

---

[92] Vgl. schon oben Teil I, 3. Abschnitt.

[93] Vgl. S. 423 f. Also schließt Klüber nicht aus, daß zur Verwirklichung des Gemeingebrauchsprinzips für eine Neuregelung der Eigentumsverhältnisse grundsätzlich auch die Sozialisierung, d. h. die Überführung in Gemeineigentum, eine geeignete Maßnahme darstellen kann. Er erteilt damit allen Versuchen eine Absage, die aus der Überbetonung des Privateigentums in den Formulierungen der Sozialenzykliken ein überzeitlich gültiges Prinzip für diese Güterordnungsform ableiten wollen. Nach ihm verliert vor allem im Hinblick auf das moderne Produktionsmitteleigentum der rechtstechnisch als juristische Person ausgebildeten anonymen Kapitalgesellschaft die mittelalterliche, in ihrer Struktur bis in die Gegenwart festgehaltene Eigentumsbegründung ihre Tragfähigkeit — vgl. insbes. in: Eigentum und Naturrecht, S. 25 ff. Klüber verweist hier auch auf die Aussagen der Enzyklika „Populorum Progressio", in der jedes Argument zugunsten der Privateigentumsordnung und jeder Versuch, diese als besonders geeignetes Instrument der Güterordnung zu begründen, fehlt. Zwar muß auch nach Klüber das Privateigentum unter bestimmten geschichtlichen Bedingungen hingenommen werden, „doch nicht als Ideal, sondern als notwendiges Übel, dem starke gesellschaftspolitische Aktivitäten entgegenzusetzen sind" — in: Kapitel: Katholische Soziallehre, Sp. 2378.

[94] Vgl. „Rerum novarum" nr. 19 und „Quadragesimo anno" nr. 45 u. 47.

auch der inzwischen erfolgte Ziel- und Begründungswandel besonders deutlich zu Tage tritt, so darf an dieser Stelle nicht unerwähnt bleiben, daß ähnliche Überlegungen auch der Diskussion innerhalb der evangelischen Soziallehre zugrunde liegen. Denn auch die Eigentumslehre Luthers, die die evangelische Soziallehre bis in die Gegenwart prägt, basiert auf der Anerkennung des Privateigentums als Rechtsinstitution[95]. Als Lehen Gottes gegeben, gewährt das Privateigentum dem Menschen nach Luther den Raum, der es dem Christen ermöglicht, das göttliche Liebesgebot gegenüber seinen Mitmenschen zu verwirklichen, unter dessen Anspruch es wesensnotwendig steht. Dabei unterscheidet auch das gedankliche Grundmodell des evangelischen Eigentumsdenkens die beiden Komponenten der „Individualnatur" und der „Sozialnatur" des Eigentums, wie sie grundlegend für das katholische Eigentumsmodell geworden sind. Im Ergebnis bestehen so grundsätzliche Gemeinsamkeiten in den beiden kirchlichen Eigentumsauffassungen, was nicht nur in den jeweiligen Stellungnahmen der einzelnen Kirchen, sondern auch in den bisher erfolgten gemeinsamen Stellungnahmen beider zum Thema der Vermögensbildung in Arbeitnehmerhand zum Ausdruck kommt.

Insgesamt ist es im Rahmen der Nachkriegsdiskussion um eine Vermögensbildung in Arbeitnehmerhand damit letztlich zwar den kirchlichen Bemühungen zu verdanken, daß die Diskussion gerade in der Bundesrepublik immer wieder neuen Auftrieb erhielt, doch haben die genannten Begründungsstrategien — wie unten noch gezeigt wird — auch mit dazu beigetragen, daß es über den Bereich der Förderung des freiwilligen Arbeitnehmersparens durch Gewährung eines „ausreichenden" Lohnes unter grundsätzlicher Beibehaltung des geltenden Lohnsystems (also auch der geltenden Arbeits- und Unternehmensordnung) nicht zu einer weitergehenden Lösung im Hinblick auf ein grundlegendes Neuverständnis der im „sozialen Verband Unternehmen" zusammenwirkenden Faktoren in vermögens- und eigentumsrechtlicher Hinsicht gekommen ist. Mit ein Grund hierfür ist, daß auch innerhalb der kirchlichen Diskussion die Themenbereiche der Mitbestimmung in der Wirtschaft und der Vermögensbildung eine weitgehend getrennte Abhandlung erfahren haben und daß zum anderen die Frage der Lohngerechtigkeit mehr und mehr in den Hintergrund getreten ist.

---

[95] Vgl. ausführlich in diesem Zusammenhang zur evangelischen Eigentumslehre *G. W. Locher*, passim; *J. Kolbinger*, S. 458 ff. Zur evangelischen Eigentumslehre besonders auch in ihrer Gegenüberstellung zur katholischen Eigentumslehre vgl. auch *F. Klüber*, Eigentumstheorie und Eigentumspolitik, S. 146 ff.; *G. Breidenstein*, S. 169 ff.; *E. Steinbach*, S. 124 ff.

III. Ergebnis — Die ungelöste Lohnfrage als Grundlage der Forderung nach Vermögensbildung in Arbeitnehmerhand

Wie im Vorstehenden dargestellt werden konnte, findet die gesamte Idee der Vermögens-/Eigentumsbildung in Arbeitnehmerhand ihren historischen Anlaß und ihre Grundlage in der sozialethischen Forderung nach Zuerkennung des „gerechten Lohnes", dessen Nichtgewährung als Ursache aller sozialen Spannungen und vor allem der Eigentumslosigkeit der Arbeiterklasse im angehenden Industrialismus erkannt worden war. Mit den in diesem Zusammenhang bereits im vorigen Jahrhundert angestellten vermögens- und eigentumsrechtlichen Überlegungen sollte dabei nicht nur die im kapitalistischen Wirtschaftssystem der frühen Industrieperiode wurzelnde „Proletarität" der Arbeiterschaft überwunden werden, sondern im Rahmen der sozialen Arbeiterfrage — als Ausfluß der sozialen Frage des Industriezeitalters — wurde insgesamt ein gerechtes Verhältnis von „Arbeit" und „Kapital" angestrebt — zur Verwirklichung einer sozialgerechten Gesellschafts- und Wirtschaftsordnung. Die seinerzeit bereits zur Lösung vorgeschlagenen Pläne für eine Vermögens-/Eigentumsbildung der Arbeitnehmer stellen insoweit neue „Formen" für eine gerechtere Lohnzuteilung dar, ohne daß hierfür jedoch ein einheitliches Konzept gefunden werden konnte und ohne daß konkrete Zumessungs- und Verteilungsgrundsätze und -regelungen für die „gerechte Lohnhöhe" erarbeitet wurden. Die in diesem Sinne zur Bestimmung der Lohnhöhe aufgestellten sozialethischen Postulate einer „naturrechtlichen" Sozialgerechtigkeit oder allgemeinen Billigkeit mußten sogar weitgehend leerlaufen, da sich hieraus keine Rechnungsgrößen ableiten ließen, diese Prämisse auch weder weiter nachweisbar noch konkret quantifizierbar waren, aus ihnen allenfalls gewisse Grenzwerte zur Bestimmung des zum menschlichen Leben notwendigen Existenzminimums abgeleitet werden konnten.

Zwar hat „Mater et Magistra" bei der Bestimmung der Lohnhöhe diesen sozialethischen Bestimmungsgründen ausdrücklich die Forderung nach Berücksichtigung der „produktiven Leistung" vorangestellt, doch zeigt gerade diese Enzyklika, daß aufgrund der wirtschaftlichen Entwicklung in den westlichen Industriestaaten seit Mitte dieses Jahrhunderts die so gestellte Lohnfrage insgesamt an Aktualität verloren hat, so daß aus dem Moment der produktiven Leistung auch keine weiteren Schlüsse im Hinblick auf die Bestimmung des „gerechten" Lohnes oder eines „gerechten" Verhältnisses von „Arbeit" und „Kapital" gezogen werden. Vielmehr findet seither die Eigentumsfrage, d. h. die Forderung nach Vermögens-/Eigentumsbildung in Arbeitnehmerhand eine weitgehende Loslösung von der Lohnfrage und einen neuen Standort im Rahmen einer gesamtvolkswirtschaftlichen Vermögens-Verteilungssicht. Diese Sicht, bei der die Forderung nach Vermögensbildung überwiegend nicht mehr als Mittel zur Einkommensverbesserung dient, diese vielmehr allein aus der „sozialwidrigen" oder „gemeinwohlwidrigen" Konzentration des (vornehmlich nach dem Kriege wieder gebildeten) Vermögens eine Ableitung erfährt, bestimmt — wie oben bereits ausgeführt — heute überwiegend die neuere Diskussion, wovon wesentlich auch die bisherigen Lösungsvorschläge beeinflußt sind.

Zur Begründung der Forderung nach einer derartigen Um- oder Neuverteilung von Vermögen (Eigentum) an sich, die auch jetzt wieder ihren Ausgangspunkt von der katholischen Soziallehre nimmt, wird heute vorwiegend auf die „Sozialgerechtigkeit" des „Habens" von Vermögen (Eigentum) abgestellt, d. h. die sozialethischen Postulate der Gemeinwohlgerechtigkeit oder des Gemeingebrauchs der Güter haben als Verteilungsmaßstab die Postulate der Gerechtigkeit und Billigkeit als Maßstab für eine über den Lohn erfolgende Vermögenszuteilung abgelöst. Auch im Rahmen dieser Verteilungssicht ist es jedoch bislang nicht gelungen, aus dem Moment des Gemeinwohls oder dem Gemeingebrauchsprinzip konkrete Rückschlüsse auf ein bestimmtes Verteilungssystem oder eine bestimmte Verteilungshöhe abzuleiten, ebensowenig, wie dies die vorgenannten Sozialprämisse im Hinblick auf die Lohnfrage vermochten.

Diese Festschreibung der heutigen Diskussion um eine Vermögensbildung in Arbeitnehmerhand auf der allgemeinen Verteilungsebene hat dazu geführt, daß die derzeit noch in allen Bevölkerungskreisen — wenn auch mit unterschiedlichem Engagement und Gewichtung — geführte Diskussion letztlich keine nennenswerten Fortschritte nehmen konnte und die zur Lösung vorgeschlagenen weiterreichenden Pläne nicht über das Planungsstadium hinausgelangt sind. Das bestehende Begründungsdefizit, das daraus resultiert, daß die Abhängigkeit zwischen der Vermögensbildungs- und der Lohnproblematik heute nicht mehr gesehen wird, somit auch die Ursachen der heute noch gültigen Zuteilungsmechanismen im Einkommensbereich nicht hinterfragt werden, muß als wesentlicher Grund hierfür angeführt werden.

Zwar haben im arbeitsrechtlichen Bereich die nicht zu bestreitenden Erfolge der gewerkschaftlichen Lohnpolitk bisher dazu geführt, daß jedem Arbeitnehmer ein ausreichendes Einkommen gewährleistet erscheint, das ihn zum Teil sogar schon zum freiwilligen Sparen („Investieren") befähigt, jedoch konnte diese Entwicklung noch nichts dazu beitragen, daß sich am Prinzip der ehemals so beklagten „rein marktmäßigen", d. h. von Angebot und Nachfrage abhängenden Bestimmung der Lohnhöhe etwas geändert hat. Insgesamt besteht damit auch die system-grundsätzliche Isolierung der Arbeitnehmer vom Produktivkapital der Wirtschaft und dessen Zuwachs weiter fort, da die in der historischen Entwicklung der Arbeits- und Unternehmens-(Eigentums-) Ordnung wurzelnden Zwangsläufigkeiten und Regelmechanismen bis heute unangetastet blieben. So findet die Lohnbestimmung weiter unabhängig von der Produktivität des einzelnen Unternehmens, in dem die Arbeitskraft zum Einsatz kommt, statt, so daß die Erträge aus der Bewirtschaftung der Unternehmung weiterhin allein den jeweiligen Kapitaleigentümern zufließen und die hergebrachten Vermögenszuwachsmechanismen weiter zur Anwendung kommen können[96]. Da in diesem System jede tarifliche Lohnerhöhung durch Regelautomatismen („Lohn-Preis-Spirale“) begrenzt bleibt, die es erlauben das Lohn-/Gewinngefälle auf einem konstanten Niveau zu halten, wird das gewerkschaftliche System des regionalen Lohnpokers auch zukünftig nicht dazu beitragen dem Arbeitnehmer den „gerechten“ Lohn in einem „gerechten“ Verhältnis zwischen „Kapital und Arbeit“ zukommen zu lassen, womit auch der status quo der bestehenden Vermögensver- und -zuteilung nachhaltig gewährleistet bleibt. Soll dies eine begründete Änderung erfahren, so muß bei den Ursachen des Konzentrationsprozesses angeknüpft werden.

Während die bisherigen Sozialreformen im arbeitsrechtlichen Bereich, das gesteigerte Arbeitsschutzrecht, der Ausbau des Sozialversicherungswesens, aber auch die verbesserten Bildungschancen und nicht zuletzt die gewerkschaftliche Lohnpolitik die „Proletarität der Arbeiterschaft“ weit überwunden haben, auf Betriebs- und Unternehmensebene durch das Betriebsverfassungsrecht und das wirtschaftliche Mitbestimmungsrecht auch erste Ansätze für ein sogenanntes „partnerschaftliches“ Verhältnis von „Arbeit und Kapital“ gesehen werden können, so bleibt dennoch bestehen, daß das Unternehmen bisher nicht — zumindest nicht im Innenbereich, d. h. im Innenverhältnis der mitwirkenden Personen — als „gemeinsame Wertschöpfungsveranstaltung“[97] anerkannt ist. Denn unter Berufung auf den absoluten Bestandsschutz der geltenden Eigentumsordnung wird die „Selbstverständlichkeit“ der vermögensrechtlichen Zuordnung des Unternehmens, d. h. nicht nur der Produktionsmittel, sondern auch der hergestellten Produkte und des Unternehmensertrages, allein an die Kapitaleignerseite nicht weiter hinterfragt. Auch die derzeitige Vermögensbildungsdebatte knüpft

---

[96] Zwar sichert dieses System dem AN in kurzfristigen Kriesenzeiten eine konstante Lohnhöhe, in Zeiten längerfristiger Stagnation erfolgt jedoch auch hier eine „negative“ Reaktion durch das Mittel der Wegrationalisierung von Arbeitsplätzen oder dem der Gesundschrumpfung, für den die Betroffenen in guten Zeiten keine Vorsorge treffen konnten.

[97] Allgemein zum Unternehmen als „Wertschöpfungsveranstaltung“ vgl. *O. Kunze*, Unternehmensverband und Unternehmensrecht, S. 203.

nicht bei den Ursachen an, auf denen die konträre Vermögensgewichtung beruht, sondern nimmt diese Ursachen als vorgegeben hin und versucht nur die erkannten Bestandsungleichheiten über das Postulat der Verteilungsgerechtigkeit auszugleichen. Die heute vielfach zum Grundsatz erhobene These O. v. Nell-Breunings lautet daher auch, daß die ganze Angelegenheit der „ungleichen und ungerechten Eigentumsverteilung" nicht mikro-ökonomisch, sondern makro-ökonomisch gesehen und gelöst werden müsse. Das Zentralproblem sei nämlich der gerechte Anteil der verschiedenen Bevölkerungskreise am „Sozialprodukt im Ganzen" und nicht die Verteilung des Erfolges der einzelnen Unternehmung. Eine „gerechte" Aufteilung des Unternehmenserfolges (Unternehmensertrages) könne es nicht geben, da objektiv nicht feststellbar sei, welcher Produktionsfaktor mit welchem Anteil am Zustandekommen des Produktionsergebnisses beteiligt sei[98].

Da diese Überlegungen bislang jedoch nicht dazu geführt haben, dem Vermögensbildungsgedanken einen derartigen Legitimationsgrad zuzuweisen, daß er über den Bereich eines diskutablen gesellschaftspolitischen Dauerbrenners auch zu konkreten rechtspolitischen Lösungen, die über eine staatliche Sparsubventionierung hinausgreifen, führen konnte, soll im Folgenden die Idee der Vermögensbildung wieder auf ihr Grundanliegen der Verwirklichung „gerechter" Lohnformen in einem „gerechten" Gemeinschaftsverhältnis von „Arbeit und Kapital" zurückgeführt werden. Zugleich soll hierfür nicht nur eine tragfähige Begründung gegeben, sondern dieser Gedanke auch für eine rechtspolitische Lösung nutzbar gemacht werden.

---

[98] *O. v. Nell-Breuning*, Wirtschaft und Gesellschaft heute, Bd. 1, S. 419; *ders.*, Aktuelle Fragen der Gesellschaftspolitik, S. 78 f.

TEIL III

Eigentum und gerechter Lohn
Die Ermittlung des „gerechten" Lohnes in einer freiheitlich-demokratischen Gesellschaftsordnung

1. Abschnitt

Systembedingte Ursache der Nichtgewährung des „gerechten" Lohnes—Nichtbeachtung des Grundsatzes: „Arbeit führt zu Eigentum"

„Daß" dem Arbeitnehmer bis heute ein „gerechter" Lohn nicht zukommt, läßt sich ohne Eingehen auf konkrete Rechnungsgrößen bereits aus der Weitergeltung des Abfindungslohnsystems begründen, in dem das Unternehmen nicht als „gemeinsame" Wertschöpfungsveranstaltung und als interne Rechnungseinheit anerkannt wird. Denn wie bereits festgestellt, erhält der Arbeitnehmer in aller Regel nur den bei Vertragsschluß entsprechend den Marktgegebenheiten vom Arbeitgeber allein oder über etwaige Tarifabsprachen mit dem Sozialpartner festgesetzten Lohn — als feststehender Preis für seine Ware Arbeitskraft, ohne daß diese Ware selbst, als Leistungseinsatz, eine erfolgsbedingte oder -abhängige Wertung erhält, wie es für den Kapitaleinsatz gilt. Eine Wertung der Vergütung danach, welchen Wert das gemeinsame Unternehmen der Produkterstellung, d. h. die Kombination des Einsatzes der Produktionsmittel und der menschlichen Arbeitskraft, im Einzelfall aus einer erfolgreichen Marktteilnahme erzielt, findet nicht statt. Auf die Höhe der Arbeitsvergütung bleibt damit ohne Einfluß, daß das im Unternehmen durch kombinatorischen Leistungseinsatz erstellte Produkt am Markt einen bestimmten Tauschwert erbringt, dessen reale Größe nicht bloß dem kalkulatorischen Leistungsbeitrag der Produktionsfaktoren im Sinne einer Betriebskostenrechnung entspricht, sondern seinerseits wieder durch die Marktgesetze von Angebot und Nachfrage, gegebenenfalls noch gesteuert über die Marktmächtigkeit des Unternehmens und die Werbung, eine eigenständige Größenbestimmung erfährt. Die durch den Gesamtvorgang „Unternehmen am Markt" erzielte Wertschöpfung durch das Produkt bleibt im derzeitigen System ohne direkten Einfluß auf die im voraus kontraktbestimmte Lohnvergütung, die allenfalls eine Anhebung infolge eines gesamtvolkswirtschaftlich gestiegenen Brutto-Sozialprouktes oder zum Ausgleich einer Geldentwertung erfährt, die ihrerseits zum Teil durch das geltende System mitbedingt ist (sog. „Lohn-Preis-Spirale“).

Zwar wird heute das Unternehmen zumindest nach außen hin als gemeinsame Wertschöpfungsveranstaltung aller mitwirkenden Kräfte anerkannt[1], dies gilt jedoch nicht für das Innenverhältnis. Denn die am Markt erzielbaren Gewinne erfahren gerade keine interne Wertaufteilung etwa nach einem vorher vereinbarten Verteilungsschlüssel, in denen sich die nicht nur innere, sondern auch äußere Werthaftigkeit der einzelnen Produktionsfaktoren (Arbeit, Kapital und Management) unter Berücksichtigung eines gemeinsam getragenen Unternehmensinteresses ausdrücken könnten. Ob eine derartige „Quantifizierung“ unvollziehbar ist, sie gegen irgendwelche „Denkgesetze“ verstößt oder zur sozialistischen These des „Rechts auf den vollen Arbeitsertrag“ führen muß, oder ob nicht zumindest eine Regelung denkbar ist, in der das Verhältnis der Produktionsfaktoren untereinander eine möglichst gerechte Wertanteilbestimmung erhält, wird hier noch zu untersuchen sein[2]. Geht man zunächst von dem Datum einer systembedingten Nichtgewährung des „gerechten“ Lohnes auch in der geltenden Arbeitsrechts- und Wirtschafts-(Unternehmens-)Ordnung aus, so ist vorweg nach den Ursachen zu fragen, die bislang grundsätzlich verhindern, daß der Arbeitnehmer einen „gerechten“ Lohn für seinen Arbeitseinsatz, dessen Ziel und Folge die Produkterstellung ist, erhält.

Diese Ursache ist, auf einen kurzen Nenner gebracht, nicht allein in der historisch bedingten „Trennung des Produzenten von den Produktionsmitteln“, sondern in der weiteren Bedingtheit zu sehen, daß aus der daraus resultierenden Vormachtstellung des Kapitals das vom Arbeitnehmer durch seinen persönlichen Arbeitseinsatz — wenn auch mittels (fremder) technischer Hilfsmittel — hergestellte und damit neu ins Leben tretende Produkt eigentumsmäßig eine Zuordnung allein an den Arbeitgeber (Unternehmer) erfährt, in deren Folge dann die gesamten weiteren Regelungs- und Zuordnungsmechanismen auf Unternehmensebene zur Anwendung kommen. Diese führen dazu, daß dem Arbeitnehmer nicht nur der „gerechte“ Lohn vorenthalten wird, sondern er in diesem System auch zukünftig vom Eigentum (Eigentumszuwachs) an Produktionsmitteln ausgeschlossen bleibt. Dieses kann sich vielmehr in den Händen der bisherigen Kapitaleigner akkumulieren, wobei heute die Forderung nach einer Vermögensbildung in Arbeitnehmerhand nur am letzten Tatbestand anknüpft, ohne daß die systembedingten Ursachen einer ungleichen Vermögensverteilung in Frage gestellt werden.

---

[1] *O. Kunze*, S. 203; *K. Ballerstedt*, Was ist Unternehmensrecht?, S. 23.

[2] Vgl. unten Teil IV, 1. Abschnitt, III.

Die im Rahmen der geltenden Rechtsordnung im Konflikt zwischen Arbeitsrecht und Unternehmensrecht als „Selbstverständlichkeit“ in einer arbeitsteiligen Produktionsweise erkannte und daher nicht weiter begründete Eigentumszuordnung des neu hergestellten Produkts allein an den Arbeitgeber ist neuerdings erstmals rechtspolitisch wie rechtsdogmatisch in Frage gestellt worden. F. Fabricius hat in diesem Sinne im Rahmen der in den letzten Jahren besonders aktuellen Frage der Einführung einer paritätischen Mitbestimmung der Arbeitnehmer im arbeitgebenden Unternehmen entscheidend auf die Anerkennung des Grundrechts „Arbeit führt zu Eigentum des Arbeiters am Produkt seiner Arbeit“ als „marktwirtschaftlich legitimierten Ansatzpunkt“ für die Lösung der Forderung nach paritätischer Mitbestimmung der Arbeitnehmer in der Wirtschaft und damit letztlich auch für eine Vermögensbildung in Arbeitnehmerhand abgestellt. In seinem rechtstheoretischen Problemaufriß „Marktwirtschaft und Mitbestimmung“ wird aufgezeigt, daß in unserer, auf den Prinzipien des Naturrechts der Aufklärung basierenden, induvidualistischen, auf Freiheit, Gleichheit und Demokratie ausgerichteten Gesellschaftsordnung der ebenfalls dem Naturrecht zuzurechende Grundsatz „Arbeit führt zu Eigentum des Arbeiters am Produkt seiner Arbeit“ als „elementares Menschenrecht“ und auch einer marktwirtschaftlichen Wirtschaftsweise „systemimmanentes Grundrecht“ anzuerkennen ist. Damit wird den neuzeitlichen gesellschaftspolitischen Forderungen über den Rahmen von Scheinlösungen hinaus erstmals eine tragfähige Rechtsgrundlage gegeben. Zwar dient die genannte Untersuchung in erster Linie dazu, im Rahmen der Diskussion um eine „paritätische“ Mitbestimmung der Arbeitnehmer eine rechtstheoretisch abgesicherte Grundlage für deren Einführung zu geben, doch wird hierin selbst betont, daß wegen des notwendigen Zusammenhangs der beiden Themenbereiche und für eine Lösung des „Problems der Arbeitnehmerbeteiligung aus einem Guß“ in dem entwickelten Ausgangspunkt auch der Ansatz zur Lösung der Frage der Vermögensbildung liegt[3].

2. Abschnitt

Ableitung und Anerkennung des naturrechtlichen Grundsatzes „Arbeit führt zu Eigentum ...“ Dargestellt anhand der Untersuchungen von Fritz Fabricius

Ausgehend von den naturrechtlichen Grundideen der Freiheit und Gleichheit und der Menschenwürde als obersten Grundprinzipien für

[3] *F. Fabricius*, Marktwirtschaft und Mitbestimmung, Rz. 439 ff., 442.

eine individualistische, freiheitlich-demokratische Gesellschafts- und Wirtschaftsordnung, wie sie über das Naturrechtsdenken der Aufklärung Eingang in unser neuzeitliches rechtspolitisches Verständnis und als „angeborene" Menschenrechte selbstverständliche Aufnahme in das Grundgesetz für die Bundesrepublik Deutschland gefunden haben[4], zeigt Fabricius auf, daß diese „Eckpfeiler demokratischen Denkens", die auch als wesentliche Grundpfeiler einer Marktwirtschaft erkannt werden, notwendig den Grundsatz mit umfassen, daß die Arbeit zu Eigentum des Arbeiters am Produkt seiner Arbeit führt. Für den Bereich der arbeitsteiligen, kollektivistischen Produktion erfährt dann dieser Grundsatz lediglich eine das Grundprinzip unangetastet lassende Angleichung.

Daß dieses „unabänderliche Naturrecht" im neuzeitlichen Rechtsdenken nicht nur nicht anerkannt, sondern ohne Begründung aus dem Bewußtsein verdrängt und nicht in die Wirklichkeit umgesetzt worden ist, wird als „zentraler Angelpunkt" für den Fehlschlag der Verwirklichung voller sozialer Gerechtigkeit bezeichnet und als Grund dafür angeführt, daß der marktwirtschaftliche Industrialismus sein eigentliches Ziel, das Recht der Freiheit und Gleichheit und damit soziale Gerechtigkeit zu verwirklichen, nicht erreicht hat[5].

I. Freiheit und Gleichheit als Eckpfeiler des Naturrechtsdenkens der Aufklärung und als systemimmanentes Grundprinzip der freien Marktwirtschaft

1. Das Vernunftrecht Immanuel Kants als Ausgangspunkt für die Anerkennung einer unlösbaren Verknüpfung von Freiheit und Gleichheit

a) Naturrecht und Vernunftrecht

Nach den metaphysischen Denkansätzen des Naturrechts der Antike, die an den Gedanken eines „ewigen" Naturgesetzes, einer „Lex eterna", als von der Schöpfung vorgegebene Ordnung anknüpfen, in der dem Menschen als Seienden der Sinn einer Existenz und Richtung seines Wirkens gewiesen wird[6], stellt das Naturrechtsdenken der Aufklärung, von seinem physischen Denkansatz her, den einzelnen Menschen in den Mittelpunkt seiner Betrachtung und versucht, aus „seiner Natur" die

---

[4] Vgl. zum folgenden auch *F. Fabricius*, Mitbestimmung in der Wirtschaft, passim; *ders.*, Naturrecht und Mitbestimmung, passim; *ders.*, Rechtstheoretische Grundfragen zum Problem Multinationaler Unternehmen, S. 113 ff.

[5] *F. Fabricius*, Marktwirtschaft und Mitbestimmung, Rz. 355 ff.

[6] *Ders.*, Rz. 113; zum christlichen Naturrecht vgl. ausführlich unten 3. Abschnitt.

wesenhafte Ordnung zu bestimmen. Es wird dabei an den „Naturzustand oder Naturstand“ als Ursprung und an die individuelle Vernunft als Erkenntnisquelle des Rechts angeknüpft, um damit — in Übernahme der Grundgedanken der Sophisten aus dem antiken Naturrecht — das Recht der Freiheit und Gleichheit sowie das allgemeine Menschenrecht zu begründen.

Gegenüber diesem rein physischen Denkansatz stellt sich für Kant, den „Erneurer aller modernen Wissenschaft“, aufgrund seiner Philosophie des Vernunftrechts das durch das Erkenntnisvermögen der reinen Vernunft a priori gewonnene Sittengesetz, das selbst durch das Prinzip der Freiheit und Gleichheit konkretisiert wird, als oberste Maxime für das menschliche Handeln dar[7]. Wie Fabricius besonders hervorhebt, werden hierbei also Freiheit *und* Gleichheit zum einzig angeborenen und ursprünglichen Recht des Menschen erklärt.

b) Die unlösbare Verknüpfung von Freiheit und Gleichheit

Das Sittengesetz als Beurteilungsgrundlage seines Handelns kann nur kennen, d. h. erkennen, wer frei ist und praktische Vernunft hat. Freiheit „als Unabhängigkeit von eines anderen nötigender Willkür“ ist nach Kant „das einzig ursprüngliche, jedem Menschen kraft seiner Menschheit zustehende Recht“. Diese Unabhängigkeit besteht jedoch nur insoweit, als sie „mit jedes anderen Freiheit nach einem allgemeinen Gesetz zusammen bestehen kann“[8]. In dieser Formulierung liegt die Abhängigkeit der Freiheit des einzelnen von der Gleichheit aller begründet[9]. Nur unter dieser Voraussetzung einer unlösbaren Verknüpfung von Freiheit und Gleichheit kann dann auch das Recht der Inbegriff aller Bedingungen sein, „unter denen die Willkür des einen mit der Willkür des anderen nach einem allgemeinen Gesetz der Freiheit zusammen vereinigt werden kann“[10]. Da sich die Gleichheit auf der gegenseitig gewährleisteten Freiheit gründet, so muß sie mit ihr zusammen die notwendige Einheit eines „angeborenen Rechts“ jedes Menschen bilden. Nach Fabricius muß Kants Bedeutung vor allem darin gesehen werden, daß er „seine Vorstellungen von der Gerechtigkeit, die ihre Wurzeln in der idealen Vernünftigkeit und dem kategorischen Imperativ hat, durch die Vorstellung vom angeborenen Recht von Freiheit *und* Gleichheit konkretisiert hat[11].

---

[7] Ausführlich *F. Fabricius*, Rz. 124 - 132.

[8] s. Rz. 133 f. mit Verweis auf Kant, Metaphysik der Sitten; vgl. dazu auch *H. Ahrens*, Bd. 1 S. 143.

[9] *F. Fabricius*, Rz. 250.

[10] *I. Kant*, Metaphysik der Sitten, S. 34 f.

[11] Marktwirtschaft und Mitbestimmung, Rz. 145.

2. Freiheit und Gleichheit und die Idee der Marktwirtschaft

Es ist in der vorliegenden Arbeit bereits festgestellt worden, daß das liberale Freihandelsmodell wesentlich auf der Idee der Freiheit beruht. Die Untersuchung von Fabricius zeigt auf, daß dieses von der liberalen Idee her aber keine losgelöste Freiheit meint, sondern daß Naturrecht und Marktwirtschaft in „unlösbarem gedanklichen Zusammenhang" stehen[12] und daß auch der Gleichheitssatz im Mittelpunkt des Marktmodells steht. Denn auch nach Adam Smith ist „die Einführung einer vollkommenen Gerechtigkeit, einer vollkommenen Gleichheit" ... „das sehr einfache und leichte Mittel, deren sämtlichen dreyen Klassen den höchsten Grad ihrer Wohlfahrt aufs Zuverlässigste zu verschaffen und zu sichern"[13]. Der maßgebliche Grundsatz des „freien Vertrages", wie er für das Denken im liberalen Marktmodell bestimmend ist, stellt sich als wesentlicher Ausfluß dieses einheitlichen Gedankens von Freiheit und Gleichheit dar[14]. Wie bereits an anderer Stelle betont, beruht das Modell ja weiter auf der Vorstellung, daß sich Einzelpersonen und nicht etwa juristische Personen oder andere Machtgebilde am freien Markt gegenübertreten, dessen unmittelbar regelnde Hand die perfekte Konkurrenz darstellt.

Die herausgestellten Grundprinzipien der Freiheit und Gleichheit werden in der Untersuchung aber nicht nur als Eckpfeiler einer individualistischen und freiheitlichen Gesellschaft sowie der Marktwirtschaft als Wirtschaftsmodell erkannt, sondern sie werden in Verbindung mit den allgemeinen Menschenrechten zu Recht auch zu den immanenten Grundlagen einer Demokratie gezählt[15]. Nachdem in Übereinstimmung mit Fabricius bis hierin nicht bezweifelt werden kann, daß die genannten Grundprinzipien für das menschliche Zusammenleben auch für unsere heutige Rechts- und Wirtschaftsordnung bestimmend sind, so muß die Frage beantwortet werden, wie es dann zu den oben herausgestellten sozialen Ungleichheiten — nicht nur in faktischer, sondern auch in rechtlicher Hinsicht — kommen konnte.

II. Das Grundrecht „Arbeit führt zu Eigentum" und seine Nichtanerkennung im Lohnarbeitsverhältnis

1. Die Arbeit als originärer Eigentumserwerbsgrund

Die Untersuchung von Fabricius zeigt auf, daß im Naturrecht der Aufklärung, welche die Grundlage für unser heutiges Demokratiever-

[12] Ebenda Rz. 351.

[13] *A. Smith*, Bd. 2, S. 338.

[14] Vgl. *F. Fabricius*, Rz. 106.

[15] Vgl. *F. Fabricius*, Rz. 251 ff.

ständnis bildet, der Grundsatz, daß die Arbeit zu Eigentum des Arbeiters führt, allgemein anerkannt war und aus dem obersten Grundprinzip des angeborenen Rechts der Freiheit und Gleichheit abgeleitet wurde. Unter Berufung auf John Locke, einem „Kronzeugen der bürgerlichen Freiheitsbewegung"[16], der sich ausdrücklich mit diesem Grundrecht befaßt, wird angeführt, daß die, besonders auch von Kant hervorgehobene, aus dem Prinzip der Freiheit und Gleichheit resultierende Verpflichtung der Menschen zur individuellen Selbsterhaltung primär dadurch verwirklicht wird, daß sie sich ihr Leben durch Arbeit erhalten. Das daraus ableitbare Grundrecht, daß die Arbeit notwendig originärer und rechtsmäßiger Eigentumserwerbsgrund ist, ergibt sich für Locke vornehmlich daraus, daß nach ihm jeder Mensch ein Eigentum an seiner eigenen Person und damit auch an seiner Hände Arbeit hat[17]. Locke präzisiert dies wie folgt:

„Obwohl die Erde und alle niederen Lebewesen allen Menschen gemeinsam gehören, so hat doch jeder Mensch ein Eigentum an seiner eigenen Person. Auf diese hat niemand ein Recht als nur er allein. Die Arbeit seines Körpers und das Werk seiner Hände sind, so können wir sagen, im eigentlichen Sinne sein Eigentum. Was immer er also dem Zustand entrückt, den die Natur vorgesehen und in dem sie es belassen hat, hat er mit seiner Arbeit gemischt und ihm etwas eigenes hinzugefügt. Er hat es somit zu seinem Eigentum gemacht. Da er es dem gemeinsamen Zustand, in den es die Natur gesetzt hat, entzogen hat, ist ihm durch seine Arbeit etwas hinzugefügt worden, was das gemeinsame Recht der anderen Menschen ausschließt. Denn da diese Arbeit das unbestreitbare Eigentum des Arbeiters ist, kann niemand außer ihm ein Recht auf etwas haben, was einmal mit seiner Arbeit verbunden ist. Zumindest nicht dort, wo genug und ebenso gutes den anderen gemeinsam verbleibt[18]."

Diese Aussage ist, wie Fabricius nachweist, bei Locke auch nicht bloß eine Folgerung aufgrund der faktischen ökonomischen Situation[19], sondern Resultat der Anerkennung der Persönlichkeit des Menschen, in dessen Wesen das Eigentum tief verwurzelt ist[20].

In der Philosophie Kants, die vom Denkansatz des einzigen angeborenen Rechts der Freiheit und Gleichheit ausgeht, ist nach Fabricius der Gedanke Lockes eine notwendige Folge, auch wenn Kant sich nicht ausdrücklich mit diesem Grundrecht befaßt[21]. Im Naturrecht der

---

[16] *Ders.*, Rz. 208; vgl. auch Rz. 135, 136.

[17] Die Betonung des ausschließlichen und persönlichen Rechts des Menschen auf seine Arbeit ist nach *Mcpherson* (S. 229), das eigentlich individualistische bei Locke.

[18] *J. Locke*, S. 218.

[19] So aber *H. Ahrens*, Bd. 2, S. 138.

[20] *F. Fabricius*, Rz. 214. Es ist auch nicht richtig, wenn Kelsen Locke vorwirft, er reihe Freiheit und Leben dem Eigentum nach — vgl. dazu *E. Streißler*, S. 90 f.

[21] *F. Fabricius*, Rz. 135, 136 und 356.

Aufklärung hat das genannte Grundrecht im übrigen ganz allgemeine Anerkennung gefunden[22], wie unter Berufung auf Leist und die Nationalökonomen Accolas und Bastiat sowie das ältere Schrifttum zum Naturrecht gezeigt wird.

2. Geltung für das Marktmodell

Eine wesentliche Feststellung im Rahmen der Untersuchung ist sodann, daß das Grundrecht „Arbeit führt zu Eigentum des Arbeiters am Produkt seiner Arbeit" auch systemimmanenter Bestandteil des freien Marktmodells ist. Unter Berufung auf A. Smith, nach dem das Eigentumsrecht, das jeder Mensch an seiner eigenen Arbeit hat, das „heiligste und unverletzlichste unter allen Rechten" ist, und nach dem „das Produkt der Arbeit die natürliche Belohnung für dieselbe" bildet[23], wird gezeigt, daß die Berücksichtigung der Gleichheit neben der Freiheit im Modell der freien Marktwirtschaft konkrete Gestalt in der Anerkennung des genannten Grundrechts fand. Nach Fabricius kann daher nicht angezweifelt werden, daß das Grundrecht „Arbeit führt zu Eigentum ..." allgemein im Rahmen einer freiheitlich-demokratischen, marktwirtschaftlich orientierten Gesellschaftsordnung anzuerkennen ist[24].

Die positiv-rechtliche Nichtanerkennung dieses Grundsatzes muß dann als „zentraler Angelpunkt" für den Fehlschlag der Verwirklichung voller sozialer Gerechtigkeit erscheinen[25]. Denn die positive bürgerliche Rechtsordnung des BGB von 1900, die auf dem „Interessenwiderstreit zwischen liberal-unitarischen und konservativ-föderalistischen Kräften entstanden ist und die „mit dem Hauptfehler römisch-rechtlicher Definitionen", nämlich der fehlenden Angabe des Zweckes des Eigentums, behaftet ist, hat dieses Grundrecht nicht in ihren Regelungsbereich aufgenommen. Sie hat sich vielmehr bezüglich der Regelung des Arbeitsverhältnisses weitgehend an der römisch-rechtlichen Sachmiete orientiert (als Ergebnis der Gewährung nur formaler Freiheit zu Beginn des 19. Jahrhunderts)[26].

Doch enthält nach Fabricius das Grundgesetz, das in Art. 20, 28 die Einführung eines republikanischen, freiheitlichen, demokratischen und sozialen Rechtsstaates vorsieht und in Art. 1, 2 und 3 GG die allgemeine Menschenwürde und die Freiheit und Gleichheit der Person gewähr-

---

[22] *Ders.*, Rz. 208 ff. und 356 mit Verweisung auf *Leist*, Über die Natur des Eigentums; *Bastiat*, Petits Pamphlets I; *Acollas*, Manuel de Droit civil.

[23] *A. Smith*, Bd. 1, S. 158 und S. 96.

[24] *F. Fabricius*, Rz. 359.

[25] *Ders.*, Rz. 355 ff., 375.

[26] Zum Ganzen vgl. F. Fabricius, Rz. 157 ff., 206 f., 300 - 306.

leistet, nicht nur eine hinreichende Grundlage, sondern auch eine rechtspolitische Verpflichtung für die Anerkennung des Grundsatzes „Arbeit führt zu Eigentum des Arbeiters am Produkt seiner Arbeit“[27].

III. Lösungsansatz nach Fabricius

Von dem erörterten Ausgangspunkt aus, auf den später noch zurückzukommen sein wird, stellt sich nach Fabricius die Lösung wie folgt dar: Da schon zum Zeitpunkt der Einführung des individualistischen Marktmodells sich die dieser Idee zugrunde liegenden individualistischen Strukturen einer vorwiegend landwirtschaftlichen und handwerklichen Arbeits- und Wirtschaftsweise änderten und sich die arbeitsteilige, industriell-kollektivistische Produktionsstruktur der Großbetriebe entwickelte, stellt sich für heute nicht nur die Forderung das Grundrecht „Arbeit führt zu Eigentum ...“ anzuerkennen, sondern es muß auch eine Anpassung dieses Prinzips an die modernen kollektivistischen Produktionsstrukturen vorgenommen werden:

„Arbeitsteilung und kollektivistische Produktionsweise sind in der industriellen Wirtschaft eine unabänderliche Voraussetzung, die zwar in gewissem Umfang gemildert, aber nicht abgeschafft werden kann. Diese tatsächlichen Vorgegebenheiten führen dazu, daß an den Produkten der Arbeit nicht Einzeleigentum der Arbeiter entsprechend dem Grundrecht ‚Arbeit führt zu Eigentum des Arbeiters am Produkt seiner Arbeit‘ begründet werden kann. Die der Sachlage entsprechende Rechtsform bildet daher ein Gesamthandseigentum aller Arbeiter an dem von ihnen kollektiv erzeugten Produkt. Im Prinzip haben daher alle Arbeiter auf der Ebene der Gleichberechtigung zusammen über dieses Produkt zu verfügen und über seine Verwertung mit zu bestimmen[28].“

Im Rahmen der Lösung des Problems der Arbeitnehmerbeteiligung „aus einem Guß“ hat nach Fabricius die Umsetzung in die industrielle Wirklichkeit, bei der institutionelle Änderungen und gesetzestechnische Anpassungen unvermeidbar sind, im Ergebnis eine Veränderung in den Unternehmensstrukturen durch ein neues Unternehmensrecht zur Folge, in dem nicht nur die Forderung nach Mitbestimmung im Unternehmen, sondern auch die nach Vermögensbildung der Arbeitnehmer durch Teilhabe am Investitionskapital der Gesellschaft Verwirklichung finden muß[29].

Während Fabricius sich im Rahmen seiner Untersuchungen vorwiegend mit den Naturrechtslehren der Aufklärung befaßt, sollen — anknüpfend an den dort gefundenen Lösungsansatz — nachfolgend für das hier behandelte Problem der Vermögensbildung in Arbeit-

---

[27] s. Rz. 378.
[28] s. Rz. 411.
[29] s. Rz. 441 - 444.

nehmerhand vor allem auch die für den zuletzt genannten Bereich so besonders wichtigen Aussagen der christlichen Soziallehre zum Verhältnis von „Arbeit“ und „Eigentum“ näher untersucht werden. Besonders die neuzeitlichen Aussagen der christlichen Gesellschaftslehre. die vielfach zum Wegbereiter der gesamten Vermögensbildungsdiskussion geworden sind, sollen dabei nicht nur auf ihren diesbezüglichen Inhalt hin näher analysiert, sondern vor allem auf ihre Übereinstimmung mit den Lehren des älteren christlichen Naturrechts überprüft werden. Vergleicht man nämlich die Aussagen des mitterlalterlich-christlichen Naturrechts mit denen der neueren lehramtlichen Verlautbarungen der Kirchen bzw. den Stellungnahmen der christlichen Soziallehre zur Frage der Vermögensbildung in Arbeitnehmerhand, so läßt sich aufzeigen, daß hierbei der auch das christliche Naturrecht des Mittelalters beherrschende Grundsatz „Arbeit führt zu Eigentum ...“ zunehmend aus dem Bewußtsein verdrängt, z. T. aber auch explizite als für eine kollektivistische Produktion untauglicher Satz deklariert wird, mit dem deshalb — so wird ausdrücklich formuliert — auch die Forderung nach Vermögensbildung nicht begründet werden könne.

3. Abschnitt

Das Verhältnis von Arbeit und Eigentum in der älteren christlichen Naturrechtslehre und der neueren christlichen Soziallehre

Wie schon bei den lehramtlichen Verlautbarungen in den päpstlichen Sozialenzykliken zur Frage des Eigentums und der Eigentumsbildung gezeigt, ist wesentlicher Inhalt der katholischen Eigentumslehre die Anerkennung des Privateigentums als Rechtsinstitution. Die Entscheidung für das Privateigentum als Prinzip der Güterordnung wird hierbei abgeleitet aus den Prinzipien der christlichen Naturrechtslehre, womit sie sich nach Klüber abheben soll „von mehr vordergründigen Eigentumsbegründungen aus „Freiheit“, „Menschenwürde“ und „Menschenrechten“, die dem säkularisierten, rationalistischen Naturrecht der Aufklärung des 18. Jahrhunderts entstammen, aber für sich, ohne Bezug zu einer transzendentalen Wertordnung, eines tragfähigen Fundamentes und der verpflichtenden, das Gewissen bindenden Kraft entbehren“[30].

Für die weitere Untersuchung, in der es weniger um die christlich-naturrechtliche Ortsbestimmung des Eigentums im Sinne der Werthaf-

[30] *F. Klüber*, Eigentumstheorie und Eigentumspolitik, S. 70.

tigkeit des Privateigentums als Rechtsinstitut[31] als vielmehr um die christlich-naturrechtliche Ableitung des Eigentums aus der Arbeit des Menschen geht, beschränke ich mich auch hier auf die Aussagen der katholischen Soziallehre zu diesem Bereich[32], zumal hierbei unmittelbar an die Aussagen der päpstlichen Sozialenzykliken angeknüpft werden kann, die oben schon unter dem Gesichtspunkt der Propagierung einer Eigentumsbildung in Arbeitnehmerhand erläutert worden sind[33].

I. Die christliche Eigentumslehre — Das Verhältnis von Arbeit und Eigentum im christlichen Naturrechtsdenken

1. Das Privateigentum im Lichte der Sozialenzyklika „Rerum novarum"

Noch Papst Leo XIII. greift in seiner Arbeiterenzyklika „Rerum novarum" (1891) zur Begründung des Privateigentums („Sondereigentum") auf die naturrechtliche Abhängigkeit des Eigentums von der menschlichen Arbeit zurück, wie sie im christlichen Naturrecht und vor allem bei Thomas von Aquin besonderen Ausdruck und Anerkennung gefunden hat. Für Leo XIII. ist das Recht auf Sondereigentum „ein dem Menschen von Natur aus zustehendes Recht" ... „und weil nun der Mensch unter allen animalischen Lebewesen allein ein Geistwesen ist, so kommt ihm zu, daß er die Erdengüter nicht nur wie die anderen Lebewesen gebrauchen, sondern sie auch zu unverrückbarem und dauerndem Eigen haben darf; dies gilt nicht nur von den Dingen des unmittelbaren Verbrauchs, sondern auch von den dauerhaften Gebrauchsgütern"[34].

Die weitere Entscheidung für das Privateigentum als spezieller Eigentumsform wird in der Sozialenzyklika „Quadragesimo anno" dann noch wie folgt begründet:

> „Sooft aber nun der Mensch seine geistige Anstrengung und seine Körperkraft auf die Beschaffung der Naturgüter verwendet, ordnet er dadurch den Teil der materiellen Welt, an dem er selbst sich bemüht, auf seine eigene Person hin; er legt gleichsam etwas persönliches hinein, so daß man mit vollem Recht sagen muß, dieser Teil sei von niemandem verletzbares Eigen" ... „Es ist vielmehr in der Ordnung, daß die Frucht der Arbeitsanstrengung denen gehört, die die Arbeit leisten, genauso wie Dinge, die hervorgebracht sind, der Ursache zuzuordnen sind, die sie hervorbrachte. Mit Recht hat also die Gesamtheit der Menschen" ... „mit tiefer Einsicht in die Menschnatur im Gesetz der Natur selbst die Grundlage der Güterteilung festgestellt, und durch die Praxis aller Zeiten dem Sonder-

[31] Besonders hierzu: *F. Klüber*, S. 70 und *Th. Mulder*, S. 134 f.

[32] Hier beschränke ich mich auf die neuere, maßgeblich von der scholastischen Lehre Thomas v. Aquins beeinflußte Naturrechtslehre.

[33] Vgl. oben Teil II, 1. Abschnitt, II und III.

[34] „Rerum novarum" nr. 5.

eigentum die höhere Anerkennung gegeben, und zwar mit Rücksicht auf die Natur und ein gesichertes und friedliches Zusammenleben der Menschen"[35].

Der Papst beruft sich für diese Aussage zum Eigentum ausdrücklich auf die Naturrechtsbegründung durch Thomas von Aquin, bei dem die Bearbeitung der irdischen Dinge als vornehmlichster Grund für das Entstehen von Eigentum überhaupt genannt wird.

2. Die Eigentumslehre nach Thomas von Aquin und ihre Auslegung in der neueren katholischen Soziallehre

Für Thomas von Aquin (1226 - 1274), dessen Philosophie eine Synthese von Aristotelismus und Augustinismus herstellt[36] und mit dem in der scholastischen Naturrechtslehre des Mittelalters ein einheitliches System der Naturrechtslehre erarbeitet wurde, in dem die Lex eterna und das positive Gesetz in ihrer eigenständigen Bedeutung, aber auch in ihrer notwendigen Beziehung aufeinander gesehen werden[37], ist im letzten Gott „Herr aller Dinge", so daß zunächst ihm allein absolutes Eigentum über die Güterwelt zukommt, die er dem Menschen zur gemeinsamen Nutzung („usus communis") gewährt[38]. Im Anschluß an Aristoteles lehrt Thomas weiter, daß der Mensch als Person, als vernunftbegabtes und geistiges, d. h. als Gott ebenbildliches Wesen, der vernunftlosen Schöpfung übergeordnet ist. Hieraus, und weil der Mensch zu seiner Selbstverwirklichung und zu seiner Vervollkommnung auf die äußeren Dinge der Natur angewiesen ist, leitet er ein gemeinsames „Benützungsrecht" (ius utendi, usus rerum) aller Menschen über die Sachgüterwelt ab. Aufgrund der Berücksichtigung der geschichtlichen Lage der menschlichen Natur und aus dem Umstand, daß die Natur nicht alle notwendigen Güter in fertigem Zustand feilbietet, der Mensch sie vielmehr durch seine Arbeit erschaffen muß, folgert Thomas, daß dem Menschen auch ein Eigentumsrecht („ius proprietatis"), d. h. ein Herrschafts- und Verfügungsrecht über die von ihm geschaffene Güterfülle, die selbst nur instrumentalen Wert hat, zukommt[39].

Während sich nach der thomistischen Lehre aus der „Personalität des Menschen" zunächst nur das Faktum, d. h. die Möglichkeit zur

---

[35] „Quadragesimo anno" nr. 7, 8.

[36] Vgl. *A. Auer,* Sp. 1221.

[37] Vgl. *A. Horvath,* S. 11.

[38] Hierin zeigt sich die nahe Verwandtschaft der Naturrechtslehre der Aufklärung, insbes. der Auffassung von J. Locke, der ebenfalls davon ausgeht, daß anfangs die Sachen zum Gebrauch allen gemein war — vgl. *J. Lokke,* 2. Buch, Kap. 5, § 25.

[39] Nach *Horvath* (S. 60) muß daher das „Bearbeitungsrecht bereits unter das ius utendi subsumiert, ja mit diesem identifiziert werden.

Güterherrschaft durch den Menschen ergibt[40], gründet sich seine Entscheidung für ein institutionelles Eigentumsrecht darauf, daß der Mensch durch die Bearbeitung der Dinge den gleichen Tatbestand verwirklicht, der auch Gottes Herrschaft über die Welt begründet — „die Schöpfung"[41]. Die menschliche Tätigkeit, die Arbeit, ist damit das Fundament, das dem Menschen über das gemeinsame Benützungsrecht hinaus auch ein Herrschaftsrecht an den Gütern gewährt. Horvath formuliert dies in seiner 1929 herausgegebenen Schrift: „Eigentumsrecht nach dem heiligen Thomas von Aquin" unter Berufung auf die „Summa theologica" sehr prägnant wie folgt:

„Dadurch, daß der Mensch seine Ideen verwirklicht, die äußeren Dinge nach ihnen formt, haucht er etwas von seiner Seele in sie hinein, teilt ihnen etwas aus seinem innersten Wesen, aus seinem Eigentum mit, stellt infolgedessen eine Verbindung her, die früher nicht existierte, kraft deren das bearbeitete Ding auf ihn als auf seine Ursache hinweist, gleichsam von ihm weitere Verfügung in der neu empfangenen Seinsweise erwartet. Die Bearbeitung äußerer Dinge bringt demgemäß ein ähnliches Verhältnis zustande, wie das Hervorbringen eines menschlichen Daseins durch die Zeugung. Die bearbeiteten Dinge werden daher mit ihrem Meister dauernd verbunden, sie sind ihm untergeordnet, stehen ihm zur Verfügung als ein Teil seines Ich's, als die Früchte seiner transienten Tätigkeit. Um also kein bloßer Benützer, sondern wirklicher Eigentümer der äußeren Dinge zu sein, muß das Ebenbild Gottes eine ähnliche Tätigkeit entfalten wie sein Urbild, der ewig wirkende Schöpfer — er muß sie mit eigener Kraft anfassen, sie bearbeiten und mit dem Kennzeichen seines Geistes besiegeln. Arbeit ist die Entwicklung, gleichsam die Vervielfältigung der eigenen Persönlichkeit, sie bringt einen Erwerb und Zuwachs zur physischen Ebenbildlichkeit Gottes, verbindet uns die äußeren Güter und gestaltet sie zu unserem Eigentum. Die Arbeit ist demnach das natürliche Mittel, um äußere Dinge mit uns zu verbinden, sie ist die naturrechtliche Quelle des Eigentums, ja sie ist sogar die einzige, gleichsam die Urquelle desselben, so daß andere Erwerbsquellen entweder aus ihr hervorspringen oder ihr durch menschliche Konventionen, durch das positive Recht, nachgebildet sind[42]."

Bei Thomas ist somit „die Arbeit" die „Wirkursache des Eigentumsrechts", doch führt — wie oben bereits dargestellt — nach ihm erst ein weiterer Schritt zur Anerkennung des Privateigentums als spezieller Ausübungsform: Von seinem Ausgangspunkt aus, der Unterscheidung zwischen „usus rerum" und „potestas procurandi et dispensandi", kommt Thomas durch Hinzuziehen weiterer, nach neuerer Terminologie nicht mehr der methapysischen, sondern der soziologischen Ebene angehörenden Umstände und Erwägungen zur Anerkennung des Privateigentums als wünschenswerter Eigentumsform. Dieses weitere Fundament ist der empirische Befund, daß nur die Privateigentumsform zur „Anspornung des Fleißes, größerer Sorgfalt im Umgang mit eige-

[40] Vgl. *F. Klüber*, S. 73.

[41] Vgl. *H. Horvath*, S. 108 unter Berufung auf die „Summa theologica".

[42] Ebenda S. 111.

nen Gütern, Wahrung von Friede und Ordnung unter den Menschen bei rechtlicher Abgrenzung der Gütersphäre und also Vermeidung der bei Gütergemeinschaft eintretenden Spannungen und Konflikten"[43] führt, ein Befund der auch heute von der christlichen Soziallehre wesentlich zur Begründung der Vermögensbildungsforderung herangezogen wird. Heute werden diese Argumente noch um die Gesichtspunkte der Sicherung der Zukunftsvorsorge und der Familie und des Schutzes der Freiheit gegenüber dem Staat ergänzt[44]. Aus diesen Gründen findet Thomas für die gefallene menschliche Natur das Sondereigentum mit sozialer Belastung letztlich mehr entsprechend, zählt dieses aber nicht mehr zum „reinen" Naturrecht, sondern zum „ius gentium", das in der Terminologie der katholischen Sozialphilosophie des 19. und 20. Jahrhunderts „sekundäres Naturrecht" genannt wird[45] und das den Zustand der gefallenen Natur voraussetzt.

Wie bereits gezeigt, wird innerhalb der katholischen Soziallehre die eigentumsbegründende Kraft der Arbeit jedoch nicht als subjektives Recht oder konkretes Regelungsinstrument anerkannt, so daß hieraus auch keine Größenbestimmung für den „gerechten" Lohn oder die „gerechte" Güterverteilung abgeleitet wird. Diese Forderungen werden vielmehr allein mit den sozialethischen Postulaten der Gerechtigkeit und Billigkeit bzw. im Rahmen der Verteilungssicht mit dem einzig absolut geltenden Naturrechtsprinzip des Gemeinwohls begründet.

Wie sich heute aus der umfassenden Darstellung bei Klüber ergibt, wird jetzt auch das von Horvath unter Berufung auf Thomas noch besonders hervorgehobene Bindeglied, daß die Arbeit des Menschen naturrechtliche Quelle der Privateigentumsform ist, weithin aus den Überlegungen für eine stärkere Eigentumsbildung verdrängt und daher auch nicht zur Lösung der Arbeiterfrage im Hinblick auf die neuzeitlichen Forderungen nach Mitbestimmung und Vermögensbildung herangezogen[46]. Lediglich in der Auseinandersetzung um die Eigentumslehre Léon de Sousberghes findet sich bei Klüber noch der Hinweis auf die eigentumsbegründende Kraft des „Rechts auf die Frucht der Arbeit"[47]. Im Hinblick auf das Zitat in „Rerum novarum" (nr. 8),

---

43 *F. Klüber*, S. 90 unter Berufung auf die Summa theologica II, II, 66, 2 c; vgl. auch *J. Höffner*, Christliche Gesellschaftslehre, S. 170 ff.

44 Vgl. oben Teil I, 3. Abschnitt.

45 *F. Klüber*, S. 90 ff.; vgl. auch *H. Horvath*, S. 135 f. Es ist hierbei zu beachten, daß „ius gentium" nicht in dem seit Franz Suarez und Hugo Grotius üblichen modernen Begriffssinne des „Völkerrechts" zu verstehen ist, sondern als eine neben dem „reinen Naturrecht" eigene Rechtsquelle — vgl. dazu *F. Klüber*, S. 92 ff., 130 und *J. Höffner*, Christliche Gesellschaftslehre, S. 169 f.

46 Vgl. *F. Klüber*, S. 224 ff. u. 285 ff.

47 *Ders.*, S. 143 f. unter Hinweis auf Taparelli.

wonach die Frucht der Arbeitsanstrengung denen gehört, die die Arbeit leisten, schreibt Klüber, daß sich diese These fest in die Fundamente der traditionellen katholischen Eigentumslehre einfüge. In dem gesamten Naturrechtsband von Messner findet sich dagegen kein einziger Hinweis mehr auf dieses Prinzip[48].

Für den Bereich der arbeitsteiligen industriellen Produktfertigung wird der naturrechtliche Grundsatz, daß die Arbeit zu Eigentum des Arbeiters am Produkt seiner Arbeit führt, innerhalb der neueren katholischen Soziallehre zum Teil auch ausdrücklich für unanwendbar erklärt, wie im folgenden dargestellt wird.

II. Ablehnung des Grundsatzes „Arbeit führt zu Eigentum" in der neueren Soziallehre

Ausgehend von der „einhelligen Überlieferung aller Zeiten", wonach sich ein ursprünglicher Eigentumserwerb nur durch Besitzergreifung herrenlosen Gutes und durch Bearbeitung vollziehe, wird schon in „Quadragesimo anno" ausgeführt, daß „natürlich nur diejenigen (sc. Arbeit), die der Mensch im eigenen Namen ausübt ...", „eigentumsschaffende Kraft" besitze. „Ganz anders die Arbeit, die gegen Entgelt in fremden Dienst gestellt an fremder Sache geleistet wird." Für diese Arbeit wird der naturgegebene Grundsatz der eigentumsschaffenden Kraft der Arbeit nicht anerkannt. Zwar sei es die „lauterste Wahrheit", daß aus der Arbeit der Werktätigen der Wohlstand der Völker stamme, aber daraus wird auch hier nur gefolgert, daß die beiden Produktionsfaktoren Arbeit und Kapital eine „Verbindung" eingehen sollten, und daß es den Tatsachen widerstreite, „dem Kapital oder der Arbeit die Alleinursächlichkeit an dem Ertrag ihres Zusammenwirkens zuzuschreiben", und einem allein das ganze Erträgnis zuzubilligen[49].

Heute sind es vor allem die Thesen O. v. Nell-Breunings, mit denen die Nichtanwendung des Grundsatzes „Arbeit führt zu Eigentum ..." im industriellen Bereich eine Begründung findet. In einem 1959 gehaltenen Referat „Der Lohn als Erwerbsmittel und Eigentumsquelle", in dem sich von Nell-Breuning mit der „uralten Frage" nach der „eigentumsschaffenden Kraft der Arbeit" auseinandersetzt, kommt er zu dem Ergebnis, daß einmal der klassisch-originäre Erwerbstitel der Spezifikation ein „Individualprodukt" und damit eine individuelle Produktion voraussetze, und daß deshalb auch das, was für das Ver-

[48] *J. Messner,* Das Naturrecht, Handbuch der Gesellschaftsethik, Staatsethik und Wirtschaftsethik.

[49] „Quadragesimo anno" nr. 52, 53.

hältnis des individuell geschaffenen Produkts zu seinem individuellen Erzeuger gelte, nicht auf den Bereich der „sozialiter vollzogenen“ Produktion und das hieraus entstehende „Sozialprodukt“ übertragen werden könne. Zwar verstehe „der einfache Mann“ unter „Frucht der Arbeit“, „das Ergebnis seiner Arbeit, kurz das Erzeugnis“. Bezogen auf den sogenannten industriellen Sozialprozeß der Produktion und die geschaffenen Sozialprodukte sei es aber unmöglich, die in einem arbeitsteiligen Produktionsprozeß tätigen Arbeiter unmittelbar in den Genuß des Eigentums am Produkt kommen zu lassen; das sei auch für jeden Menschen von vornherein klar. Denn das Produkt, so fährt von Nell-Breuning fort, „das da zustandekommt, ist das Produkt sehr vieler Hände und sehr vieler Köpfe mit ihrem geistigen Einsatz. In diesem Produkt stecken auch Einsätze materieller Art — das verarbeitete Material, die dafür verbrauchten Kraftstoffe, die (Ab-)Nutzung der maschinellen und anderen technischen Einrichtungen, mittels deren es zustande gebracht worden ist. Weiter stecken darin die ganzen rein ökonomischen Leistungen, vor allem die kombinatorischen Leistungen des Unternehmers und die Risikotragung.“ Deshalb könne der Arbeiter, der heute in einem Unternehmen tätig ist, „durch seine Arbeit nicht für sich Eigentum am Produkt erwerben“, zumal er als Gegenwert für seine Arbeit den vereinbarten Lohn erhalte, um dessen gerechte Ermittlung es daher allein gehe[50].

Nach von Nell-Breunings Ansicht kann aus der „Frucht der Arbeit“ erst recht nicht das „Recht auf den vollen Arbeitsertrag“ abgeleitet werden; denn auch die Zurechnung eines entsprechenden Wertanteils am Sozialprodukt sei „logisch unvollziehbar“: „die Wertschöpfung läßt sich nicht zurechnungsmäßig auf die beteiligten Kausalfaktoren aufteilen[51].“ Eine solche kausale Zurechnung zu versuchen, enthalte „einen Denkfehler bereits im Ansatz“. Schon im Rahmen der mittelalterlichen Auseinandersetzung um die naturrechtliche Ableitung der Privateigentumsinstitution wurde innerhalb der katholischen Eigentumslehre die These vertreten, daß deren Begründung aus dem „Recht auf die Frucht der Arbeit“ insgesamt daran scheitern müsse, daß sich im modernen arbeitsteiligen Produktionsprozeß das Ergebnis nicht auf die einzelnen Produktionsfaktoren aufteilen lasse[52]. Nach von Nell-Breuning kann eine derartige Zurechnung nicht „kausal“, sondern „einzig und allein teleologisch“ erfolgen. Teleologische Zurechnung bedeutet dabei, daß das Einkommen eines jeden Menschen so bemessen

---

[50] *O. v. Nell-Breuning*, Der Lohn als Erwerbsmittel und Eigentumsquelle, S. 51 - 57.

[51] *Ders.*, S. 53 f.

[52] Vgl. L. de Sousberghe, Propriété de droit naturel, zit. nach *F. Klüber*, Eigentumstheorie und Eigentumspolitik, S. 144 f.

sein müßte, daß es ihm ermöglicht werde, die Rolle in der Gesellschaft zu spielen, zu der er berufen sei. Nur das „teleologisch begründete Prinzip des Lebenslohnes oder Bedarfslohnes“ könne zur Ermittlung des gerechten Einkommens beitragen. „Ist es dafür erforderlich, daß sie (sc. die Arbeiter) auch über ein gewisses Vermögen verfügen, dann muß sowohl die Einkommensverteilung als auch die Vermögensverteilung darauf ausgerichtet sein[53].“ Aus dieser Sicht ergibt sich für von Nell-Breuning die notwendige Folgerung, das ganze Problem der Vermögensbildung (Eigentumsbildung) in Arbeitnehmerhand nicht mikro-ökonomisch im einzelnen Unternehmen, sondern makro-ökonomisch, also gesamtvolkswirtschaftlich, zu betrachten, eine Sicht, die seine vielfältigen Aussagen zu diesem Themenbereich und einen Großteil der gesellschaftspolitischen Diskussion bis heute beherrscht.

Von Nell-Breuning konkretisiert seine Überlegungen in einem späteren Referat, „Ertragsbeteiligung der Arbeitnehmer“[54], dahingehend, daß der Grundsatz „die Frucht folgt der Arbeit“ zwar auch heute noch für das Individualprodukt gelte, die von ihm angeführten Beispiele bezeichnet er aber als „Randfälle in der modernen arbeitsteiligen Wirtschaft“[55]. Hierfür läßt er im übrigen weder diesen Grundsatz noch die „Ersatzlösung“ der Zuteilung des kausalen Wertanteils der Arbeit gelten, da es einen wirkursächlich auf die Arbeit zurückgehenden „Teil“ am Erfolg nicht gebe: „Einen solchen Teil gibt es begrifflich nicht, so wenig wie den Teil des Lichtes, der einerseits der Lampe, andererseits dem Strom zuzurechnen wäre. Das führt zu dem Schluß, die vermeintliche Ersatzlösung, Wertanteil an der gemeinsamen Wertschöpfung statt physischem Anteil am arbeitsteilig geschaffenen realen Produkt, erweist sich als Wahngebilde; ...[56].“

---

[53] Der Lohn als Erwerbsmittel und Eigentumsquelle, S. 55 ff.; vgl. dazu auch *K. Stopp*, S. 27 ff.

[54] In: *ders.*, Aktuelle Fragen der Gesellschaftspolitik, S. 78 ff.

[55] s. S. 81 — als Beispiel wird das vom Studenten selbst beschriebene Kollegheft oder das Kunstwerk des Künstlers angeführt.

[56] s. S. 84. Dieser Grundsatz der allein möglichen „teleologischen“ Zurechnung wird auch von den Vertretern der evangelischen Soziallehre vertreten — vgl. etwa *G. Breidenstein*, insbes. S. 108 und 282. Nach Breidenstein ist im Zusammenhang mit der Vermögensbildungsthematik sogar die Frage nach der sozialen Gerechtigkeit falsch gestellt, wenn sie als Frage nach der gerechten Eigentumsverteilung gestellt ist. Mit dem entfunktionalisierten Institut des Privateigentums (insbes. an Produktionsmitteln) seien die heutigen sozialen Probleme überhaupt nicht mehr zu lösen, weshalb die Eigentumsdiskussion auch nicht länger ein Hauptthema innerhalb der Sozialethik darstellen sollte — vgl. S. 313 f. Während noch nach *E. Brunner* („Das Gebot und die Ordnung“) auch für die evangelische Soziallehre galt, daß sich nur aus einer Kombination von Leistungs- und Bedarfslohn der gerechte Lohn ableiten lasse, bezeichnet es heute Breidenstein als „sinnlos“, den „gerechten Lohn“ (ebenso wie einen „gerechten“ Zins oder eine „gerechte“ Eigentumsverteilung) zu fordern — zu Letzterem vgl. insbes. S. 284.

III. Zusammenfassung
Die katholische Soziallehre und die Eigentumsfrage
Auswirkungen für die heutige Vermögensbildungsdiskussion

Trotz der besonderen Bedeutung, die der katholischen Soziallehre im Hinblick auf die Begründung und den Fortgang der Diskussion um eine Vermögensbildung (Eigentumsbildung) in Arbeitnehmerhand zukommt, zeigt sich doch auch, daß sie zu dem heutigen Stillstand in bezug auf Durchsetzung und Realisierung neuer Modelle nicht unwesentlich mit beigetragen hat. Der in den letzten 100 Jahren zu beobachtende Wandel in den Stellungnahmen innerhalb der christlichen Gesellschaftslehre zur Eigentums- und Vermögensbildungsfrage hat nicht nur wesentlichen Einfluß auf die argumentativen Begründungsstrategien und die Zielvorstellungen innerhalb der Gesamtdiskussion um die Stellung des Arbeitnehmers im Unternehmen und in der Industriegesellschaft überhaupt genommen, sondern hat auch zur Inhaltsbestimmung der sogenannten „Vermögenspolitik" beigetragen, wie sie heute in der Bundesrepublik diskutiert wird.

Während es für Papst Leo XIII. 1891 neben dem vornehmlichen Ziel der Rechtfertigung des Privateigentums gegenüber der sozialistischen Forderung nach Überführung der Produktionsmittel in Gemeineigentum betontermaßen auch um die soziale Integrierung der Arbeitnehmerschaft in die Gesellschaft ging und hierbei der naturrechtliche Grundsatz der eigentumsschaffenden Kraft der Arbeit wenigstens noch als notwendiges und wesentliches Element zur Begründung der Privateigentumsinstitution selbst herangezogen wurde, so treten diese Argumente seither immer mehr in den Hintergrund. In „Quadragesimo anno", in der das Schwergewicht der Argumentation auf der Abgrenzung gegenüber einerseits der sozialistischen These des „Rechts auf den vollen Arbeitsertrag" und andererseits der sogenannten „liberalmanchesterlichen Theorie" — nach der „alle Vermögensakkumulation nur beim Kapitalbesitzer stattfinden könne" — liegt, wird für eine Lösung zwischen diesen beiden Extrempositionen, in denen „eine Klasse der anderen jeden Anteil abspricht" erstmals das beim wirtschaftlichen Erträgnis ansetzende Verteilungsproblem in den Vordergrund gerückt[57]. Auf die eigentumsrechtlichen Beziehungen im Unternehmensbereich, insbesondere auf die Frage des Eigentumserwerbs des Arbeiters am Arbeitsprodukt, wird nicht weiter abgestellt. Zwar weist Pius XI. hier erstmals auch auf Mängel des kapitalistischen Systems hin, aus der weiteren Gedankenführung ergibt sich aber, daß die Nichtanerkennung des naturrechtlichen Grundsatzes der eigentumsschaffenden Kraft der Arbeit für den Bereich der industriellen Pro-

[57] Vgl. „Quadragesimo anno" nr. 54 - 57.

duktfertigung darauf zu beruhen scheint, daß dieser Grundsatz — zumindest in seinen Auswirkungen — mit der sozialistischen These nach dem „Recht auf den vollen Arbeitsertrag" identifiziert wird[58]. Noch heute bezeichnet es K. Stopp als wesentlichen Inhalt der christlichen Eigentumsdebatte, daß hierin „die Lehre von der „eigentumsschaffenden Kraft der Arbeit" und die daraus abgeleitete Forderung nach dem vollen Arbeitsertrag „als Irrtum zu erkennen" war[59] Hieraus leitet er in Anlehnung an von Nell-Breuning, bei dem sich eine solche gedankliche Verknüpfung ebenfalls feststellen läßt[60], die Schlußfolgerung ab, daß gesellschaftliche Produktion das Element der eigenen Leistung als „konstitutives Eigentumsmerkmal" ausschließe, zumal sich das Recht auf die Frucht der Arbeit für den unselbständig Beschäftigten in ein vertraglich vereinbartes Recht auf Arbeitsentgelt umwandele, dessen gerechte Bemessung eine völlig andere Frage sei[61].

Innerhalb der katholischen Gesellschaftslehre galt daher auch von Anfang an der Grundsatz, daß der Lohnvertrag, d. h. das Lohnarbeitsverhältnis, nicht „in sich ungerecht" sei, wenn auch Pius XI. 1931 einen Schritt weiter zu gehen scheint als Leo XIII., indem er anerkennt, daß „für den heutigen Stand der gesellschaftlichen Wirtschaft" ... „immerhin eine gewisse Annäherung des Lohnarbeitsverhältnisses an ein Gesellschaftsverhältnis nach Maßgabe des Tunlichen sich empfehlen" möge[62]. Doch zeigt die weitere Entwicklung bis zur Enzyklika „Mater et Magistra" Johannes XXIII., daß aufgrund der geänderten wirtschaftlichen Verhältnisse nicht mehr der sogenannte Klassengegensatz zwischen „Arbeit" und „Kapital", wie er sich noch heute im geltenden System des Abfindungslohnes präsentiert, im Vordergrund steht, sondern daß die Verteilungsfrage davon losgelöst als wirtschafts- wie sozialtheoretisches und rein monetäres Problem behandelt wird. Für eine „möglichst breite Streuung des Eigentums" wird dabei allein auf das Prinzip der „Gemeinwohlgerechtigkeit" des Privateigentums — konkretisiert noch um die Begriffe der „Gerechtigkeit" und „Billigkeit" — abgestellt.

In „Mater et Magistra" wird besonders deutlich, wie losgelöst im übrigen die Frage der „Lohngerechtigkeit", die auch hier unter Beschränkung auf den Bereich des sogenannten „Lebens- oder Bedarfslohnes" vorrangig betont wird, von dem weiteren Problem der gerechten Verteilung des Wirtschaftsertrages abgehandelt wird[63]. Wenn dann

[58] Vgl. ebenda nr. 52 - 57.

[59] Vgl. S. 29 f.

[60] Vgl. in: Der Lohn als Erwerbsmittel und Eigentumsquelle, S. 53.

[61] s. S. 25 - 28.

[62] „Quadragesimo anno" nr. 65.

[63] Vgl. „Mater et Magistra" nr. 68 ff., 73 ff.

für eine Kapitalbeteiligung der Arbeitnehmer allein bei der durch die Begünstigung der Selbstfinanzierung im Unternehmensbereich erwachsenen (einseitigen) Vermögensakkumulation als Ausgangspunkt angeknüpft wird[64], deren systembedingte Wirkursachen aber nicht in Frage gestellt, bzw. gar nicht erkannt werden, so wird hierdurch ein wesentlicher Bereich des sozialen Arbeiterproblems auf das monetäre Verteilungsziel verkürzt. Die systembedingte Eigentumslosigkeit des Arbeiters, d. h. letztlich auch das System des Abfindungslohnes als Ursache der wirtschaftlichen Ungleichheit bleibt damit unkritisiert, die Frage seiner Systemgerechtigkeit bleibt weitgehend unreflektiert[65]. Damit wird dem Themenbereich der „Vermögensbildung" aber insbesondere für das gewichtige Problem der „Überwindung der Objektqualität des Arbeitnehmers" im Unternehmen und in der gesamten Wirtschaft ein eigenständiger Regelungsbereich entzogen[66]. Das zeigt auch der weitere gedankliche Aufbau in den Ausführungen von „Mater et Magistra", in der die beiden vorgenannten Themenbereiche ihrerseits wieder ohne Verbindung zu den nachfolgenden Überlegungen zur „gerechten Unternehmensverfassung" stehen, die sich in rein mitbestimmungsrechtlichen Aussagen erschöpfen[67].

Es muß aber vornehmlich für den Bereich der christlichen Soziallehre verwundern, wenn der ehemals so betonte christlich-naturrechtliche Grundsatz der eigentumsschaffenden Kraft der Arbeit für eine Lösung des Arbeiterproblems heute nicht mehr tangiert, er von einigen Autoren für den Bereich der arbeitsteiligen Industrieproduktion gar für unanwendbar erklärt wird. Die sich aus dem heutigen Lösungs-

---

[64] Ebenda nr. 75: „Hier muß bemerkt werden, daß die wirtschaftlichen Verhältnisse vieler Länder den Mittel- und Großbetrieben ein besonders schnelles Wachstum im Wege der Selbstfinanzierung ihrer Ersatz- und Erweiterungsinvestitionen gestatten. Wo dies zutrifft, könnte den Arbeitern ein rechtmäßiger Anspruch an diese Unternehmen zuzuerkennen sein, den diese einzulösen hätten, vor allem dann, wenn sie im übrigen nicht mehr als den Mindestlohn zahlen."

[65] Zwar findet sich bei der Bestimmung der „Gerechtigkeit" und „Billigkeit" der Arbeitsentlohnung (vgl. nr. 70) die Formulierung, daß „... die ausdauernde und werteschaffende Arbeit ganzer Schichten arbeitsamer und ehrbarer Bürger dagegen allzu niedrig und für den Lebensunterhalt unzureichend entgolten wird oder jedenfalls in keinem gerechten Verhältnis zu dem geleisteten Beitrag zum allgemeinen Wohl oder zum Gewinn der betreffenden Unternehmen oder zum Volkseinkommen" steht. Hieraus werden im Hinblick auf das ganze System des sogenannten Abfindungslohnes jedoch keine weiteren Folgerungen geschlossen.

[66] Die Vermutung liegt nahe, daß bei einem Denken in der ausschließlichen Antithese des „Rechts auf den vollen Arbeitsertrag" einerseits und „liberalen Eigentumsdenken" andererseits die hier angesprochenen Beteiligungsprobleme nicht angemessen thematisch werden können.

[67] „Mater et Magistra" nr. 82 ff. Bis heute ist diese gedankliche Trennung des Themenbereichs der Mitbestimmung von dem der Vermögensbildung in der gesellschaftspolitischen Diskussion vorherrschend geblieben.

ansatz ergebenden Schwierigkeiten werden in der Praxis an dem Kunstgriff deutlich, der erforderlich ist, damit die Vertreter der katholischen Soziallehre den neueren Vermögensbildungsplänen (soweit diese über die bloße Sparförderung aus Lohnzulagen hinausgehen) nicht ablehnend gegenüber zu stehen brauchen: So wird z. B. von von Nell-Breuning für die Möglichkeit einer „Etragsbeteiligung der Arbeitnehmer" angeführt, daß in jedem Arbeitnehmer auch „ein Quentchen Unternehmer" stecke, worunter er die persönliche Mitarbeit bei der Unternehmung und nicht bloß den sachlichen Einsatz der Arbeitskraft versteht. Mit dieser „unternehmerischen Leistung" erbringe der Arbeitnehmer aber eine „zusätzliche Leistung zu seinem Arbeitsverhältnis". Diese durch eine Ertragsbeteiligung zu entlohnen sei eine richtige Antwort auf „eine viel tiefer liegende Problematik"[68]. Hierzu wird an anderer Stelle mit vorwiegend wirtschaftlicher Begründung von ihm auch eine partnerschaftliche Beteiligung der Arbeitnehmer in der Form des Gesellschaftsvertrages befürwortet[69].

Im Ergebnis macht das Vorstehende deutlich, daß insgesamt für die Forderung nach einer Vermögensbildung in Arbeitnehmerhand in der neueren katholischen Soziallehre noch keine ausreichende Legitimationsbasis gefunden wurde. Zwar findet sich zuletzt in der Pastoralkonstitution „Gaudium et Spes" wieder eine stärkere Betonung der menschlichen Arbeit, und dem Eigentum wird ein bloß untergeordneter Platz zugewiesen: „Die in der Gütererzeugung, der Güterverteilung und in den Dienstleistungsgewerben geleistete menschliche Arbeit hat den Vorrang vor allen anderen Faktoren des wirtschaftlichen Lebens, denn diese sind nur werkzeuglicher Art"[70], doch fehlt auch hier jeder Bezug auf das wechselseitige Verhältnis von „Arbeit" und „Eigentum" als mögliche Basis für eine Lösung und Regelung des sozialen Verhältnisses von „Kapital" und „Arbeit" im Unternehmensbereich.

Wie der Vergleich mit dem Naturrecht der Aufklärung zeigt, dürfte die Nichtbeachtung des Grundsatzes „Arbeit führt zu Eigentum des Arbeiters am Produkt seiner Arbeit" im neueren christlichen Naturrechtsdenken, bei dem die Gemeinwohlverpflichtung des Eigentums als bereits auf der metaphysischen Ebene vorgegebenes Regelprinzip gilt, insgesamt darauf zurückzuführen sein, daß auf dieser wie auf der juridisch-soziologischen Ebene die individualrechtliche Komponente der „Freiheit und Gleichheit" des einzelnen auch unter sozialrechtlichen Gesichtspunkten kaum eine Berücksichtigung findet.

---

[68] In: Aktuelle Fragen der Gesellschaftspolitik, S. 87.

[69] Vgl. *ders.*, Eigentumsbildung in Arbeitnehmerhand, S. 25 ff.

[70] Vgl. dazu *Th. Mulder*, S. 150.

Nachdem die Auseinandersetzung der katholischen Kirche mit dem Sozialismus u. a. auch dazu geführt hat, daß dessen „allgemeine Gleichmacherei“ überbetont abgelehnt wird, die katholische Soziallehre andererseits davon ausgeht, daß der Arbeitnehmer zu dem, was in seinem Arbeitsvertrag „mit Freiheit und Gerechtigkeit“ abgemacht sei, zu stehen habe[71], finden die sozialen Fragen heute eine Lösung sowie diese eine Begründung nur noch im Wechselspiel der Prinzipien der menschlichen Freiheit und der (göttlichen) Gerechtigkeit als umfassendem Regelinstrument. Der Gleichheitssatz im Sinne eines individualrechtlichen, existentiellen und demokratischen Menschenrechts ist dem christlichen Naturrechtsdenken weitgehend unbekannt, so daß die Idee der Gleichheit allenfalls über das sozialethische Postulat der Gerechtigkeit im Einzelfall in die Bewertung einfließen kann. Doch lassen sich für einen derart globalen und kaum ausfüllbaren Gerechtigkeitsbegriff kaum exakte Interpretationsmethoden noch konkrete Maßstäbe zur Ermittlung einer materiellen Gerechtigkeit im Einzelfall finden. Denn im Gegensatz zum aufklärerischen Naturrecht, in dem der einzelne Mensch und seine Vernunft im Mittelpunkt der Betrachtung steht, aus dessen „Natur“ er selbst sich erklärt, geht das christliche Naturrechtsdenken, in dem alles eine Ableitung von Gott erfährt — wobei die Menschen Gott als Gemeinschaft, als Sozietät, gegenüberstehen — grundsätzlich nicht von einer derartigen individualistischen, am Einzelmenschen anknüpfenden Sicht aus. Dies beweist die in „Quadrogesimo anno“ im Kapitel „Die neue Gesellschaftsordnung“ geäußerte Kritik[72]: „In Auswirkung des individualistischen Geistes ist es so weit gekommen, daß das einst blühend und reichgegliedert in einer Fülle verschiedenartiger Vergemeinschaftungen entfaltete menschliche Gesellschaftsleben derart zerschlagen und nahezu ertötet wurde, bis schließlich fast nur noch die Einzelmenschen und der Staat übrig blieben ...“ Diese Sicht bedingt, daß unter sozialethischen Gesichtspunkten dann nicht die Eigentumszuweisung als rechtlicher Einzelakt, etwa im Sinne eines originären Einzelerwerbs an einer neu hergestellten Sache, problematisch erscheint, sondern daß erst eine „ungerechte Reichtumsverteilung“, die gegen das göttliche Gebot der austeilenden Gerechtigkeit verstößt, als Grenze für das Privateigentum und seinen Gebrauch anerkannt wird.

Für die im Rahmen der Arbeiterproblematik seit Beginn der Industrialisierung im Vordergrund stehende soziale Frage der Gewährung eines gerechten Lohnes kann jedoch nur auf der individualrechtlichen Ebene eine Wertung erfolgen, insbesondere unter Geltung einer marktwirtschaftlich ausgerichteten Wirtschafts- und Gesellschaftsordnung.

---

71 Vgl. „Rerum novarum“ nr. 14, 16.

72 Nr. 76 ff.

Hier kann der Gegenstand des „gerechten“ Lohnes nur von dem Produkt der Arbeit und den am Markt erzielten Ergebnissen für den gemeinsamen Leistungseinsatz von Kapital und Arbeit im Rahmen des einzelnen Unternehmens als autonomer Rechnungseinheit bestimmt werden, worauf später noch zurückzukommen sein wird[73].

Zunächst soll hier im Zusammenhang mit der Ableitung des Grundsatzes „Arbeit führt zu Eigentum des Arbeiters am Produkt seiner Arbeit“ abschließend noch ein weiterer Gesichtspunkt erörtert werden. Wie bereits festgestellt, scheint die geltende Privatrechtsordnung mit „Selbstverständlichkeit“ von der Eigentumszuweisung am Arbeitsprodukt im Rahmen der industriellen Produktionsweise allein an den oder die (zumeist nicht mitarbeitenden) Kapitaleigentümer[74] auszugehen, was bisher auch weitgehend kritiklos hingenommen worden ist, obwohl gerade dies hier als Ursache aller sozialen Spannungen im Industrialismus erkannt worden ist. Über den Bereich der vorstehenden naturrechtlichen Überlegungen hinaus muß dieses Ergebnis jedoch auch unter der positiv-gesetzlichen Regelung des § 950 BGB verwundern, der besagt, daß grundsätzlich der, der eine neue Sache „herstellt“, Eigentümer dieser „nova species“ wird. Die „einseitige“ Eigentumszuweisung im Unternehmensbereich erscheint damit nicht erst im Hinblick auf ihre wirtschaftlichen Folgen, sondern schon unter dem Gesichtspunkt ihrer positiv-rechtlichen Berechtigung fragwürdig.

4. Abschnitt

Die Regelung der Spezifikation gemäß § 950 Abs. 1 BGB

I. Der „originäre“ Eigentumserwerb

Neben der rechtsgeschäftlichen Übertragung eines bestehenden Eigentumsrechts an einer Sache auf eine andere Rechtsperson oder dem ebenfalls von einem Vormann abgeleiteten Eigentumserwerb durch Erbgang kennt auch das BGB sogenannte „originäre“ oder „ursprüngliche“, nicht auf dem Willen von Rechtsvorgänger und -nachfolger beruhende Erwerbstatbestände, wie „Ersitzung“, „Erwerb von Erzeugnissen und sonstigen Bestandteilen an einer Sache“, Aneignung, „Fund“ und die Vorschriften der §§ 946 ff. über die „Verbindung, Vermischung und Verarbeitung“. Zwar werden damit die für die Rechtsphilosophie besonders wichtigen Erwerbsarten der „Okkupation“ und der „Ver-

---

[73] Vgl. unten Teil IV, 2. Abschnitt.

[74] Die juristische Person als rechtstechnischer Kunstgriff hier nicht mitgedacht.

arbeitung" (§§ 958, 950 BGB) anerkannt, sie treten aber in der rechtspraktischen Bedeutung ganz hinter dem derivativen Erwerb zurück[75]. Den genannten Vorschriften läßt sich auch ein gemeinsamer Nenner oder eine gemeinsame Grundlinie nicht entnehmen[76]. Während etwa im Falle der Untrennbarkeit die Kollision der Interessen mehrerer vorheriger Sacheigentümer eine Regelung erfordert (vgl. §§ 941 - 948 BGB) und sich im Falle der Sachtrennung die Frage der eigentumsmäßigen Zuordnung der abgetrennten Sache stellt (vgl. §§ 953 ff. BGB), bedarf bei der Verarbeitung der Konflikt des bisherigen Sacheigentümers (etwa Rohstofflieferant) mit den Interessen desjenigen, der durch eine Arbeitsleistung im Wege der Umgestaltung oder Verarbeitung fremder Sachen eine „neue" Sache fertigt, einer Regelung durch die Rechtsordnung. Der zuletzt genannte Verarbeitungstatbestand ist für den Bereich dieser Untersuchung von besonderer Bedeutung, da er grundsätzlich auch bei der industriellen Produktfertigung gegeben ist, bei der unter Einsatz der menschlichen Arbeitskraft zumeist aus gewonnenen und eigentumsrechtlich bereits zugeteilten Roh- und Halbfertigprodukten ein neues Produkt, eine „nova species" hergestellt wird.

II. Inhalt und Geltung des § 950 Abs. 1 BGB

§ 950 Abs. 1 BGB lautet:

> „Wer durch Verarbeitung oder Umbildung eines oder mehrerer Stoffe eine neue bewegliche Sache herstellt, erwirbt das Eigentum an der neuen Sache, sofern nicht der Wert der Verarbeitung oder der Umbildung erheblich geringer ist als der Wert des Stoffes."

Grundgedanke der Vorschrift ist nach Westermann die Anerkennung der wertvollen Arbeit als Eigentumserwerbsgrund[77]. Dennoch wird die Regelung von ihm wie von der einhelligen Meinung in Rechtsprechung und Literatur dahingehend verstanden, daß § 950 BGB für das Verhältnis zwischen „Arbeit" und „Kapital" nichts weiter aussage[78], da es sich hierbei nicht um eine soziale Schutzvorschrift zugunsten der unselbständigen Arbeit handele. In diesem Sinne formuliert Raiser[79] dann auch zutreffender: „Der Gedanke, daß die produktive, werteschaffende Arbeit als Eigentumserwerbsgrund anzuerkennen sei, gehört zum festen Bestand unserer Rechtskultur. Er hat indessen in § 950 nur eine sehr spezielle, für weitertragende rechtsphilosophische oder

---

[75] So auch *L. Raiser*, S. 42.

[76] Vgl. *F. Baur*, S. 487 ff.

[77] Sachenrecht, S. 255.

[78] Ders., S. 255 ff.; *F. Baur*, S. 488, 491.

[79] *Wolff / Raiser*, S. 269 f.

rechtspolitische Überlegungen wenig ergiebige Fassung erhalten" ... „Nach feststehender Auslegung liegt ihre Bedeutung heute nicht auf sozial-politischem Gebiet für das Verhältnis zwischen Arbeitnehmer und Eigentümer der Produktionsmittel, sondern auf wirtschaftlichem Felde ..." Nach Baur[80] will die Vorschrift „sine ira et studio" nur den Interessenkonflikt zwischen Stoffeigentümer und Hersteller entscheiden, ohne für die Herstellerseite dazu Stellung zu nehmen, ob es gerecht ist, dem Unternehmer den Ertrag der Arbeitsleistung zuzusprechen".

Dennoch lassen einen gerade die vielfältigen und unterschiedlichen Bemühungen erstaunen, die, ob des gegebenen Wortlauts der Vorschrift, das Ergebnis, daß der — in der Regel nicht mitarbeitende — Arbeitgeber (Unternehmer) das Eigentum am industriell hergestellten Arbeitsprodukt erwirbt, zu begründen versuchen. Obwohl der Wortlaut der Vorschrift zunächst nichts anderes zu sagen scheint, als daß „jeder Arbeiter Eigentümer des Produkts seiner Arbeit werden soll"[81], es sei denn, der Wert der Verarbeitung bliebe erheblich hinter dem Stoffwert zurück (§ 950, Abs. 1, Satz 2, 1. Hs.), wurde für den Fall der industriellen, arbeitsteiligen Produktfertigung ausschließlich der Arbeitgeber, d. h. der Unternehmer (Betriebsinhaber) als „Hersteller" oder „Produzent" des — im Sinne von § 950 notwendig neuen — Produkts angesehen. Es sei „eine Selbstverständlichkeit für unsere Wirtschaftsordnung" und entspreche „allein dem allgemeinen Rechtsempfinden", daß im Arbeitsverhältnis (Arbeitsvertrag) der Arbeitnehmer „nie" Eigentümer des Arbeitsproduktes werden könne[82]. Das Gegenteil wäre ein „absurdes" Ergebnis, das nicht die Absicht des bürgerlichen Gesetzbuches gewesen sein" könne. Wenn auch in der heutigen Literatur zuweilen in Frage gestellt wird, ob „dieser damals selbstverständliche Ausgangspunkt auch für uns heute noch so selbstverständlich ist"[83], so sind sich Theorie und Praxis doch darin einig, daß eine Bestimmung des Herstellers mit dem, der tatsächlich verarbeitet, mit der modernen Unternehmens- und Arbeitsform unvereinbar sei, die Verarbeitung in einem Unternehmen also nur für den Inhaber wirken, nur dieser „Hersteller" gemäß § 950 BGB sein könne[84]. Für dieses (einhellige) Ergebnis finden sich im einzelnen jedoch recht unterschiedliche Begründungen. Dies gilt besonders für die Begründungsversuche, die die „Fremdwirkung der Spezifikation" aus § 950 BGB

---

[80] F. Baur, S. 491.

[81] *H. D. Müller*, S. 1.

[82] Ders., S. 9; *E. Herz*, S. 18. So neuerdings noch *R. Rothkegel*, S. 85 ff., bes. S. 90.

[83] *F. Baur*, S. 491 f.

[84] Statt aller: *H. Westermann*, S. 255.

selbst herleiten wollen[85]. Unter dem Tatbestand der „fremdwirkenden Spezifikation“ wird allgemein verstanden, daß im Industriebetrieb der Arbeitnehmer die neue Sache erarbeitet („ins Leben ruft“)[86], die Rechtswirkungen des § 950 aber den Arbeitgeber (Unternehmer/Betriebsinhaber) treffen, so daß dieser allein Eigentümer des Arbeitsproduktes wird.

III. Einzelne Begründungsversuche für das Ergebnis, nicht der unselbständige Arbeitnehmer, sondern der Arbeitgeber (Unternehmer) wird Eigentümer des (neuen) Produkts

1. „Stellvertretertheorie“

Die Parallelität der Stellvertretung mit dem definitorischen Tatbestand der fremdwirkenden Spezifikation führte zunächst dazu, den Eigentumserwerb des Arbeitgebers mit Hilfe des Stellvertretungsrechts zu begründen. Im Rahmen des Arbeitsverhältnisses handele der Arbeitnehmer notwendig als Stellvertreter des Arbeitgebers, so daß er auch nur für diesen erwerben könne[87]. Da im BGB das Recht der Stellvertretung aber auf rechtsgeschäftliche Handlungen beschränkt ist, die Verarbeitung im Sinne von § 950 von der herrschenden Meinung zutreffend nicht als Rechtsgeschäft, auch nicht als sogenannte Rechtshandlung[88], sondern als Tathandlung (von Tuhr), als Realakt angesehen wird, wurde der Weg über die §§ 164 ff. BGB, auch im Hinblick auf eine analoge Anwendung — etwa im Sinne einer faktischen Stellvertretung oder sogenannten Tatvertretung — überwiegend abgelehnt[89]. Denn das Ergebnis, daß der Arbeitnehmer nur für den Arbeitgeber erwerben könne, sollte gerade unabhängig vom Willen des Arbeitnehmers sein und immer dann eintreten, wenn das Arbeitsprodukt im Betrieb hergestellt wurde. Aus denselben Gründen vermochte auch die sogenannte „Gehilfentheorie“, nach der die Mitwirkung des Arbeiters bei der tatsächlichen Verarbeitung als Gehilfenschaft angesehen wurde, den Eigentumserwerb des Arbeitgebers nicht zu stützen[90].

---

[85] Nach *H. Eichler*, Wandlungen, S. 188, können die Grundsätze des BGB über die Verarbeitung auf das Arbeitsverhältnis überhaupt nicht angewandt werden, da das Arbeitsverhältnis insoweit die Natur eines sachenrechtlichen Zuordnungsverhältnisses habe, indem die Zurechnung der Rechtsfolgen der Arbeit nicht entsprechend der allgemeinen Regelung zugunsten des Arbeiters, sondern abweichend hiervon zugunsten des Arbeitgebers geschehe.

[86] *H. D. Müller*, S. 16.

[87] Vgl. *Savigny*, Bd. 3, S. 97; vgl. insoweit auch *F. Tasche*, S. 14.

[88] *A. Manigk*, Das rechtswirksame Verhalten, S. 484.

[89] Vgl. die Nachweise bei *E. Herz*, S. 5 ff.; *F. Tasche*, S. 65 ff.; *H. D. Müller*, S. 16 ff.

[90] *H. D. Müller*, S. 27 m. w. N.

2. „Arbeitsvertragstheorie"

Da die Wirkung der Spezifikation nicht auf dem Willen des Arbeitnehmers, sondern auf dem tatsächlichen Erfolg beruhen sollte, löste man sich von diesen Begründungsversuchen und betrachtete das individuelle Rechtsverhältnis zwischen Arbeitgeber und Arbeitnehmer, das Arbeitsverhältnis, oder enger den Arbeitsvertrag, als Kennzeichen oder Rechtsgrund für den Eigentumserwerb des Arbeitgebers, der eine „dingliche Rechtsfolge des Arbeitsverhältnisses" sei[91]. Nach Silberschmidt[92] wird mit dem Arbeitsvertrag ein Treueverhältnis begründet, welches es dem Arbeiter versage, daß er für sich Eigentum erwerben will und kann. Vorwiegend wird aber die im Arbeitsverhältnis bestehende Abhängigkeit des Arbeitnehmers, den Weisungen des Arbeitgebers Folge zu leisten, als Ursache und Rechtfertigung für den Eigentumserwerb des Arbeitgebers benannt[93]. Hierauf stellt im Ergebnis auch Westermann ab, wenn er auf die gesetzliche Regelung des Besitzmittelverhältnisses verweist. Nach ihm kann der, der als Besitzdiener gemäß § 855 BGB nur für den Geschäftsherrn besitzt, auch nur für diesen Eigentum am Arbeitsprodukt erwerben[94]. Auch die personenrechtliche Natur des Arbeitsverhältnisses, in der die soziale Abhängigkeit des Arbeiters zum Ausdruck komme, wird als Grund dafür angeführt, daß dem Arbeiter das Eigentum am Arbeitsprodukt entzogen wird. Mit Eingehen des Arbeitsverhältnisses soll der Arbeiter das Recht einbüßen, für sich nach § 950 Eigentum zu erwerben; er soll insofern „speziell rechtsunfähig" sein[95]. Dabei wird zur Begründung auch auf rein wirtschaftliche Gesichtspunkte abgestellt: Hersteller sei, wer „die Fabrikation, Produktion und Spezifikation wirtschaftlich und kapitalistisch betreibe"[96]. Der Arbeiter wird nur als „Faktor des Produktionsprozesses" angesehen, der „in erster Linie ökonomischen Zwecken dient": „Soweit der Einzelne aber in die Einheit (sc. des Betriebes) einbezogen und dem kapitalistischen Gewinnstreben untergeordnet ist, ist er unfähig, Eigentümer seiner Arbeitsprodukte zu werden. Er ist in diesem Zustand zuwenig mehr Individium. Seine Rechtsphäre ist eingeengt. Als Glied des höheren Ganzen lebt er in einem Zustand verminderter Rechtsfähigkeit[97]." In der Zuordnung des

---

[91] Zit. nach *H. D. Müller*, S. 32.

[92] Das deutsche Arbeitsrecht, S. 282. *Silberschmidt* stellt rein formal auf den Vertrag ab: „Aber der Ausspruch, daß unter allen Umständen das Arbeitsergebnis dem Arbeitgeber zusteht, ist auch unrichtig, weil es eben auf den Vertrag ankommt" — vgl. S. 283.

[93] Vgl. *H. D. Müller*, S. 34 m. w. N.; *H. Eichler*, Institutionen, S. 70 f.

[94] *H. Westermann*, S. 255; vgl. auch *A. Zeuner*, JZ 1955, 195 ff.

[95] *E. Herz*, S. 28 f.

[96] *A. Manigk*, Willenserklärung und Willensgeschäft, S. 667.

[97] *H. D. Müller*, S. 79.

Eigentums am Arbeitsprodukt zum Arbeitgeber kommt nach Sinzheimer die „vermögensrechtliche Funktion der Gewalt“ des Arbeitsverhältnisses zum Ausdruck, die bewirkt, daß ein „eigener Erwerb des Gewaltunterworfenen rechtlich nicht möglich“ ist[98].

3. „Herstellertheorie“

Nach Baur braucht aber weder das Problem der fremdwirkenden Spezifikation gelöst noch die Parallele zur Besitzdienerschaft gezogen zu werden, um den Hersteller im Sinne von § 950 BGB zu bestimmen. Denn dieser werde durch „den Sprachgebrauch und die Verkehrsanschauung“ bestimmt. Hersteller sei danach nicht der, der die manuelle oder sonstige Arbeit an der neuen Sache leiste, sondern der Inhaber des Unternehmens (Betriebes), aus dem die neue Sache hervorgehe[99]. Ähnlich formuliert der BGH, wenn auch für den Fall der Verarbeitung im Rahmen eines Werkvertrages, wonach „herstellen“ nicht notwendig „selbst verarbeiten“ oder umbilden bedeute. Die Verkehrsanschauung sehe vielmehr als Hersteller „den Geschäftsherrn des Verarbeitungs- oder Umbildungsvorgangs an“[100].

IV. Legislatorische Entscheidung über den Regelungsbereich und Inhaltsbestimmung

Schon die vorstehende Übersicht über die Begründungsversuche im Rahmen des § 950 BGB macht deutlich, daß sich für den Bereich der unselbständigen Arbeit das Ergebnis kaum von der altrömischen Regel unterscheidet, wonach die Sklaven und sonstigen Hausgenossen bloße „Erwerbsinstrumente für ihre Herren“ waren[101]. Während für Rom in der allgemeinen Rechtsunfähigkeit der Sklaven eine Rechtsgrundlage hierfür gefunden werden kann, muß das Ergebnis und dessen Begründung innerhalb einer Rechtsordnung verwundern, in der die Würde eines jeden Menschen und seine persönlichen Freiheitsrechte (vgl. Art. 1, 2 ff. GG) zum obersten Verfassungsgrundsatz erhoben sind.

Dennoch scheint das positiv-rechtliche Ergebnis festzustehen, daß § 950 BGB den abhängigen Lohnarbeiter nicht zum Eigentümer des innerhalb eines arbeitsteiligen, unternehmerischen Produktionsprozes-

---

98 *H. Sinzheimer*, S. 151, 152.

99 *F. Baur*, S. 491, 492.

100 BGHZ 14, 117. Die im Bereich des Werkvertragsrechts diskutierte „Abdingungsproblematik“ ist für die vorliegende Untersuchung aber nicht weiter von Interesse; vgl. dazu näher *F. Laufke*, S. 70 ff. und *F. Baur*, S. 492 f.

101 *E. Herz* S. 30.

ses hergestellten Produkts macht. Dies läßt sich aber weder mit den vorgenannten „Zurechnungslehren" im Rahmen des § 950 BGB begründen, weshalb auch in der Diskussion um diese Frage bis heute eine allgemein anerkannte Antwort nicht gefunden worden ist[102], noch läßt es sich mit der sogenannten „Abdingungstheorie" lösen, nach der die Vorschrift des § 950 BGB der Disposition des Parteiwillens untersteht[103]; eine dementsprechende Vereinbarung dürfte bisher auch in keinem Arbeitsvertrag getroffen worden sein. Das Ergebnis, daß im Rahmen des § 950 BGB — abweichend vom Wortlaut (das sei hier nochmals hervorgehoben) — nicht stets derjenige Eigentümer einer neu hergestellten Sache wird, aus dessen Hand die „nova species" unmittelbar hervorgeht, läßt sich nur damit begründen, daß die Gesetzgeber des BGB von 1900 dieser Vorschrift einen derart weiten Regelungsbereich nicht zugewiesen haben. Die Materialien weisen aus, daß als Hersteller im Sinne von § 950 BGB auch gelten sollte, wer „herstellen läßt", d. h., das Herstellen sollte dem Herstellenlassen gleichstehen. § 893 des Kommissionsentwurfs eines Bürgerlichen Gesetzbuches für die zweite Lesung sollte (soweit hier von Interesse) in geänderter Fassung lauten: „Wer durch Verarbeitung oder Umbildung eines Stoffes oder mehrerer Stoffe eine neue Sache herstellt oder herstellen läßt, erwirbt das Eigentum an dieser Sache[104]." Im Zusammenhang mit dem Problem der Beschränkung der Stellvertretung auf Rechtsgeschäfte wurde im Verlauf der Beratungen zu § 893 (§ 865 des 1. Entwurfs) beantragt, die Worte „oder herstellen läßt" zu streichen. Denn, so wurde begründet, „... es werde sich empfehlen, die Worte wegzulassen, weil es hier, wie an anderen Stellen des Entwurfs, selbstverständlich sei, daß das ‚herstellenlassen', obwohl darin keine Vertretung liege, dem ‚herstellen' gleichstehe"[105].

Daraus ergibt sich, daß § 950 BGB, wie das gesamte Gesetzeswerk von 1900, keine „soziale Tat zugunsten des Arbeitnehmers" sein sollte, sondern „sine ira et studio" nur den Interessenkonflikt zwischen Stoffeigentümer und Hersteller insoweit entscheiden wollte, als diese beiden Personen einer unterschiedlichen Rollenbestimmtheit unterfallen[106]. Die Frage, wem im Rahmen eines arbeitsteiligen, unternehmerischen Produktionsprozesses auf der „Herstellerseite" sachenrechtlich das Eigentum am Produkt zukommt, ob dem Arbeitnehmer oder dem Unternehmer, sollte ausdrücklich (herstellen = herstellen lassen) vom Regelungsbereich nicht mit umfaßt werden, da dies nicht in Zweifel

[102] Vgl. *A. Zeuner*, S. 195; *H. Hubmann*, S. 44; *F. Laufke*, S. 70 f.

[103] Vgl. dazu *F. Baur*, S. 489.

[104] Protokolle der Kommission für die 2. Lesung, Bd. III, S. 239.

[105] Protokolle, S. 243.

[106] *F. Baur*, S. 488, 492; *Ph. Heck*, § 62, 5 b, c.

stand. Hierin kommt zum Ausdruck, daß das BGB insgesamt allein am Sozialmodell der vorindustriellen Gesellschaft orientiert ist[107] und daher keine Regelungen für Rechtsbeziehungen enthält, die in der Industriegesellschaft ihre sozio-ökonomischen Voraussetzungen haben[108]. Dies zeigt die unbefriedigende Regelung der § 611 ff. BGB als Vertragsgrundlage für den Arbeitsvertrag ebenso, wie der „individualistische" Charakter des § 950 BGB, wenn er formuliert „wer ... eine neue ... Sache herstellt ...". Denn dadurch wird schon der Vorgang der „Bearbeitung" durch viele einzelne beim Herstellungsprozeß vom Wortlaut nicht mehr unmittelbar umfaßt.

Während auch Fabricius im Rahmen seiner vorgenannten Untersuchung den Grundsatz „Arbeit führt zu Eigentum des Arbeiters am Produkt seiner Arbeit" insbesondere auch im Hinblick auf die positivrechtliche Regelung des § 950 BGB mehr als „rechtspolitisches Prinzip" denn als aktuell geltendes subjektives Recht begreift, hat zuletzt W. Gast in einer Rezension der Abhandlung von Fabricius hervorgehoben, daß § 950 BGB schon de lege lata einer entsprechenden Auslegung im Sinne eines Eigentumserwerbs des oder der Arbeitnehmer zugänglich sei. Zumindest hält Gast eine derartige „alternative Auslegung" neben anderen für möglich und hat sie deshalb erneut zur Diskussion gestellt[109]. Im Hinblick auf die Einschränkung in § 950 Abs. 1 S. 1 letzter HS., wonach der Eigentumserwerb des „Herstellers" unter Ausschluß des Rohstoffeigentümers nur erfolgt, wenn nicht der Wert der Verarbeitung erheblich geringer ist als der Wert des Stoffes, hält Gast dann allein ein „qualitatives" (kein „quantitatives") Urteil für angemessen. Wegen der „Gleichwertigkeit" von Arbeit und Kapital, die daraus abgeleitet wird, daß beide gleichermaßen Bedingungen des Produktionserfolges (des Produkts) seien, müsse § 950 immer zum Rechtserwerb des Arbeitnehmers führen[110]. Da die Begegnung der beiden Produktionsfaktoren beim Produktionsprozeß als „Markt" gesehen wird (unter Berufung auf Fabricius), folgert Gast weiter, daß der sachenrechtliche Ausgleich nach § 951 BGB (Ausgleich für einen nach § 950 erfolgten Rechtsverlust) sich nicht darauf zu beschränken brauche, dem Unternehmer den Eigentumsverlust am Rohstoff wertmäßig auszugleichen und ihm eine Entschädigung für die Nutzung der Produktionsmittel zu gewähren, sondern er hält eine andere „Strukturierung" für möglich und „sinnvoller": Da der eigentliche Zweck des

---

107 *F. Wieacker*, S. 487.

108 *R. Richardi*, ZfA 1974, S. 4.

109 Vgl. *W. Gast*, S. 131.

110 Als solches sieht Gast etwa das Verhältnis zwischen Arbeitswert und Rohstoffwert einschließlich dem Wert der eingesetzten Produktionsmittel oder aber das Verhältnis Umsatz und Produktivvermögen (S. 131).

Marktes zwischen Arbeitgeber und Arbeitnehmer darin bestehe, einen Produktionsprozeß zu betreiben, ergebe sich als Ausgleich ein „gleiches Recht beider Parteien zur Entscheidung aller Angelegenheiten des Unternehmens", also eine „ungekürzte Mitbestimmung"[111].

Ob eine derartige Bestimmung des Herstellers aufgrund einer auslegenden Wortlautinterpretation des § 950 BGB möglich und damit eine de lege lata Anerkennung des Grundsatzes „Arbeit führt zu Eigentum des Arbeiters am Produkt seiner Arbeit" unter Ausschluß des Produktionsmitteleigentümers „durch" § 950 BGB im geltenden Privatrecht gegeben ist, muß jedoch angezweifelt werden. Nicht nur die singularische Formulierung „Wer" ... „herstellt", sondern vor allem auch der Wertungsvorbehalt in Satz 1, letzter Halbsatz, der dem „Wert des Stoffes" den „Wert der Verarbeitung" entgegensetzt, wonach gemäß § 951 auch nur der „Rechtsverlust" (= Eigentumsverlust) am (Roh-) Stoff nach den Regeln über die ungerechtfertigte Bereicherung wertmäßig zu vergüten ist, zeigen auf, daß § 950 BGB insgesamt nur den Interessenkonflikt zwischen dem Rohstofflieferanten auf der einen und dem Hersteller auf der anderen Seite im Sinne einer gesetzlichen Klarstellung[112] im Hinblick auf das Eigentum am neu ins Leben tretenden Gut (Sache) regeln will, ohne für die „Herstellerseite" (vgl.: „Wert der Verarbeitung") dazu Stellung zu nehmen, wer im Rahmen einer arbeitsteiligen industriellen, d. h. fabrikmäßigen Produktfertigung (Verarbeitung) Eigentümer des Produktes unter Berücksichtigung der hierbei eingesetzten Leistungsbeiträge (Kapital, Management und Arbeit) werden soll. Insbesondere wäre insoweit auch § 951 als Ausgleichsregelung geradezu überfordert, wollte man ihn — systemnotwendig — zur Regelung des Wertausgleichs der einzelnen Leistungsbeiträge auf der Herstellerseite heranziehen, da nach ihm nur der eingetretene Rechtsverlust durch Eigentumsuntergang am Stoff eine Ausgleichspflicht begründet und er zu mehr nicht angelegt ist, er andererseits jedoch die einzige, da spezielle Ausgleichsnorm für den Regelungsbereich des § 950 BGB darstellt. Wenn dann noch gezeigt werden kann, daß nach Ansicht des Gesetzgebers von 1900, dem der Prozeß der industriellen Produktfertigung nicht unbekannt war, im Rahmen von § 950 BGB kein Zweifel darüber bestehen sollte, daß innerhalb der fabrikmäßigen Produktionsweise nur der Betriebsinhaber oder Unternehmer als wirtschaftlicher Leiter und „Herr der Produktion"[113] Eigentümer der neuen Sache unter Ausschluß des Rohstoffeigentümers werden sollte, da bereits der Eigentumserwerb des Arbeitgebers unter Ausschluß der Arbeitnehmer als „selbstverständ-

---

[111] *Ders.*, S. 130.

[112] Vgl. hierzu auch *R. Rothkegel*, S. 7.

[113] Protokolle, S. 239 ff.

lich" vorausgesetzt wurde[114] —, so sind es im Ergebnis auch hier insbesondere die „philosophisch-spekulativen Erwägungen über das Verhältnis von Stoff und Form"[115], denen § 950 BGB seine Entstehung und damit auch seinen positiv-rechtlichen Regelungsinhalt verdankt.

Unter diesem Gedanken war der Verarbeitungstatbestand bereits im klassischen römischen Recht zwischen den Juristenschulen der Sabinianer und der Proculianer streitig. Während die Sabinianer dem Stoffeigentümer das Eigentum auch an der neuen, spezifizierten Sache zusprachen, traten die Proculianer für einen Eigentumserwerb des Verarbeiters (Spezifikatanten) ein[116]. Eine Mittelmeinung wurde von Justinian vertreten, der die Entscheidung, ob der Produzent das Eigentum an der neuen Sache erwirbt, davon abhängig machte, daß die „nova species" nicht wieder in die alte Form rückführbar war[117]. Dies macht insgesamt deutlich, daß in Rom der Streit weniger von der Bewertung der menschlichen Arbeit abhing, zumal die Arbeit für die Römer „als Arbeit" bedeutungslos war, da diese von rechtlosen Sklaven verrichtet wurde, sondern daß er aus unterschiedlichen Philosophien resultiert, die das Wesen der Sache einmal im Stoff und zum anderen in der besonderen Form gesehen haben[118].

Aufgrund des römisch-rechtlichen Einflusses, dem nicht nur das BGB als Gesamtordnung, sondern gerade auch die zivilrechtliche Regelung des Dienst- bzw. Arbeitsverhältnisses unterliegt, bei der sich das BGB in Anlehnung an das römische Sklavenverhältnis nicht am Arbeitsprinzip, sondern am Substantialprinzip, nach welchem der Sklave oder das Hauskind durch seine Arbeit nur für seinen Herrn erwerben konnte, orientiert hat, und der weiteren Tatsache, daß in der seit 1850 in Deutschland einsetzenden Restaurationsbewegung und ihrer Philosophie des Positivismus die im aufklärerischen Naturrecht postulierten Menschenrechte insgesamt keine Anerkennung mehr fanden[119], ergibt sich die abschließende Folgerung, daß sich der Rechtsgrund für den Eigentumserwerb auch im Sinne von § 950 BGB weniger aus einer

---

[114] Vgl. hierzu auch *B. Volmer*, RdA 1950, S. 367. Danach gilt der Grundsatz, daß das Ergebnis der Arbeit des Arbeitnehmers dem Arbeitgeber gehört in unserem Zivilrecht „von alters her und ist so selbstverständlich, daß er in das Rechtsbewußtsein aller gedrungen ist, ohne daß es einer positiven Gesetzesvorschrift bedurft hätte".

[115] *F. Laufke*, S. 73 m. w. N.

[116] Vgl. *Gaius*, Institutionen II, § 79, zit. nach *H. Eichler*, Institutionen, Bd. 2, 1. Halbbd., S. 64 (dort Fn. 1).

[117] *Wolff / Raiser*, S. 271.

[118] *E. Herz*, S. 57. Vgl. auch *F. Laufke*, S. 73 m. w. N.

[119] Dieser Positivismus im römisch-rechtlichen Vorsinne hat gleichzeitig auch die Weichen für die bis heute gültige Rechtsstellung der Arbeitnehmer im oder zum Unternehmen auf der einen und der Kapitalgeber auf der anderen Seite gestellt.

Anerkennung der wertvollen eigenen Arbeitsleistung als vielmehr aus dem Tatbestand ableitet, daß eine „förmlich" andere, d. h. neue und damit sachenrechtlich noch nicht zugeordnete Sache in den Rechtsverkehr tritt. Da diese mit dem verarbeiteten Rohstoff nicht mehr identisch ist, war eine gesetzliche Klarstellung über die Eigentumsverhältnisse erforderlich. Für die Frage, wer auf der „Herstellerseite" Eigentümer des Produktes wird, wollte und kann damit § 950 BGB nichts weiter aussagen, wie das BGB von 1900 ja insgesamt den aus dem Besitz- und Gerechtigkeitsgefälle zwischen Selbständigen und Unselbständigen entstandenen sozialen Problemen keine Regelungsaufgabe entnommen hat[120].

Aus diesem Grunde konnte es auch zum unbestrittenen Grundsatz des sich entwickelnden Arbeitsrechts werden, daß das Arbeitsergebnis, welches der Arbeitnehmer im Rahmen seiner Vertragsverpflichtung geschaffen hat, dem Unternehmer gehört. Wird die spezifizierende Arbeit innerhalb eines abhängigen Arbeitsverhältnisses geleistet, so soll das Eigentum unmittelbar dem Arbeitgeber zufallen, da nach herrschender Ansicht im Arbeitsrecht die dem Betriebszweck dienenden Handlungen der Arbeitnehmer in Ansehung des Arbeitsertrages dem Betriebsinhaber zuzurechnen sind[121]. Deshalb sollte auch im Entwurf eines allgemeinen Arbeitsvertragsgesetzes von 1923 der Abschnitt über das „Recht am Arbeitsergebnis" in § 121 mit der klarstellenden Bestimmung eingeleitet werden: „Das Ergebnis der vertraglichen Arbeitsleistung steht dem Arbeitgeber zu[122]." Ähnliche Formulierungen finden sich heute auch in einem neuen Entwurf für ein Arbeitsvertragsgesetz. Aber auch, soweit im arbeitsrechtlichen Bereich zur Begründung des Eigentumserwerbs des Arbeitgebers zusätzlich auf den sogenannten „Austauschgedanken" verwiesen wird[123], kann die Begründung nicht überzeugen. Die Austauschtheorie besagt, daß der Arbeitgeber den Lohn nur dann bezahlen kann und will, wenn er das Arbeitsergebnis zur freien Verfügung erhält. Denn, so wird argumentiert, „es wäre offenbar nicht gerecht, wollte man dem Arbeitnehmer neben seinem Lohnanspruch auch noch den Wert der Arbeit zuordnen"; es genüge der Gerechtigkeit, wenn der Lohn in einem angemessenen Verhältnis zum Wert der Arbeitsleistung stehe. Wie hier aber bereits gezeigt, basiert das System des Abfindungslohnes gerade nicht auf dem

---

120 So auch *P. Raisch*, Bd. 1, S. 116.

121 Vgl. *Hueck / Nipperdey*, Bd. 1, § 53 I; *Schnorr v. Carolsfeld*, S. 285; *A. Nikisch*, Bd. 1, S. 309. Auf diesen „Betriebszweck" stellt auch der BGH in seiner Entscheidung NJW 52, 661 ab, mit dem er den Eigentumserwerb des Krankenhauses an einer Krankenkartei begründet, die ein dort tätiger Arzt angefertigt hatte.

122 Ausf. *W. Silberschmidt*, S. 59, 281 ff.

123 Vgl. *H. Hubmann*, S. 45 und *A. Zeuner*, S. 195.

Gedanken des Wertausgleichs für die erbrachte Arbeitsleistung. Somit lehnt sich auch diese Begründung nur an die historisch gewachsenen Ordnungsstrukturen und die überkommene Zuordnungssystematik im Unternehmensbereich an, in der das Unternehmen allein als Untermung des Unternehmers anerkannt wird.

Als generelle Begründung für diese positivrechtliche Grundhaltung des BGB kann im Ergebnis damit nur auf das verwiesen werden, was Gierke in Beziehung auf die Regelung über die Fruchtziehung (vgl. §§ 953 ff.) beklagt, in der eine rechtstechnische Bezugnahme auf „die Arbeit" ebenso fehlt wie im übrigen BGB, daß nämlich das strenge Festhalten an der gedanklichen Grundlage des römischen Rechts die deutsch-rechtliche Auffassung verdrängt habe, daß die Früchte Lohn der Arbeit sind[124]. Denn im römischen Recht leitete sich bereits aus dem Wesen der altrömischen Familie der für das römische Eigentumsdenken prägende Grundsatz ab, daß allein dem „paterfamilias", der nicht nur das gesamte Vermögen, sondern auch Frau, Kinder und Sklaven „in manu" bzw. in „patria potestate" hatte[125], auch das im Bereich seiner Familie erbeutete oder erarbeitete Gut (Vermögen/Eigentum) zugeordnet wurde. Ihm als Grundeigentümer fiel somit auch das Eigentum an den Früchten zu und zwar auch dann, wenn er nicht im Besitz des Grundstücks war, oder wenn ein Dritter gepflanzt oder geerntet hatte[126]. Denn für die Römer war die Arbeitsleistung insgesamt ohne eigenständige Bedeutung, da abhängige Arbeit im Altertum von Sklaven verrichtet und diese als — rechtlose — Sachen angesehen wurden.

Demgegenüber erkannte der germanische Rechtskreis unabhängig vom Einzeleigentum, das schon in der Frühzeit der Jäger an seinen Jagdwerkzeugen und der Krieger an seinen Waffen hatte, die für die persönliche Existenz unentbehrlich und „durch den Akt des eigenen Herstellers mit der Person verbunden waren, daß sich eine Einheit bildete", schon unter der Geltung des Kollektiv- oder Familieneigentums am Grund und Boden einen originären Eigentumserwerb durch Arbeit an[127]. Dies läßt sich anhand der überlieferten Rechtssprich-

---

124 Vgl. dazu *H. Eichler*, Wandlungen, S. 194.

125 Besonders das „dominium" des quiritischen Rechts zeichnete sich dadurch aus, daß dem pater familias die Herrschaftsgewalt nicht nur über die Sachen (wozu auch die Sklaven zählten), sondern auch über die Personen seiner Familie zustand. Auf seinem Territorium waren ihm daher nahezu die „Machtbefugnisse der Souveränität" verliehen — vgl. *F. Negro*, S. 11 und *M. Kaser*, S. 60 ff.

126 „fructus non iure seminis, sed iure soli percipitur" — vgl. *H. Dernburg*, Bd. 1 S. 484 m. w. N.

127 *F. Negro*, S. 5 ff. Den Germanen, die in frühester Zeit in (wandernden) Sippen-Großfamilien lebten, die zugleich Produktionsgemeinschaften waren, war ein Eigentum an Grund und Boden zunächst unbekannt — vgl. *F. Negro*,

wörter anschaulich für den Fall der Fruchtziehung an Grund und Boden zeigen:

So sagt etwa die Glosse zur Vorrede des Sachsenspiegel: „Alles was ich mir erarbeite, lass mir. Was Du Dir erarbeitest, das hab Dir[128]."

Ähnliches besagen die deutschen Rechtssprichwörter: „Wer sät, der mäht"; „Es ist auch der fruchtwürdig, der die Arbeit tut"; „Der Garten ist verdient, wenn er gesät und geharket ist"[129]. Art. 58, § 2 des II. Buches des Sachsenspiegels lautet: „Des Mannes Saat, die er mit seinem Pfluge beackert, ist verdient, wenn die Egge das Feld bestrichen hat, und der Garten, wenn er gesät und geharket ist[130]."

Ebenso findet sich in älteren Rechten wie im Lex Baiuwariorum, Tit. XVII[131], der Gedanke, daß das Eigentum der Lohn der Arbeit ist:

„1. Wenn der Mann in die Wiese oder in den Acker oder in die Rodung eines anderen gesetz- oder ordnungswidrig eindringt und diese als sein Eigen anspricht, der büße sein Unterfangen mit 6 Schillingen und gehe hinaus. 2. Wenn er aber jenen Acker oder Wiese oder Rodung oder, worum der Streit geht, als sein Eigen ansprechen will, so soll er es so herausklagen: Er schwöre mit 6 Eidhelfern und spreche: ‚Ich bin keineswegs in ein von dir zuvor bestelltes Gut rechtswidrig eingedrungen und brauche dir daher nicht mit 6 Schillingen zu büßen, noch (das Grundstück) zu räumen, weil meine Bestellungsarbeit daran älter ist, als die deinige'. Alsdann spreche der Gegner: ‚Ich habe Zeugen, die es wissen, daß allezeit ich die Arbeitslast um jenen Acker getragen habe, ohne daß irgend jemand widersprochen hätte; ich habe ihn beackert, gejätet und bis heute besessen und mein Vater hat ihn mir als seinen Besitz hinterlassen.' ... Dann schwöre dieser Zeuge also: ‚Ich habe das mit meinen eigenen Ohren gehört und mit meinen eigenen Augen gesehen, daß dieser Mann früher den Acker bebaut hat, als du, und daß er die Früchte seiner Arbeit gezogen hat.' Nach diesem Eid gebe jener den Acker heraus ..."

Insgesamt zeigt sich daher für den germanischen Rechtskreis, daß die Bearbeitung des Teils der Allmende, der nicht von der Gemeinschaft genutzt wurde, die Rechtsgrundlage für den Erwerb von Indi-

---

S. 18, da dieser für die nicht seßhaften Germanen keinen über die bloße Nutzung hinausgehenden Wert besaß. Für die Zuordnung von beweglichen Sachen stellten die Germanen zunächst allein auf die tatsächlichen Verhältnisse ab, kannten kein über den Besitz („Gewere") hinausgehendes Recht. Bei den in Italien einwandernden Germanen bildete sich im 6. u. 7. Jahrhundert, bei den übrigen mit Einführung der Dreifelderwirtschaft die Form des Privateigentums auch an Grund und Boden heraus, dessen charakteristische Merkmale im Sinne eines immer freieren Individualrechts sich besonders im sogenannten städtischen Eigentum zeigten — vgl. *F. Negro*, S. 29, 31 u. 38.

[128] Zit. nach *H. Eichler*, Wandlungen, S. 170.

[129] *H. Eichler*, Wandlungen, S. 171; *E. Herz*, S. 56 (dort Fn. 77).

[130] Der Sachsenspiegel, Übersetzung v. *G. Rotermund*, 1895; vgl. auch *C. G. Homeyer* (Hrsg.), Des Sachsenspiegels Erster Theil, S. 286.

[131] Lex Baiuvariorum, S. 164.

vidualeigentum an dem vom einzelnen urbar gemachten und eingezäunten Stück Grund und Boden bildete, wie es sich insbesonders als Rechtsgrundlage für die sogenannten „rodungsfreien Bauern“ herausbildete, und daß dieses Eigentum auch weiterhin nur durch Arbeitsleistung gerechtfertigt werden konnte[132]. Die Wertschätzung der produktiven Arbeit, wenn auch auf den Bereich der bäuerlichen Felderwirtschaft beschränkt, ging so weit, daß sich bereits bestehendes (fremdes) Grundeigentum gegenüber der Arbeitsleistung nicht behaupten konnte, es sei denn der Bearbeiter wurde als nicht rechtsfähig angesehen, wie es für die Vielzahl der „Hörigen“, deren Grund und Boden im sogenannten „Obereigentum“ ihrer Herren stand, bzw. für die Schar der Leibeigenen galt.

Wie nicht nur § 953 BGB ausweist, haben diese deutsch-rechtlichen Gedanken jedoch keinen Eingang ins BGB gefunden, so daß auch § 950 BGB als weitere Regelungsvorschrift für einen „originären“ Eigentumserwerb nicht als positiv-rechtliche Einbruchsstelle des Menschenrechts „Arbeit führt zu Eigentum des Arbeiters am Produkt seiner Arbeit“ im Sinne einer Ordnungsbestimmung für das Verhältnis zwischen „Kapital und Arbeit“ angesehen werden kann. Wenn nach der geltenden Privatrechtsordnung der Eigentumserwerb des Verarbeiters jedoch „nicht eine Belohnung der Arbeit ist“, so daß nach der überwiegenden Meinung in der Literatur deshalb auch das Problem der Vermögensbildung „jedenfalls nicht sachenrechtlich am einzelnen Arbeitsprodukt“ gelöst werden könne[133], so fragt sich doch, ob die Selbstverständlichkeit, von der der Gesetzgeber damals ausging, richtig war, bzw. heute noch gültig ist. Eine erste Antwort könnte hier die heutige gesetzliche Regelung des Arbeitnehmererfindungsrechts geben, bei der die Frage der eigentumsrechtlichen Zuordnung des jetzt vorwiegend geistigen Produkts dieselbe Problematik aufweist, sobald die Erfindung im Rahmen eines abhängigen Arbeitsverhältnisses von einem Arbeitnehmer gemacht worden ist, was derzeit für etwa 70 % aller Erfindungen zutrifft[134].

---

[132] Bei der Ostkolonisation konnten die Bauern durch Landbearbeitung zu „freien Bauern“ werden, denen das Land zu eigen („allod“) gehörte, also nicht unter irgendeiner Art von Obereigentum stand. Zum Ganzen vgl. auch *H. Eichler*, S. 170; *H. Westermann*, S. 255.

[133] *G. Schaub*, § 113, II und *F. Baur*, S. 491 f.

[134] *B. Volmer*, Arbeitnehmererfindergesetz, Einleitung Anm. 6. Zu den hier nicht behandelten Fragen des „Arbeitnehmerurheberrechts“, wie es in den §§ 43 und 79 UrhRG (v. 9. Sept. 1965 — BGBl. I S. 1273) eine Regelung erfahren hat — vgl. *O. Kunze*, RdA 1975, S. 47 f. und *K. Vinck*, passim.

5. *Abschnitt*

Das Recht der Arbeitnehmererfindung

Die Schwierigkeit für den Rechtsanwender wie für den Gesetzgeber, das Recht der Arbeitnehmererfindung zu gestalten, zeigte sich seit jeher darin, daß hier zwei Rechtsgebiete zusammenkommen — das Arbeitsrecht und das Patentrecht —, denen nach der geltenden Rechtsordnung „entgegengesetzte Tendenzen innewohnen“[135]. In der amtlichen Begründung zum maßgeblichen Regierungsentwurf eines Gesetzes über Arbeitnehmererfindungen vom 19. 8. 1955 heißt es insoweit:

„Im Arbeitsrecht gilt der Grundsatz, daß das Ergebnis der Arbeit dem Arbeitgeber gebührt. Das Patentrecht geht dagegen davon aus, daß die Erfindung dem Erfinder zusteht, dem zu ihrer Verwertung ein zeitlich begrenztes Vorrecht“ ..., „in Gestalt eines Monopolrechts eingeräumt wird. In der Person des Erfinders, der zugleich Arbeitnehmer ist und sich in dieser Eigenschaft von dem sogenannten freien Erfinder unterscheidet, schneiden sich die beiden gegensätzlichen Zielsetzungen. Für die Auflösung dieses Interessenwiderstreites bestehen keine sich von selbst ergebenden Rechtsregeln. Eine befriedigende Lösung kann nur in einer gerechten Abwägung der beiderseitigen Interessen unter Berücksichtigung der Erfordernisse des Betriebes gefunden werden[136].“

I. Gesetz über Arbeitnehmererfindungen

Die im ArbNErfG von 1957[137] normierte Lösung stellt sich wie folgt dar: Für alle sogenannten „Dienstleistungserfindungen“ (gebundene Erfindungen) im Sinne des Gesetzes — das sind solche, die während der Dauer des Arbeitsverhältnisses entweder aus dem dem Arbeitnehmer obliegenden Tätigkeitsbereich entstanden sind oder maßgeblich auf den dort gemachten Erfahrungen des Arbeitnehmers beruhen (§ 4 Abs. 2 Ziff. 1 und 2 ArbNErfG) und die patent- oder gebrauchsmusterfähig sind (§ 2 ArbNErfG) — besteht eine ausführliche Meldepflicht an den Arbeitgeber (§ 5 ArbNErfG). Eine derartige Arbeitnehmererfindung kann der Arbeitgeber nach seiner Wahl unbeschränkt oder beschränkt in Anspruch nehmen (§ 6 ArbNErfG). Im ersten Fall gehen mit Zugang der schriftlichen Inanspruchnahmeerklärung beim Arbeitnehmer mit Ausnahme des Namensrechts alle Rechte an der Diensterfindung auf den Arbeitgeber über; bei der sogenannten beschränkten Inanspruchnahme erhält der Arbeitgeber ein nicht ausschließ-

---

[135] So die amtliche Begründung zum Reg.Entw. eines Gesetzes über Erfindungen von Arbeitnehmern und Beamten v. 19. 8. 1955 — BT-Drucks. 1648; vgl. auch *O. Kunze*, RdA 1975, S. 42 ff. und *B. Volmer*, RdA 1950, S. 367 ff.

[136] Vgl. auch *Haertel / Krieger*, S. 92.

[137] Vom 25. Juli 1957 — BGBl. I S. 756.

liches Recht zur Benutzung (§ 7 ArbNErfG). Der Arbeitgeber ist dann verpflichtet, jedoch auch allein berechtigt, die Erfindung im Inland zur Erteilung eines Schutzrechtes anzumelden (§ 13 ArbNErfG). In beiden Fällen erfolgt ein Ausgleich für den „Rechtsverlust" nur insoweit, als den Arbeitgeber die Vergütungsverpflichtung der §§ 9 und 10 ArbNErfG trifft, wobei der Gesetzgeber (dem sogenannten Monopolprinzip und nicht dem Sonderleistungsprinzip folgend) allein in der Verschaffung des Monopolrechts an der Erfindung den Rechtsgrund für den Vergütungsanspruch des Arbeitnehmers sieht[138].

Selbst bei der sogenannten „freien Erfindung" (sonstige Erfindungen des Arbeitnehmers ohne näheren Bezug zu seiner Tätigkeit im Betrieb (§ 4 Abs. 3 ArbNErfG) besteht eine Mitteilungs- und Anbietungspflicht des Arbeitnehmers gegenüber dem Arbeitgeber (mindestens für ein nicht ausschließliches Recht zur Benutzung — §§ 18, 19 ArbNErfG). Nur soweit der Arbeitgeber nach seiner Entscheidung keinen Gebrauch von der Inanspruchnahme von Diensterfindungen machen will, werden diese grundsätzlich frei (§ 8 ArbNErfG). Auch für die sogenannten technischen Verbesserungsvorschläge trifft das Gesetz insoweit eine Regelung, als es in § 20 eine Vergütungsverpflichtung normiert, soweit diese Verbesserungen dem Arbeitgeber eine ähnliche Vorzugsstellung gewähren wie ein gewerbliches Schutzrecht, und sobald dieser sie tatsächlich verwertet. Im übrigen soll dieser Bereich jedoch der Regelung durch Tarifvertrag oder Betriebsvereinbarung überlassen bleiben[139].

Diese spezialgesetzliche Normierung des Arbeitnehmererfinderrechts ist der Endpunkt einer langen Entwicklung, die ihrerseits deutliche Parallelen zur Diskussion und zur allgemeinen Problematik um den Spezifikationsgedanken aufweist.

II. Geschichtliche Entwicklung des Arbeitnehmererfinderrechts Parallelität zum Problem der fremdwirkenden Spezifikation

Im Arbeitnehmererfinderrecht, das als rechtssoziales Problem besteht, solange es Patentgesetze gibt[140], galt bis zum Ausgang des 19. Jahrhunderts aufgrund einer vorwiegend arbeitsrechtlichen Sicht der „selbstverständliche Grundsatz", „daß der Arbeitgeber Herr der Erfindung des Arbeitnehmers war"[141] und dem Arbeitnehmer ein per-

---

138 Vgl. dazu auch *H. Hubmann*, S. 49.

139 Vgl. dazu auch das Mitbestimmungsrecht des Betriebsrats gem. § 87 Abs. 1 Ziff. 12 BetrVG.

140 *B. Volmer*, RdA 1950, S. 367.

141 *Ders.*, Arbeitnehmererfindungsgesetz, Einleitung Anm. 14.

sönliches Erfinderrecht nicht zustand. Das „orginäre Eigentumsrecht" des Arbeitgebers an der Diensterfindung des Arbeitnehmers blieb auch zu Beginn des 20. Jahrhunderts zunächst unbestritten, bis die Arbeitnehmerverbände begannen, dieses öffentlich anzugreifen.

Es kann nicht verwundern, daß die Versuche in Rechtsprechung und Wissenschaft, das Erfinderrecht des Arbeitgebers rechtsdogmatisch zu begründen, in die gleiche Richtung gehen, wie die im Rahmen des § 950 BGB aufgestellten Theorien. Die „Theorie der Stellvertretung" findet sich hier ebenso, wie die „Arbeitsvertragstheorie" oder die „Zurechnungstheorie"; doch konnte sich auch in diesem Bereich keine wirklich durchsetzen[142]. Erst später bildete sich in der Rechtsprechung die Unterscheidung von drei Gruppen von Arbeitnehmererfindungen heraus: die Betriebserfindungen, die Diensterfindungen und die freie Erfindung. Als sogenannte Betriebserfindung wurden solche Erfindungen bezeichnet, bei denen sich nicht feststellen ließ, wer der „eigentliche" Erfinder war. Nach der Rechtsprechung des Reichsgerichts galten diese Betriebserfindungen als Erfindungen des Arbeitgebers, an denen den Arbeitnehmern, die am Zustandekommen irgendwie beteiligt waren, keinerlei Rechte zustanden. Gleiches galt zunächst auch noch für die Diensterfindungen. Nur für die freien Erfindungen wurde ein eigenes Erfindungsrecht des Arbeitnehmers anerkannt, doch sollte sich auch hier aus der Treuepflicht des Arbeitnehmers gegenüber dem Arbeitgeber ergeben, daß der Arbeitnehmer sie diesem zur Verfügung zu stellen hatte, soweit der Arbeitgeber sie verwerten konnte und wollte.

Während das gesetzlich nicht gelöste Problem der Arbeitnehmererfindung in den Jahren bis 1936 in Rechtsprechung und Literatur einmal mehr unter patentrechtlichen, dann wieder verstärkt unter arbeitsrechtlichen Gesichtspunkten gesehen wurde[143], führte erst der Übergang vom „Anmeldesystem" und die Anerkennung eines „Erfinderpersönlichkeitsrechts" aufgrund der Neufassung des Patentgesetzes von 1936[144] zur allgemeinen Anerkennung auch des Arbeitnehmers „als Erfinder". Daraufhin erkannte auch die erste gesetzliche Regelung des Arbeitnehmererfinderrechts in der „Verordnung über die Behandlung von Erfindungen von Gefolgschaftsmitgliedern"[145] in Verbindung mit der Durchführungsverordnung vom 16. 4. 1943[146] an, daß das Er-

---

[142] *Ders.*, S. 19, 40 f., 43; zur Begründung des Inanspruchnahmerechts des Arbeitgebers vgl. auch *H. Dantz*, S. 22 ff.

[143] Vgl. z. B. Reg.Entw. eines Patentgesetzes von 1913 (zu §§ 3 und 10) und den Entw. eines allgemeinen Arbeitsvertragsgesetzes von 1923 (zu §§ 121 bis 132).

[144] Vom 5. 9. 1936 — RGBl II S. 117.

[145] Vom 12. 7. 1942 — RGBl I S. 366.

[146] RGBl I S. 257.

finderrecht auch bei der sogenannten „gebundenen Erfindung“ grundsätzlich in der Person des Arbeitnehmers entsteht. Nach der damaligen Regelung stand dem Arbeitgeber jedoch ein „originäres“, zeitlich begrenztes, vielfach als „dinglich“ bezeichnetes Anwartschaftsrecht auf die Erfindung zu[147]. Durch einseitige Erklärung gegenüber dem Arbeitnehmer konnte der Arbeitgeber bewirken, daß das Erfindungsrecht in toto auf ihn überging. Da diese Regelung weiterhin als nicht glücklich empfunden wurde, entstand letztlich das heutige Arbeitnehmererfindergesetz, das alle patentrechtlich schutzwürdigen Diensterfindungen zunächst dem Arbeitnehmer zuweist (nicht jedoch die nichtschutzwürdigen Erfindungen und die sonstigen technischen Verbesserungsvorschläge) und nur noch den Konflikt mit dem Arbeitgeber in vermögensrechtlicher Sicht regelt, die persönlichkeitsrechtliche Seite des Erfinderrechts jedoch nicht berührt.

Doch zeigt auch diese Regelung, daß im Bereich des Arbeitnehmererfindungsrechts aus der Einbindung des Arbeitnehmers in das Arbeitsverhältnis eine notfalls vollständige Beschränkung des Arbeitnehmers in der Verfügung über „seine“ Erfindung hergeleitet wird[148]. Das ergibt sich besonders daraus, daß eine Verfügung des Arbeitnehmers über seine Erfindung (zum Beispiel: Übertragung an einen Dritten) vor einer unbeschränkt möglichen Inanspruchnahme durch den Arbeitgeber gemäß § 7 Abs. 3 ArbNErfG insoweit unwirksam ist, wie Rechte des Arbeitgebers durch diese Verfügung beeinträchtigt werden. Dennoch bietet gegenüber dem System der fremdwirkenden Spezifikation die gesetzgeberische Grundentscheidung im Arbeitnehmererfinderrecht insoweit eine Besonderheit, als hier nicht nur das „Erfinderrecht“ des Arbeitnehmers nunmehr ausdrücklich anerkannt wird, sondern daß auch eine Auseinandersetzung über die Vergütung bei der Inanspruchnahme *im Einzelfall* zu erfolgen hat, also darüber hinausgeht, was im Bereich der Eigentumsfrage am hergestellten Produkt das System des Abfindungslohnes zu leisten vermag. Inwieweit es jedoch im praktischen Bereich bei der Vereinbarung zwischen Arbeitgeber und Arbeitnehmer zu einem „gerechten“ Ausgleich kommen kann, ist hier nicht zu beantworten. Nach der gesetzlichen Regelung kann der Arbeitgeber, soweit eine gütliche Vereinbarung mit dem Arbeitnehmer nicht zustandekommt, die Vergütung selbst festsetzen (§ 12 Abs. 3 ArbNErfG); hiergegen kann der Arbeitnehmer Widerspruch einlegen und die Schiedsstelle, sowie nach Scheitern des Schiedsverfahrens das ordentliche Gericht zur Entscheidung anrufen. In diesen Fällen wird die

---

147 Dazu und zu dem folgenden vgl. *B. Volmer*, Arbeitnehmererfindergesetz, Einleitung Anm. 53 ff.

148 Amtliche Begründung zu §§ 3, 4 Reg.Entw. ArbNErfG, vgl. *Haertel / Krieger*, S. 107 ff.

Bemessung der Vergütung dann nach den zu §§ 9 Abs. 2, 11 ArbNErfG erlassenen Durchführungsrichtlinien erfolgen[149]. Ein „gerechter" Ausgleich und damit eine allgemeine Anerkennung der schöpferischen und wertvollen eigenen Arbeitsleistung des Arbeitnehmers auch im Hinblick auf das Zustandekommen des späteren Produkts läßt sich aus der hierbei zur Anwendung kommenden Monopoltheorie jedoch nicht ableiten. Damit beschränkt sich auch das Arbeitnehmererfindungsgesetz im wesentlichen auf die Anerkennung des Persönlichkeitsrechts, d. h. des patentrechtlichen Namensrechts an der Erfindung, wie sie durch das PatG[150] vorgegeben ist. Damit bringt aber auch der besondere Vergütungsanspruch kaum eine „befriedigende Lösung" des Konflikts der beiderseitigen Interessen von Arbeitgeber und Arbeitnehmer[151], da er nicht immer einen „wohl abgewogenen Interessenausgleich" darstellen muß und darstellt.

III. Ergebnis — Wertung der gesetzlichen Ausprägung des Arbeitnehmererfinderrechts

Trotz gegenläufiger Tendenzen im übrigen Urheberrecht wird damit auch heute noch für den Bereich der Arbeitnehmererfindung aus der Einbindung des Arbeitnehmers ins Unternehmen und seiner rechtlichen wie wirtschaftlichen Unterordnung unter die Interessen des Unternehmers gefolgert, daß ihm ein ausschließliches Verfügungsrecht über sein geistiges Werk, seine Erfindung, grundsätzlich nicht zukommen kann. Ist aber die Erfindung aufgrund der gesetzlichen Regelung vom Arbeitgeber erst einmal „eingekauft", wenn auch im Sinne einer zusätzlichen Entlohnung zur Arbeitsvergütung, so ist dem Arbeitnehmererfinder die eigene wirtschaftliche Verwertung versperrt und es stehen ihm auch keine Mitspracherechte im Hinblick auf diese Fragen zu.

Positivrechtlich hat somit auch hier, d. h. durch den Nachkriegsgesetzgeber, der Gedanke, daß die „produktive, werteschaffende Arbeit als Eigentumserwerbsgrund anzuerkennen sei", für den Bereich der arbeitsteiligen Industrieproduktion und der Lohnarbeiterverhältnisse keinen Niederschlag gefunden, obwohl dieser Gedanke nach Raiser doch zum „festen Bestand unserer Rechtskultur" gehört. Eine systemgerechte Begründung für den vermögensrechtlichen Erwerb des Arbeitgebers an der Erfindung fehlt hier ebenso, wie im Rahmen der Spezi-

---

149 „Richtlinien für die Vergütung von Arbeitnehmerfindungen im privaten Dienst v. 20. 7. 1959 — abgedruckt in: Arbeitnehmererfinderrecht, S. 40 ff.

150 Vgl. §§ 26, 36 PatG.

151 So aber *H. Hubmann*, S. 47. Zu weiteren Wertungen vgl. *O. Kunze*, RdA 1975, S. 47 und *B. Volmer*, RdA 1950, S. 367.

fikation der Eigentumserwerb des Arbeitgebers am hergestellten Produkt nur mit der „Selbstverständlichkeit“ der geltenden Rechts- und Wirtschaftsordnung begründet bzw. als vorgegebenes Datum hingenommen wird. Daß der genannte Grundsatz der eigentumsschaffenden Kraft der Arbeit im System unserer geltenden Rechts- und Gesellschaftsordnung, d. h. in unserer freiheitlich-demokratischen, an der Menschenwürde als oberstem Verfassungsprinzip und am sozialen Rechtsstaatsprinzip ausgerichteten Gesellschaftsverfassung, seinen notwendigen Platz einnehmen muß und welche Bedeutung insoweit dem Vermögensbildungsgedanken zukommt, soll nachfolgend noch näher dargelegt werden.

TEIL IV

Arbeit und Eigentum im Rahmen der industriellen Produktion — Auswirkungen auf die Rechtsstellung des Arbeitnehmers im Unternehmen

1. Abschnitt

Wem gebührt das Produkt in einer individualistischen freiheitlich-demokratischen und marktwirtschaftlichen Gesellschaftsordnung?

I. Allgemeines zur Güterverteilung und zur Güterzuordnung

Das Problem der „gerechten" Güterverteilung ist, wie hier schon dargestellt wurde, kein mathematisch-statistisches Problem, das mit mathematischen Formeln gelöst werden könnte. Die bestehende Güterverteilung ist zunächst nur ein bloßes Faktum. Die Frage nach ihrer Gerechtigkeit kann daher nur bei der Regelung der Güterzuteilung an den Menschen bzw. bei den derzeit bestehenden Regelungsautomatismen einer solchen Zuteilungsordnung ansetzen. Im Rahmen der arbeitsteiligen Industrieordnung ist die Frage nach einer gerechten Zuteilungsordnung damit jedoch gleichbedeutend mit der Frage nach dem „gerechten Lohn" in einem „gerechten Verhältnis" zwischen Kapital und Arbeit, so daß beides nicht nur ein sozialethisches, sondern insbesondere auch rechtliches, d. h. eigentumsrechtliches Problem darstellt.

Der Regelungsinhalt einer konkreten Zuteilungsordnung ursprünglicher Eigentumsrechte folgt notwendig aus dem jeweiligen Stellenwert, der dem einzelnen Menschen im Hinblick auf die Sachgüterwelt — auch unter Berücksichtigung seiner Beziehung zu den Mitmenschen — in einer bestimmten Gesellschaftsordnung zukommen soll.

1. Die Stellung des Menschen zur Sachgüterwelt und die derzeitige Regelung der ursprünglichen Eigentumszuweisung

Als Geistwesen, als vernunftbegabtes Geschöpf, ist der Mensch ohne Ausnahme der materialen Güterwelt übergeordnet. Zur Begründung dieses Satzes, soweit er überhaupt einer Begründung bedarf, kann neben der geschilderten naturrechtlichen Ableitung, die in den einzelnen Naturrechtslehren keine bedeutsamen Unterschiede aufweist, für unseren Rechtsbereich auch auf die positive Rechtsordnung verwiesen werden. Denn das vorgenannte Prinzip der Überordnung des Menschen über die Sachgüter ergibt sich als oberster Rechtsgrundsatz notwendig für eine Rechts- und Gesellschaftsordnung, die in ihrem positiven Grundrechtskatalog die Menschenwürde (vgl. Art. 1 GG), die Freiheit der Person (vgl. Art. 2 GG und die speziellen Freiheitsrechte des Grundrechtsteils) und auch die Gleichheit vor dem Gesetz (vgl. Art. 3 GG) anerkennt. Dabei weisen nicht nur die Garantienormen der Art. 19 Abs. 2 und 79 Abs. 3 GG, sondern auch das Bekenntnis zum demokratischen und sozialen Rechtsstaat (vgl. Art. 20, 28 GG) aus, daß es sich bei den genannten Bestimmungen nicht nur um bloße Programmsätze handelt[1].

Aus der Überordnung des Menschen über die irdischen Dinge ergibt sich folgerichtig, daß diese eine Zuordnung zum Menschen hin erfahren, der Mensch Eigentum an ihnen erwerben kann, nicht jedoch umgekehrt der Mensch eine Zuordnung zur Sache erfahren darf. Artikel 14 Abs. 1 GG, in dem „das Eigentum" als subjektives Recht und als Rechtsinstitution gewährleistet wird, enthält nicht nur eine Garantie dieser allgemeinen Zuordnungsmöglichkeit der materialen Güter zu den Menschen, sondern er gewährleistet weiter die spezielle Form der Einzelzuweisung, also das Privateigentum als besondere Ausübungsform. Dies wird jedoch in Verbindung mit der industriell-kapitalistischen Wirtschaftsweise und der auf historischen Machtgegebenheiten beruhenden, einseitigen Eigentumszuweisung im Unternehmensbereich zunehmend in Frage gestellt, zumindest, soweit es um die Form des Produktionsmitteleigentums geht. Denn hierbei wird nur noch das Haben von Eigentum als Rechtsgrund für das Entstehen von neuem Eigentum im Bereich der arbeitsteiligen, industriellen Produktfertigung anerkannt.

Die derzeitige „Rechtsregel", die den persönlichen Arbeitseinsatz des im Produktionsprozeß stehenden Menschen in eigentumsrechtlicher Hinsicht ignoriert und die von der „Selbstverständlichkeit" der ersten und einzigen Zuweisung des hergestellten Produkts allein an die (zumeist nicht mitarbeitenden) Eigentümer der sachlichen Produktionsmittel — sei es auch über den Weg des sogenannten „wirtschaftlichen Eigentums"[2] — ausgeht, rückt damit in den Vordergrund der Kritik.

Nach dem Vorgenannten kann es nicht einsichtig sein, wenn allein das Haben und Halten von eigentumsmäßig bereits zugeteilten Gütern

---

[1] Vgl. hierzu auch *Maunz* in: Maunz / Dürig / Herzog / Scholz, Art. 14 Rz. 3.

[2] Als Ausfluß des „Rechtskunstgriffs" der juristischen Person.

alleiniger Rechtsgrund für das Entstehen von neuem Eigentum darstellt. Denn im Ergebnis erfährt hierdurch der Mensch eine Unterordnung unter die Sache. Dies gilt vor allem für den industriellen Sektor und die hierin beschäftigten abhängigen Lohnarbeiter. Der Arbeitseinsatz des einzelnen, mit dem er seine Menschnatur verwirklicht, erfährt keinerlei Beziehung zu dem Erfolg seiner Tätigkeit, zu dem von ihm hergestellten Produkt. Jeder Versuch jedoch, diesen „status quo" zu ändern und damit Möglichkeiten für eine Neuverteilung zu eröffnen, wird heute sogleich als rechtswidriger Eingriff in bestehende Rechtspositionen angesehen. Damit wird der bestehende status quo der Eigentumszuweisung im Unternehmensbereich aber zum unantastbaren Rechtssatz erhoben, dessen Legitimität im Rahmen der Gesamtrechtsordnung nicht angezweifelt werden darf.

Aus diesem Grunde ist auch die heutige Mitbestimmungsthematik ebenso wie die Vermögensbildungsthematik vorwiegend unter dem Blickwinkel der „Eigentumsausübungsberechtigung" befangen, sie hinterfragt aber nicht die Legitimität der derzeitigen Eigentumszuweisungsregelung. Soweit im Hinblick auf sozialpolitische Forderungen nach einer Verbesserung der gesamtgesellschaftlichen Stellung der Arbeitnehmer aber jegliche Begründungsversuche auf diesem status quo aufbauen, kann diesen von vornherein keine große Aussagekraft zukommen. Da aber der Mensch der materiellen Güterwelt notwendig übergeordnet ist und er seine Menschnatur grundsätzlich nur durch Arbeit verwirklichen kann, kommt dem „Stellenwert der Arbeit" eine besondere Bedeutung bei, was notwendig Auswirkungen auf den Regelungsinhalt der ersten, d. h. ursprünglichen Eigentumszuweisung im Produktbereich haben muß.

2. Die Bedeutung der menschlichen Arbeit im Bereich der industriellen Produktion

Gerade zu einer Zeit, in der es fast nichts mehr zu „okkupieren" gibt und in der die Natur schon die Grundstoffe nicht mehr dergestalt feilbietet, daß der Mensch sich ihrer ohne Anstrengung bedienen kann, kommt der Frage des Stellenwertes der menschlichen Arbeit, insbesondere im Hinblick auf die eigentumsmäßige Zuordnung der besonders im industriellen Produktionsprozeß neugeschaffenen Güterfülle, eine herausragende Bedeutung zu[3]. Denn auch im hochtechnisierten Bereich der heutigen Massenproduktion ist die Arbeit zu innerst ver-

[3] Dies gilt zumindest so lange, als es einen voll-automatisierten Produktionsprozeß (von der Erfindung eines Produktes bis zu seiner Verteilung) nicht gibt.

knüpft mit der Entfaltung der Persönlichkeit des Menschen[4]. Neben dem Institut der rechtsgeschäftlichen Übereignung, mit der sich das BGB überwiegend befaßt, erfordert daher auch die Frage der ersten Eigentumszuordnung eine positive Regelung durch die Rechtsordnung. Das Problem der ursprünglichen Eigentumszuordnung der mit Produkterstellung erstmals ins Leben tretenden „nova species" verliert auch nicht etwa dadurch an Bedeutung, daß das hergestellte Produkt seiner wirtschaftlichen Bestimmung nach notwendig „Tauschobjekt" und die „erste" Eigentumszuweisung damit grundsätzlich nur von kurzer Dauer ist. Die derzeitige Handhabung der ursprünglichen Eigentumszuordnung allein an den Arbeitgeber (Unternehmer), mit der seine aus dem Produktionsmitteleigentum resultierende Vormachtstellung noch potenziert wird, zeigt schon, welch weitreichende Folgerungen sich hieran anknüpfen. Diese gipfeln in der asymmetrischen Behandlung der am Unternehmen beteiligten „Faktoren" ebenso wie in der weiteren Folge, daß „Vermögensarmut" „Vermögensarmut" gebiert[5], da dem Arbeitnehmer in diesem System der „gerechte" Lohn vorenthalten wird.

3. Das Fehlen einer positiv-rechtlichen Regelung im Hinblick auf den Eigentumserwerb des Arbeitgebers (Unternehmers)

Wie oben bereits ausgeführt, läßt sich heute eine gesetzespositive Regelung des Inhalts, daß dem Unternehmer als Eigentümer der materiellen Produktionsmittel das im arbeitsteiligen Produktionsprozeß unter Einsatz der Arbeitskraft anderer neu hergestellte Produkt eigentumsmäßig zuzuordnen ist, wie sie etwa § 121 des Entwurfs eines allgemeinen Arbeitsvertragsgesetzes von 1923 vorsah, nicht finden. § 950 BGB, der trotz seines Wortlauts zwar nicht für die gegenteilige Auffassung herangezogen werden kann, enthält keinerlei positive Bestimmung im o. g. Sinne, da das soziale Verhältnis zwischen Arbeitgeber und Arbeitnehmer vom Regelungsinhalt der Vorschrift insgesamt nicht umfaßt wird (werden sollte). Die derzeit jedoch im Schweigen des Gesetzes bzw. in seiner allgemeinen Grundhaltung ebenso wie bei neuen Gesetzgebungsakten und bei der Rechtsanwendung zum Ausdruck kommende Nichtanerkennung der Arbeit als originärem Eigentumserwerbsgrund für die Personen, die als freie Rechtspersonen (wenn auch aufgrund vertraglicher Absprache mit dem Eigentümer der Produktionsmittel) diese Arbeit ausführen, muß nicht nur unter dem Gesichtswinkel der oben zitierten Naturrechtsprinzipien erstaunen. Denn ohne eine positiv-rechtliche Legitimierung steht die bis

---

[4] Vgl. dazu Papst Pius XII, zit. nach *F. Klüber*, Arbeit und Mitbestimmung, S. 278.

[5] *G. Weisser*, Vermögen und Vermögenspolitik, S. 168.

heute als „rechtsgültig“ anerkannte Handhabung der ersten Eigentumszuordnung in Widerspruch auch zu den oben angeführten Verfassungsprinzipien, deren Wertprämissen maßgeblich von den genannten Naturrechtslehren beeinflußt sind, wie nachfolgend gezeigt wird.

II. Anerkennung des Grundsatzes „Arbeit führt zu Eigentum“ als notwendiges Prinzip einer freiheitlich-demokratischen, marktwirtschaftlich ausgerichteten Gesellschaftsordnung

Die Überordnung des Menschen über die Sachgüterwelt und der Stellenwert der Arbeit, der sich daraus ableitet, daß der Mensch in der Arbeit seine Menschnatur verwirklicht, haben das notwendige Rang- oder Abhängigkeitsverhältnis zwischen „Arbeit“ und „Eigentum“ („Eigentumsrecht“) aufgezeigt, welches darin besteht, daß grundsätzlich nur durch Arbeit ein Rechtsanspruch auf persönliche Zuordnung eines neuen Gutes entstehen kann. Logische Konsequenz dieser Überlegungen ist dann die von Fabricius in die neuere Diskussion eingeführte These, daß in unserer sozialstaatlichen, marktwirtschaftlich orientierten Demokratie der naturrechtliche Grundsatz, daß Arbeit zu Eigentum des Arbeiters am Produkt seiner Arbeit führt, anzuerkennen ist zur Verwirklichung einer gerechten Arbeitsentlohnung. Dieser auf der Grundlage der konkreten politischen Wertordnung unseres Rechts- und Gesellschaftssystems abgeleitete Lösungsansatz im Sinne einer rechtspolitischen Forderung stellt sich als logische Konsequenz der Freiheitsphilosophie dar, die über das Naturrechtsdenken, insbesondere das Naturrecht der Aufklärung, Eingang in unsere Verfassungsordnung genommen hat. Zwar hat der genannte Grundsatz selbst keinen Niederschlag in der geltenden Privatrechtsordnung gefunden, stellt derzeit keinen positiven Rechtssatz dar[6], doch macht es die diesem Grundsatz widersprechende derzeitige Regelung der einseitigen Eigentumszuweisung an die nicht mitarbeitenden Eigentümer der Produktionsmittel, mag diese auch „legal“ in der Übung der geltenden Rechtsordnung sein[7], erforderlich, diese auf ihre „Legitimität“ im Rahmen der Gesamtrechtsordnung zu überprüfen. Hierbei zeigt sich, daß die Forderung nach rechtspositiver Anerkennung des genannten Grundsatzes nicht allein daraus resultiert, daß der Grundsatz der eigentumsschaffenden Kraft der Arbeit als Naturrechtsprinzip erkannt wird, dessen philosophische Nachweisbarkeit sich einer realen Begründung

---

[6] Als Ergebnis des „liberal-konservativen Kompromisses“ zwischen Gutsbesitzern und Gewerbetreibenden, dem das BGB insgesamt seine Entstehung verdankt — vgl. dazu *F. Fabricius,* Marktwirtschaft und Mitbestimmung, Rz. 160 ff.

[7] *Ders.,* Rz. 247.

ebenso entziehen wird, wie die Frage, nach der objektiven Gerechtigkeit[8]; sie ergibt sich vielmehr daraus, daß die bestehende Gesamtordnung, welche nach der Grundentscheidung unserer Verfassung eine freiheitlich-individualistische, die Menschenwürde und die Gleichheit neben der Freiheit als oberstes Prinzip anerkennende, demokratische Ordnung darstellt, sich an eben denselben Grundwerten ausrichtet, ja auf ihnen beruht, die die Grundlage auch für den genannten Satz der eigentumsschaffenden Kraft der Arbeit bilden.

1. Allgemeine Wertordnung im Rahmen des Grundgesetzes

Das Grundgesetz (GG) normiert in Art. 1 Abs. 1 die „unantastbare Menschenwürde als Grundlage eines Wertsystems"[9], wobei sich schon aus dem Wortlaut und der Systematik von Art. 1 Abs. 1 ergibt, daß dieser Verfassungsbestimmung der Charakter einer „Staatsfundamentalnorm" zukommt[10]. Dieses „ewige" Menschenrecht wird sodann in dem Hauptfreiheitsrecht des Art. 2 Abs. 1 GG und dem Hauptgleichheitsrecht des Art. 3 Abs. 1 GG noch näher konkretisiert. Ob sich hierbei allein aus der systematischen Voranstellung von Art. 2 Abs. 1 vor Art. 3 ein wertmäßiger Vorgang des Wertes der Freiheit vor dem ebenfalls in der Menschenwürde begründeten Gleichheitswert ergibt[11], mag hier dahinstehen. In jedem Fall sind auch im GG Freiheit und Gleichheit insoweit aufeinander bezogen, als Freiheit keine unbegrenzte „Robinson-Freiheit" meint[12], diese vielmehr durch den Gleichheitssatz materialisiert wird, so daß beide auch in einem inneren Zusammenhang zueinander stehen. Die hier vom GG vorgegebenen Wertnormen, die ein Wertsystem darstellen, haben auch nach derzeitigem Rechtsverständnis gemäß weitverbreiteter Ansicht den Charakter von „überpositiven Normen", die das GG zwar betont publizieren, aber nicht kraft Verfassungsgebungsakt konstituieren will. Nach Dürig mißt sich das GG selbst nicht die Autonomie zu, diese Rechte konstitutiv zu „gewähren", sondern es will sie nur als vorgegeben „gewährleisten"[13]. Gerade im Hinblick auf diese Verfassungsbestimmungen kann damit das Bestehen von überpositivem Recht nicht grundsätzlich geleugnet werden[14], so daß auch das Berufen hierauf

---

[8] Zur Frage der philosophischen Nachweisbarkeit von Naturrechtssätzen vgl. *ders.*, Rz. 145 ff. m. w. N.

[9] *Dürig* in: Maunz / Dürig / Herzog / Scholz, Art. 1, Rz. 1.

[10] *Ders.*, ebenda Rz. 9.

[11] So *Dürig*, Art. 2 Rz. 9 ff.

[12] *Ders.*, ebenda Rz. 4.

[13] *Ders.*, Art. 1, Rz. 73 ff., mit weiteren Hinweisen auf Rechtsprechung und Schrifttum.

[14] Vgl. dazu auch *Maunz / Dürig*, Art. 79, Rz. 25 und 41; BVerfGE 3, 232 ff. und allgemein zur neueren Naturrechtsdiskussion *H. D. Schelauske*, passim.

nicht fern jeder Rechtsdogmatik liegt. Vor allem sind es aber politische Wertentscheidungen, auf denen unsere Rechts- und Gesellschaftsordnung aufbaut.

Die vorgenannten Werteinschätzungen komplettieren sich nämlich in Verbindung mit Art. 20, 28 GG zur freiheitlich-demokratischen Grundordnung[15], zur freiheitlichen Demokratie. Artikel 20 GG, der im Hinblick auf seine materiell-rechtliche Funktion neben Art. 1 als zweite „Staatsfundamentalnorm" des GG umschrieben wird[16], bildet zusammen mit Art. 1 den Gesamtrahmen nicht nur für die politische Ordnung, sondern für den gesamtgesellschaftlichen Bereich, wobei die Idee der Freiheit des einzelnen und der Gleichheit aller die notwendige Querverbindung von der individualistischen zur gesamt-gesellschaftlichen Sicht herstellt. Gerade das Demokratieprinzip wird damit zum gesamtgesellschaftlichen Ordnungsprinzip, zur „allumfassenden Lebensordnung"[17] und erhält so konkreten materiellen Gehalt. Auch das Rechtsstaatsprinzip[18] und das Sozialstaatsprinzip stellen dann nicht nur Strukturelemente einer bestimmten Organisationsform, sondern ein allgemeines Ordnungsprinzip dar, das wesentlicher Bestandteil der Gesamtordnung ist. Durch das Sozialstaatsprinzip, das eine „spezifische Gesetzgeberkompetenz" schafft[19], werden aber auch die „materiellen" Grundlagen für die freie Entfaltung der Persönlichkeit des einzelnen von der Verfassung besonders geschützt. Es besteht nicht nur eine Verpflichtung des Staates, diese zu gewährleisten, bzw. diese zu schaffen[20], sondern dieses Prinzip erhält umfassende Gültigkeit für den gesamten Gesellschafts- und Wirtschaftsbereich.

Von dieser Wertentscheidung her erscheint es folgerichtig, wenn Fabricius feststellt, daß der Eigentumserwerb der nicht mitarbeitenden Kapitalgeber am durch höchstpersönlichen Arbeitseinsatz anderer hergestellten Produkt nach unseren, auf den demokratischen Prinzipien von Freiheit und Gleichheit beruhenden Gerechtigkeitsvorstellungen „nicht legitim" sein kann[21]. Dies gilt gleichermaßen für die weiteren Folgerungen, die sich für die Stellung des abhängigen Lohnarbeiters hieraus ergeben. Art. 14 Abs. 1 GG, der „das Eigentum" als spezielles, Art. 2 Abs. 1 GG konkretisierendes Freiheitsrecht gewährleistet, schützt

---

[15] Vgl. auch Art. 11 Abs. 2; 18; 21 Abs. 2 und 91 Abs. 1 GG.

[16] *R. Herzog*, Art. 20, Rz. 7 ff., 17 ff.

[17] *F. Klüber*, Katholische Soziallehre, Sp. 2379.

[18] Nach h. L. ist das Rechtsstaatsprinzip Bestandteil von Art. 20 GG; nach a. A. ergibt es sich direkt aus Art. 1 GG — zum Ganzen vgl. *R. Herzog*, Art. 20, Rz. 18 ff. m. w. N.

[19] Vgl. dazu *P. H. Naendrup*, Mitbestimmung und Verfassung, Rz. 59.

[20] *R. Herzog*, Art. 20, Rz. 19.

[21] In: Marktwirtschaft und Mitbestimmung, Rz. 247.

zwar in seinem individualrechtlichen Bereich den legal erworbenen Stand an Eigentum (Vermögen)[22], sagt jedoch nichts über die Gerechtigkeit einer bestimmten Eigentumszuweisung aus. Gerade in einer Wirtschafts- und Gesellschaftsordnung, die den vorgenannten Wertprämissen entspricht, muß das Eigentum aber nicht nur als individuelles Freiheitsrecht, sondern vor allem als allgemeines Ordnungssystem notwendig unter der Wertmaxime stehen, daß „der Personenwert auf allen Rechtsgebieten Vorrang vor dem Sachgüterwert“[23] haben muß.

2. Das Grundgesetz und die Wirtschaftsordnung

Im Rahmen von Artikel 14 GG wird vielfach die Frage diskutiert, ob die derzeitige Verfassungsordnung über die Eigentumsgarantie des Art. 14 eine bestimmte Gesellschafts- oder Wirtschaftsverfassung vorbestimmt, die eine bestimmte Unternehmensverfassung präjudizieren könnte. Während die Weimarer Reichsverfassung in ihrem 5. Abschnitt eine Regelung über „das Wirtschaftsleben“ enthielt, ist ein solcher Abschnitt bewußt nicht in das GG übernommen worden[24]. Im Ergebnis dürfte daher die Meinung zutreffend sein, daß das GG wertneutral im Hinblick auf eine bestimmte, festgeschriebene Wirtschaftsordnung ist[25]. Doch darf dieses Regelungsdefizit nicht als völlige Enthaltung begriffen werden[26]. Einmal ist nicht zu bestreiten, daß schon die Existenz des Grundrechts auf Privateigentum der staatlichen Wirtschafts- und Gesellschaftspolitik Begrenzungen setzt[27]. Zum anderen ergibt sich auch unter Berücksichtigung der allgemeinen Geisteshaltung, dem das gesamte Verfassungswerk seine Entstehung verdankt und die in den genannten Einzelvorschriften ihren Niederschlag gefunden hat, daß die Freiheit des Bürgers auch im wirtschaftlichen Raum weitgehendst zu gewährleisten ist, selbst wenn der Staat im Einzelfall berechtigt sein mag, lenkend in den Gesamtprozeß einzugreifen. Damit wird aber im wesentlichen das geltende marktwirtschaftliche Wirtschaftssystem, wenn nicht normiert, so doch vom GG toleriert; es stellt sich zumindest als mögliches, verfassungskonformes Wirtschaftsmodell dar[28]. Dies gilt insbesondere im Hinblick auf die Abgrenzung des Marktwirtschafts-

---

[22] Kritisch hierzu: *F. Klüber*, Katholischer Sozialismus, S. 81 ff.

[23] So auch *J. Wintrichs*, S. 139 f.

[24] Vgl. hierzu *F. Badura*, S. 205.

[25] So die h. M. in Rechtsprechung und Literatur; vgl. statt aller: BVerfGE 4, 7; 7, 4; 12, 363; 14, 275 jeweils m. w. N. Vgl. dazu neuerdings auch *P. H. Naendrup*, Mitbestimmung und Verfassung, Rz. 60.

[26] Vgl. *I. v. Münch*, S. 27 und das Mitbestimmungsurteil des Bundesverfassungsgerichts vom 1. 3. 1979, DB 1979, S. 593 ff.

[27] So auch *Maunz*, Art. 14 Rz. 8.

[28] Zum Ganzen vgl. auch das Mitbestimmungsurteil, DB 1979, S. 593 ff.

modells gegenüber dem der staatlichen Zwangswirtschaft. Dieses Ergebnis wird durch die von der Verfassung vorgegebenen Wertprämissen der Menschenwürde und der Freiheit und Gleichheit der Person, auf denen auch das System der Marktwirtschaft beruht, noch untermauert.

Die Realität, zu der die praktische Ausgestaltung dieser Ordnung im wirtschaftlichen wie gesellschaftlichen Raum geführt hat, zeigt dann jedoch auf, daß das Grundanliegen des Art. 14 GG — Schutz des individuellen Eigentums — und das aus ihm ableitbare Wirtschafts- und Gesellschaftssystem sich sogleich widersprechen, wenn die Eigentumsordnung in ihrer privatrechtlichen Ausgestaltung — wie die gegenwärtige Situation in der Bundesrepublik zeigt — eine erhebliche Ungleichheit in der Vermögensverteilung und damit eine (nicht gerechtfertigte) ungleiche soziale Schichtung innerhalb der Bevölkerung bewirkt. Da Art. 14 Abs. 1 GG, der in seiner individualrechtlichen Komponente grundsätzlich keine Aussage über die „Verteilung" des Eigentums trifft, insbesondere in seinem ordnungspolitischen Gehalt unter der Prämisse von Art. 1 Abs. 1 und 20 Abs. 1 GG steht und da weiter die Freiheit einer Gesellschaft davon abhängt, ob der einzelne über die notwendigen materiellen Mittel verfügt, sich in Freiheit und Gleichheit behaupten zu können, muß die Gesamtrechtsordnung ihm auch den „Erwerb dieser Mittel" gewährleisten[29]. Im Hinblick auf diesen „Erwerbstatbestand" kommt dem Gesichtspunkt der Gleichheit also eine besondere Bedeutung bei.

Die geltende Privatrechtsordnung wird dem Gesichtspunkt der „Gleichheit beim Erwerb" der für die freie Entfaltung der Persönlichkeit notwendigen materiellen Mittel zur Zeit jedoch nicht gerecht. Denn die bloß „formale" Freiheit gerade im rechtsgeschäftlichen Verkehr, die auch nur eine „formale Gleichheit" unter den einzelnen Rechtssubjekten gewährleisten kann, vermag nicht die geschichtlich bedingten sozio-ökonomischen Machtverhältnisse zu überwinden und soziale Gerechtigkeit herbeizuführen. Dies gilt insbesondere, soweit die Rechtsordnung auch nicht natürliche Personen als „freie" Rechtssubjekte am Marktverkehr teilhaben läßt, ohne Sorge dafür zu tragen, daß die Gleichheit aller gewährleistet bleibt. Wenn das Marktmodell, das systembedingt auf den Prinzipien der „Freiheit und Gleichheit" aufbaut, in der praktischen Ausprägung zu der genannten Vermögensungleichheit führen konnte, so kann dies damit begründet werden, was Fabricius die „Nichtanerkennung des naturrechtlichen Grundsatzes ‚Arbeit führt zu Eigentum des Arbeiters am Produkt seiner Arbeit'" nennt.

---

[29] Vgl. dazu *R. Herzog*, Grundrechte und Gesellschaftspolitik, S. 63 f.

3. Die Lückenhaftigkeit der Privatrechtsordnung und die Aussagekraft des Grundsatzes „Arbeit führt zu Eigentum"

Die durch die arbeitsteilige, industrielle Massenproduktion bedingte Trennung des Produzenten von den Produktionsmitteln, die ohne eine weitere Legitimation allein aufgrund der bestehenden Machtstrukturen dazu führte, daß der „bloßen menschlichen Arbeitskraft" von Anfang an eine nur untergeordnete Bedeutung beigemessen wurde, so daß auch im Industriezeitalter der (einseitige) materielle Besitzstand zur Grundlage der Macht des Menschen über den Menschen werden konnte, führte bis heute, besonders in eigentumsrechtlicher Hinsicht, zu einem sozialen „status quo", dessen Legitimität nicht angezweifelt wurde (werden durfte). Dessen Bestand wurde dadurch noch gesichert, daß das liberale Freiheitsdenken auf ein „verfassungsfestes Bewahren"[30] abzielt. Während damit jeder Versuch zur sozialen Umgestaltung in einen fast unlösbaren Begründungszwang geraten mußte, wird der bestehende status quo selbst nicht für besonders begründungswürdig gehalten. Obwohl nach den Grundsätzen unserer Gesamtordnung alle Menschen „gleich frei" sein sollen, enthält unser Rechtssystem eine Lücke insoweit, als die formale Freiheit und Gleichheit nicht auch durch eine materielle Gleichheit ergänzt wird. Nur hierdurch könnte aber auch „die Menschenwürde" als Grundlage unserer Wertordnung einen materialen Gehalt erhalten und praktische Wirklichkeit werden — auch im wirtschaftlichen Bereich. Die Untersuchung von Fabricius hat diese „Lücke" mit besonderer Deutlichkeit aufgezeigt. Die Forderung nach Anerkennung des Grundsatzes der eigentumsschaffenden Kraft der Arbeit dient damit in erster Linie dazu, die aufgezeigten Lücken im Gesetz mit einer an politischen Wertentscheidungen orientierten Regelung auszufüllen. Doch führt sie desweiteren auch zu einer Umkehrung des Begründungszwangs.

Die Anerkennung der aufgezeigten Werthaftigkeit führt nämlich dazu, daß nicht mehr jede Änderung im gesellschaftspolitischen Bereich unter ausführlichem Begründungszwang steht, sondern daß der *status quo* selbst *der Begründung bedarf*, wenn sozialpolitische Erwägungen, die im Einklang mit der Werthaftigkeit des Gesamtsystems stehen, in einzelnen Bereichen eine Neuregelung erfordern. Dies trifft vorrangig auch auf den hier in Rede stehenden Bereich der Forderung nach Vermögensbildung in Arbeitnehmerhand zu, der wesentlicher Teil des allgemeinen Problems einer gerechten Integrierung der Arbeitnehmerschaft in das Unternehmen, in die Wirtschaft und in die Gesellschaftsordnung überhaupt ist. Im Hinblick auf diese sozialpolitische Forderung dient das Aufzeigen der konkreten Werthaftigkeit der be-

---

[30] *P. H. Noendrup*, Mitbestimmung und Verfassung, Rz. 59.

stehenden Gesamtordnung im Zusammenhang mit dem sich daraus ableitbaren Grundsatz der eigentumsschaffenden Kraft der Arbeit, mit der allein der einzelne seine formelle Freiheit und Gleichheit auch zu einer materiellen Freiheit und Gleichheit gestalten kann, dazu, einen tragfähigen Lösungsansatz zu erarbeiten[31]. Denn der auf der individualistischen Freiheitsphilosophie aufbauende Grundsatz „Arbeit führt zu Eigentum ..." behält Gültigkeit auch im Rahmen der heutigen Prozesse sogenannter „kollektivistischer" oder „gesellschaftlicher" Produktionsweisen. Der Wandel von der „Individual"- zur „Kollektiv"-Produktion kann allenfalls zu einer Modifizierung des genannten Grundsatzes führen, nicht aber seine Nichtanwendung begründen.

III. Einfluß der „kollektivistischen" Produktionsweise auf den naturrechtlichen Grundsatz der eigentumsschaffenden Kraft der Arbeit

Läßt man die einseitigen Begründungsversuche außer acht, mit denen die Eigentumszuweisung des hergestellten Produkts an den Arbeitgeber im geltenden Privatrecht aufgrund dessen römischrechtlichen Einflusses hauptsächlich vertreten wird, so kann dem im Germanenrecht ebenso wie im christlichen Naturrecht und dem Naturrecht der Aufklärung anerkannten Rechtsgrundsatz, daß der menschlichen Arbeit eigentumsschaffende Kraft zukommt, weder der geschichtliche Wandel von der Individualproduktion zur sogenannten „Kollektivproduktion" im industriellen Großunternehmen entgegenstehen, noch die Tatsache, daß die Arbeitnehmer aufgrund der geschichtlichen Gegebenheiten nicht auch Eigentümer der zur Produkterstellung unentbehrlichen technischen Produktionsmittel sind. Der genannte Wandel kann allenfalls zu einer Modifizierung führen, nicht aber die Nichtanerkennung des Grundsatzes „Arbeit führt zu Eigentum ..." begründen.

1. Individualprodukt und Kollektivprodukt Einzeleigentum und Gesamthandseigentum

Nach von Nell-Breuning soll das, was für das Verhältnis des individuell geschaffenen Produkts zu seinem individuellen Erzeuger gilt, nicht auf den Bereich der „sozialiter" vollzogenen Produktion übertragen werden können[32]. „Sozialiter vollzogene" oder „kollektive"

---

[31] Daß sich unter Berufung auf die aufgezeigte Werthaftigkeit auch weitere sozialpolitische Problemthemen einer Lösung zuführen lassen zeigt *F. Fabricius* in: Rechtstheoretische Grundfragen zum Problem Multinationaler Unternehmen und: Der Einfluß der Europäischen Sozialcharta auf nationale rechtliche Bewertungen von Streik und Aussperrung.

[32] Vgl. oben Teil III, 3. Abschnitt, II.

Produktion besagt jedoch zunächst nichts anderes, als daß nicht ein Mensch allein alle notwendigen Arbeitsvorgänge ausführt, die zur Produkterstellung erforderlich sind, sondern daß „viele Hände und viele Köpfe“ nach einem vorbestimmten Organisationsplan zusammenwirken. So, wie das Alleineigentum des einzelnen im Falle der Individualproduktion als richtiges Rechtsinstitut erscheint, so führt die Umsetzung in die Rechtswirklichkeit im Falle der Zusammenarbeit Mehrerer bei der industriellen Produktion zur Annahme einer gemeinschaftlichen Rechtszuständigkeit dieses Personenkreises, d. h. zum Gesamthandseigentum aller Arbeitnehmer am hergestellten Produkt. Die Besonderheit dieser deutsch-rechtlichen[33] Eigentumsart besteht gerade darin, daß dem einzelnen Gesamthandberechtigten nicht bloß ein (bruchteilsmäßiger) Anteil am einzelnen Eigentumsobjekt zusteht, sondern daß sich seine Berechtigung auf das Gesamt bezieht, weshalb diese Eigentumsart auch als „Miteigentum zu ungeteiltem Recht“ bezeichnet wird. Der soziale Charakter der Gruppenzugehörigkeit mit besonderer Interessenlage findet hierin seine rechtliche Anerkennung.

Die von v. Nell-Breuning betonte Unmöglichkeit der Anteilsberechnung („Quotifizierung“) der Wirkursächlichkeit des einzelnen Produktionsbeitrages verliert damit an Bedeutung. Sie könnte allenfalls gegen die Anwendung der Vorschriften der §§ 1008 ff. BGB („Miteigentum nach Bruchteilen“) sprechen, nicht jedoch gegen die Gesamthandsberechtigung, wie sie sich als Regelungsform auch für die vermögensrechtliche Beteiligung mehrerer Gesellschafter untereinander im geltenden Personalgesellschaftsrecht ergibt. Denn auch Personalgesellschafter, die statt einer Sacheinlage ihre Arbeitskraft als Gesellschaftereinlage beisteuern, werden nicht deshalb von einer (vermögensrechtlichen) Mitgliedschaft ausgeschlossen, weil ihr produktiver Wertanteil nicht „quantifizierbar“ ist. Wenn hier eine rechnerische *Wert*aufteilung auch grundsätzlich erst bei einer späteren Auseinandersetzung erfolgen kann, so wird damit der Weg für eine Regelung einer möglichst gerechten Wertanteilsbestimmung nicht versperrt. Im derzeitigen Arbeitsrecht (Arbeitsvertragsrecht) steht eine derartige Regelungsbefugnis aber gar nicht erst zur Disposition.

Im Hinblick auf eine praktische Lösung bietet die Gesamthandsberechtigung zudem den Vorteil, die gesamte Belegschaft, die sogenannte Betriebsgemeinschaft, als Zuordnungssubjekt, d. h. als „die“ Gemeinschaft zur gesamten Hand anzusehen, in deren (gemeinschaftliches) Vermögen das neu hergestellte Produkt fällt. Sieht man als wirtschaftliches Ziel der Unternehmung nicht nur das interessenmonistische Ziel der Gewinnmaximierung auf Kapitalgeberseite, sondern die Marktbefriedigung als weiteres, sog. externes Ziel der Unter-

---

[33] Vgl. *Palandt / Bassenge*, Überbl. vor § 903 BGB, 5 c.

nehmung an, dann fällt es nicht schwer, hiervon auf die Gesamtbelegschaft als den für den Eigentumserwerb richtigen Personenkreis im Rahmen einer arbeitsteiligen Produktion zu schließen. Denn jeder einzelne hat durch seinen persönlichen Arbeitseinsatz ohne Unterschied der ausgeübten Funktionen dazu beigetragen, dieses Ziel zu verwirklichen.

Dem Ergebnis, daß das durch Arbeit hergestellte Produkt ins Gesamthandseigentum aller Arbeitnehmer fällt, steht rechtstechnisch weder die Zusammenarbeit Vieler bei der arbeitsteiligen Produktfertigung noch auch die Tatsache entgegen, daß die Arbeitnehmer nicht Eigentümer der Produktionsmittel und der verarbeiteten Roh- und Halbfertigfabrikate sind.

2. Trennung des „Produzenten" von den Produktionsmitteln — Die Eigentumsberechtigung am Produkt bei „gesellschaftlicher Produktion"

a) Einfluß der Trennung der Produktionsfaktoren auf den ursprünglichen Eigentumserwerb am Produkt

Versteht man unter einer „sozialiter" vollzogenen Produktion nicht nur das unmittelbare Zusammenwirken vieler in bezug auf körperlichen und geistigen Arbeitseinsatz (sog. „kollektive" Produktion), sondern auch die Mitwirkung des „Faktors Kapital" durch die Bereitstellung der sachlichen Produktionsmittel und den Einkauf der Rohmaterialien etc. (sog. „gesellschaftliche" Produktion), so zeigt sich für den Bereich der Eigentumsberechtigung am neu hergestellten Produkt aufgrund des in Rede stehenden Grundsatzes der eigentumsschaffenden Kraft der Arbeit der wesentliche Unterschied darin, daß im einen Fall der einzelne Mensch durch höchstpersönlichen Arbeitseinsatz seine Arbeitskraft einbringt und dadurch seine Menschnatur verwirklicht, während im anderen Fall rein materielle und sachrechtlich bereits zugeordnete Vermögenswerte zur Unternehmenszielerreichung beigesteuert werden. Zwar sind auch diese unerläßliche Voraussetzung für das Funktionieren der Unternehmung; im Hinblick auf das genannte Grundrecht können aber, sobald „die Gesellschaft" aus dem Gründungsstadium ins produzierende „Unternehmensstadium" übergegangen ist, die beiden Fälle selbst dann nicht gleichgesetzt werden, wenn der einzelne Gesellschafter mit der Kapitalinvestition seinen Lebensunterhalt „verdient". Denn für eine eigentumsmäßige Zuordnung im Sinne des genannten Grundrechts „Arbeit führt zu Eigentum ..." an nichtmitarbeitende Kapitalgeber fehlt es an einer wesentlichen Tatbestandsvoraussetzung, woran auch der Umstand nichts ändert, daß sich die derzeitige Eigentumsregelung aufgrund ihrer Geschichtlichkeit mit „Selbstverständlichkeit" darüber hinwegsetzt und daher nur bereits bestehendes Eigentum als Erwerbsgrund für weiteres Eigentum anerkannt wird.

Desweiteren bildet auch hier die „Unmöglichkeit der Quantifizierung der Wertanteile der einzelnen Produktionsfaktoren“ kein tragfähiges Argument für die Ablehnung des Grundsatzes der eigentumsschaffenden Kraft der Arbeit. Hierzu hat schon Klüber[34] im Rahmen seiner Auseinandersetzung mit der Eigentumslehre von L. de Sousberghe ausgeführt, daß es dieses Zurechnungsproblem ganz allgemein in der Wirtschaftstheorie und in der Wirtschaftspraxis gebe und daß es dort auch gelöst werde. Denn: „... ganz unabhängig davon, ob die Theorie für jeden Fall eine brauchbare Lösung zur Verfügung hat, ist die wirtschaftliche Praxis tagtäglich gezwungen, die Frage auf irgendeine Weise zu lösen.“ Klüber bemerkt hierzu weiter: „Und schließlich ist ja auch die Forderung des gerechten Lohnes an die Voraussetzung gebunden, daß es gangbare Wege gibt, die Produktivität der Arbeit in etwa zu bestimmen. Schwierigkeiten der Messung können jedenfalls nicht geltend gemacht werden, um ein Recht, hier das Recht auf die Frucht der Arbeit, in Frage zu stellen.“

Überwiegend wird der genannte Grundsatz jedoch aus dieser Überlegung heraus nicht anerkannt und daher auch nicht zur Begründung der Vermögensbildungsforderung herangezogen, wie überhaupt die Meinung vertreten wird, daß das ganze Problem der Vermögensbildung nicht sachenrechtlich am einzelnen Arbeitsprodukt gelöst werden könne[35]. Doch wird in der vermögenspolitischen Diskussion als Begründungsversuch vereinzelt auch die Ansicht vertreten, daß aufgrund der Erkenntnis, „daß alle heutige Produktion gesellschaftliche Produktion ist“, beiden Personengruppen — den Trägern des Faktors Arbeit ebenso wie denen des Faktors Kapital — eine „gemeinsame“ Erwerbszuständigkeit am hergestellten Produkt zustehe.

b) Gemeinsame Eigentumsberechtigung am Produkt von Arbeitnehmern und Kapitalgebern bei „gesellschaftlicher Produktion“?

In seiner Analyse vermögensrechtlicher Wertungen in der sozialen Wirklichkeit folgert G. Weisser[36] aus dem „gesellschaftlichen Charakter heutiger Produktion“, d. h. dem Zusammenwirken der beiden Produktionsfaktoren Kapital und Arbeit bei der unternehmerischen Produkterstellung, daß jedem der „beiden Personengruppen“ der „natürliche Anspruch des Produzenten auf das Produkt“ zustehen müsse. Da nach

---

[34] In: Eigentumstheorie und Eigentumspolitik, S. 145.

[35] Vgl. *F. Baur*, S. 492; *H. Westermann*, § 53 I, 2; *G. Schaub*, S. 442.

[36] Kap. Vermögen und Vermögenspolitik, S. 166.

den Tatsachen des heutigen Wirtschaftslebens das Produkt überall „Ergebnis eines echten Zusammenwirkens“ sei, das geltende Recht aber nicht bewirke, daß auch die Arbeitnehmer aus ihrer Mitwirkung eine entsprechende Stellung wie die Kapitalgeber erreichen könnten, sei das Recht im Sinne einer Beteiligung der Arbeitnehmer weiter zu entwickeln. Zwar werde auch heute die Privateigentumsordnung durch Anerkennung des Eigentums am Produkt gesichert; da aber das heutige positive Recht die sozialen Prozesse im Rahmen der Industrieproduktion nicht konsequent von der Entscheidung her ordne, daß der produktiven werteschaffenden Arbeit eigentumsbegründende Kraft beikomme, falle derzeit das Eigentum an neuen ökonomischen Werten originär Personenkreisen zu, „die nur scheinbar identisch mit der Gruppe der Personen sind, die am Zustandekommen der neuen Vermögenswerte aktiv beteiligt sind“. Da die Arbeitnehmer aber nicht bloß „Vollzugsorgane des eigentlichen Produzenten“ seien, diese Bewertung nur aus den „ungünstigen sozialgeschichtlichen Bedingungen des Einbringens des Produktionsfaktors Arbeit“ resultiere, müßten Regelungen geschaffen werden, „durch die bei allen an der Gruppenproduktion Beteiligten personenbezogene Vermögen — nämlich Beteiligungen —“ entstünden. Diese Beteiligung von „allen“ wird von Weisser aus der Notwendigkeit einer gemeinsamen Zuerkennung des „Anspruchs auf das Gruppenprodukt“ an die Mitglieder „beider Produzentengruppen“ abgeleitet. In seinen weiteren Überlegungen schließt Weisser jedoch ausdrücklich aus, daß „nur die Werktätigen“ Produzenten seien: „Einzelpersonen können keinen „natürlichen“ d. h. unmittelbar gegebenen Anspruch auf das Gesamt eines Produktes haben, an dessen Zustandekommen sie nur neben anderen Personen mitgewirkt haben ...“, wobei Weisser unter gemeinsamer Mitwirkung die Mitarbeit aufgrund tatsächlichen Arbeitseinsatzes ebenso wie den bloßen Kapitaleinsatz der im übrigen nicht mitarbeitenden Kapitalgeber versteht. Im Hinblick auf zu treffende vermögens-„politische“ Entscheidungen, die den Grundzügen der von ihm erstrebten allgemeinen Gesellschaftsordnung kompatibel sein sollen, führt Weisser dann an anderer Stelle noch aus, daß der Gedankengang, jeder Mensch habe ein natürliches Recht am Produkt seiner eigenen Bemühungen, heute nicht mehr zum Ziele führen könne[37], da er nicht als Norm für

[37] Vgl. Kap. Distributionstheorie II, S. 641: „Die heutige Wirtschaft beruht auf Arbeitsvereinigung und Arbeitsteilung. Sie ist im eigentlichen Sinne des Wortes gesellschaftlich. Die Produkte sind das Ergebnis eines Zusammenwirkens. Bei ihm kann der kausale Anteil des einzelnen nicht exakt bestimmt werden. Dies träfe auch auf eine extrem marktwirtschaftlich organisierte heutige Gesellschaftswirtschaft zu. Stets befinden sich daher bei hohem technischen Stand der Arbeitsvereinigung die meisten Wirtschaftsteilnehmer in Verhältnissen, bei denen es nicht möglich ist, daß ein bestimmter ihnen zurechenbarer Anteil am Produkt zur Grundlage ihres Einkommens gemacht

Tauschvorgänge anerkannt werden könne. Eine rechtspositive Einführung dieses Grundsatzes wird daher abgelehnt, wobei auch die Argumentation Weissers deutlich macht, daß dieses Ergebnis von dem Gedanken der „Nichtquantifizierbarkeit" und dem In-Beziehung-Setzen zum „Recht auf den vollen Arbeitsertrag" wesentlich beeinflußt ist.

Von diesem Ergebnis her erscheinen dann aber auch die zuvor angestellten wirtschaftssoziologischen Wertungen und die aus dem „gesellschaftlichen Charakter heutiger Produktion" abgeleitete rechtstheoretische Schlußfolgerung der gemeinsamen Zuerkennung des Anspruchs auf das Gruppenprodukt nicht folgerichtig. Denn die insoweit zugrunde gelegte Anerkennung des Grundsatzes der „natürlichen Beziehung des Produzenten zum Produkt" kann nur zu einer Eigentumsberechtigung der tatsächlich mitarbeitenden „Produzenten" führen. Wenn „die Arbeit" überhaupt als eigentumsbegründend anerkannt wird, so kann diese Aussage nicht dadurch modifiziert werden, dies gelte nur zur Hälfte, wenn die Arbeit mit oder an nicht im Eigentum des Arbeiters stehenden Produktionsmitteln vorgenommen wird. Die Lösung einer gemeinsamen Eigentumszuständigkeit zwischen Kapital und Arbeit könnte allenfalls damit begründet werden, daß im Rahmen der industriellen Produktion zwei Rechtsgrundsätze miteinander in Kollision zueinander stünden. Als für die Kapitalgeberseite günstige Regel könnte hierzu nur angeführt werden, daß bestehendes Eigentum an Produktionsmitteln sich rechtlich am Eigentum am Produkt fortsetze, auch dann, wenn die Herstellung noch menschlichen Arbeitseinsatz anderer erfordert. Diese Regel wird jedoch durch den Grundsatz der eigentumsschaffenden Kraft der Arbeit insgesamt in Frage gestellt, bzw. ausgeschlossen.

Für den Regelfall der arbeitsteiligen Industriearbeit im Rahmen der derzeitigen Güterproduktion schließt daher die Anerkennung des Grundsatzes „Arbeit führt zu Eigentum ..." aus, daß auch „Nichtarbeit" zu Eigentum an dem von anderer Hände Arbeit hergestellten Produkt führt[38]. Weissers Lösung ist — wie hier noch zu zeigen sein

---

wird. Ein „Recht auf den vollen Arbeitsertrag" (Anton Menger und andere vor ihm) kann es nicht geben, weil der volle Arbeitsertrag sich nicht ermitteln läßt". ... „In marktwirtschaftlichen Ordnungen und auch in solchen mit vollständiger Konkurrenz richten sich die Preise nach Angebot und Nachfrage, nicht aber nach ‚natürlichen' Beziehungen des Produzenten zu dem unter seiner Mitwirkung erstellten Gut. Darin aber liegt, distributionspolitisch und nicht distributionstheoretisch betrachtet, eben gerade das Problem. Es bedarf der politischen Entscheidung, ob und gegebenenfalls mit welchen Einschränkungen das so sein soll."

[38] Für den zur Zeit äußerst theoretischen Fall einer 100 %igen Automation im gesamten Unternehmensbereich mag etwas anderes gelten, doch braucht auf diesen Fall nicht näher eingegangen zu werden. Zur Berücksichtigung bei der Wertanteilsberechnung vgl. unten 2. Abschnitt, III.

wird — aber auch im Hinblick auf das angestrebte Ergebnis einer „gemeinsamen“ vermögensrechtlichen Beteiligung der beiden Personengruppen am Unternehmen oder am Unternehmenserfolg nicht erforderlich, da die Entscheidung zugunsten eines Eigentumserwerbs am hergestellten Produkt durch die Arbeitnehmer nicht notwendig dazu führt, daß diesem Personenkreis im Unternehmensverband auch der „gesamte“ Unternehmensertrag zufließen müßte. Denn hierbei würde der sachenrechtliche Aspekt der Eigentumszuweisung mit dem forderungsrechtlichen Aspekt des Wertausgleichs unzulässig miteinander vermengt. Erst auf dieser Stufe kann aber auch der „gesellschaftliche Charakter der Produktion“ eine besondere Berücksichtigung finden, wie sogleich noch gezeigt wird.

Die Anerkennung der Arbeit als Eigentumserwerbsgrund kann daher, modifiziert für den Bereich der arbeitsteiligen Produktfertigung, vom Grundsatz „Arbeit führt zu Eigentum ...“ her nur zu dem Ergebnis führen, daß das Produkt zunächst allein den Arbeitnehmern in ihrer Gesamtheit eigentumsmäßig zuzurechnen ist, als „Lohn der Arbeit“. Diesem Ergebnis steht abschließend auch nicht der Vorbehalt entgegen, der Grundsatz der eigentumsschaffenden Kraft der Arbeit werde dadurch aufgehoben, daß der Arbeitnehmer Eigentum am ausgezahlten Lohn erhalte.

IV. Eigentum am Lohn statt Eigentum am Produkt?

Unter Berufung auf von Nell-Breuning schreibt A. Rauscher, daß, wer immer einen Erwerbsberuf ausübe, dies tue, um zu eigen zu erwerben und das Erworbene zu eigen zu besitzen. Dies gelte insbesondere vom Lohnarbeiter, der seine Arbeitsleistung einem anderen gegen Lohnentgelt verdinge: „... er will den Lohn zu eigen, zu seiner völlig freien Verfügung erwerben; darum bleibt auch der vom Lebensunterhalt erübrigte Lohnanteil sein eigen, darum wird, was er aus der zurückgelegten Ersparnis erwirbt, sein bleibendes Eigentum[39].“ Hieraus folgert Rauscher, daß zwischen Arbeit und Eigentum ein „innerer unlösbarer Zusammenhang“ bestehe. Denn unter „finaler Betrachtung“ ergebe sich, daß die Arbeit nicht losgelöst von dem, was durch sie entstehe, rein funktional als Arbeitsvollzug gesehen werden könne. Die Arbeit erfahre ihre Sinnhaftigkeit vom Ziel her und besitze deshalb wesentlich eine Hinordnung auf Eigentum. Daraus schließt er, daß jede Arbeit, auch die unselbständig geleistete, Zugang zum Eigentum haben müsse und nicht etwa auf Konsumlöhne verwiesen werden könne. Die Begründung eines „Nebeneinander“ oder einer „Gegen-

---

[39] *A. Rauscher*, S. 66; vgl. auch *O. v. Nell-Breuning*, Die Eigentumslehre, S. 141.

seitigkeit" von Arbeit und Eigentum in dem Sinne, daß die Arbeit als „gleichberechtigter Ordnungsfaktor neben und mit dem Eigentum" angesehen werden müsse, wird von ihm jedoch geleugnet[40]. Diese Sicht, mit der insbesondere in der Mitbestimmungsdiskussion eine „Gleichberechtigung" von Kapital und Arbeit gefordert wird[41], leitet sich nach Rauscher aus einer unzulässigen Vermengung von „finaler" und „funktionaler" Betrachtungsweise ab[42]. Für den Bereich der hier gestellten Ausgangsfrage ist insoweit von Bedeutung, daß Rauscher aufgrund seiner finalen Betrachtung, in der er die Arbeit nicht als „funktionalen Produktionsfaktor neben anderen", sondern sie „in ihrem personalen Charakter als Ausfluß des Menschen und als Grundlage aller Wertverwirklichung" sieht, bei seinen Überlegungen über den Zusammenhang von Arbeit und Eigentum der Eigentumszuweisung im Unternehmensbereich und deren Berechtigung nicht weiter nachgeht. So mußte seine polarisierende Sicht im Hinblick auf das Verhältnis von Arbeit und Eigentum (Eigentumsrecht) und seine finale Betrachtungsweise dazu führen, daß bei ihm nicht die Arbeit, sondern nur das vom arbeitenden Menschen ausgehende Privateigentum zur kategorischen Grundlage der gesellschaftlichen Ordnung erhoben wird[43]. Unter Zugrundelegung der Thesen Rauschers bleibt dann aber unklar, wieso die auf den Erwerb von Eigentum am Lohn ausgerichtete Willensrichtung des Arbeitnehmers noch Grund für weitergehende sozialpolitische Forderungen sein kann[44].

Ganz abgesehen davon, daß die von Rauscher angeführte Finalität keinen tragfähigen Wertmaßstab abgibt, worauf schon Fabricius[45] ausführlich hingewiesen hat, bleibt desweiteren auch unklar, auf welcher Ebene Rauscher das Verhältnis von Arbeit und Eigentum überhaupt sieht. Seine Ausführungen scheinen sich nur auf das schon verteilte und personal zugeordnete Eigentum zu beziehen, dessen Verteilungsgerechtigkeit dann aber unter Geltung des Art. 14 GG nicht weiter in Frage stehen kann. Sieht man jedoch einen „inneren Zusammenhang" zwischen Arbeit und Eigentum auch in Beziehung auf das, was mit der Arbeit unmittelbar geschaffen wird, so stellt sich die Frage der Bedeutung der menschlichen Arbeit nicht nur in soziologischer, son-

---

40 *A. Rauscher*, S. 64 f.; so auch *W. Frickhöffer*, der die These einer Gleichgewichtigkeit oder Gleichwertigkeit von Kapital und Arbeit „unsinnig und scheinsozial" nennt (S. 135 f.).

41 Vor allem: *Kunze-Christmann*, Bd. I, S. 148 m. w. N.

42 Zur Kritik an dieser Argumentation vgl. insgesamt *F. Fabricius*, Marktwirtschaft und Mitbestimmung, Rz. 424 ff.

43 *A. Rauscher*, S. 65 - 67.

44 So mit besonderer Deutlichkeit: *F. Fabricius*, Marktwirtschaft und Mitbestimmung, Rz. 437 f.

45 Ebenda Rz. 436.

dern gerade auch in rechtlicher Hinsicht. Die grundlegende Bedeutung der menschlichen Arbeit für das Entstehen von Eigentum überhaupt — vor allem als Rechtstitel — weist dann aber aus, daß das Eigentum als soziale Ordnungsstruktur und als „apriorische Rechtskategorie" des „Gehörens" und „Zu-Eigen-Habens"[46] erst aus der Arbeit seine Berechtigung erfährt. Insoweit findet also das Eigentum, besonders in der Form des Privateigentums, seine Rechtfertigung erst durch seine Ableitung aus der Arbeitsleistung des einzelnen Menschen. Diese erscheint damit als wertvoller, womit das ursprüngliche Rangverhältnis zwischen Arbeit und Eigentumsrecht, die beide notwendig auch in einem inneren Zusammenhang zueinander stehen, aufgezeigt ist. Die derzeitige Regelung des Lohnarbeiterverhältnisses, wonach der Arbeitnehmer aufgrund der geschichtlichen Bedingtheit des Machtverhältnisses zwischen Kapital und Arbeit „nur" Eigentum am vertragsmäßig vom Arbeitgeber zu zahlenden Lohn (Gehalt) erhält, berücksichtigt diese Zusammenhänge nicht, zumal auch die Festlegung der Lohnhöhe von denselben rechts- und wirtschaftsstrukturellen Bedingungen abhängig ist. unter denen das Abfindungssystem selbst steht.

V. Ergebnis

Insgesamt zeigen daher die vorstehenden Überlegungen, daß keines der vorgetragenen Argumente das wesensnotwendige Rangverhältnis zwischen „Arbeit" und „Eigentum" („Eigentumsrecht"), welches darin besteht, daß auch heute grundsätzlich nur durch Arbeit ein Rechtfertigungstitel auf persönliche Zuordnung eines hergestellten Gutes entstehen kann, in Frage stellen kann. Daher vermögen diese Argumente auch die von Fabricius in die neuere Diskussion eingeführte These, daß in unserer sozialstaatlichen, marktwirtschaftlich orientierten Demokratie der naturrechtliche Grundsatz „Arbeit führt zu Eigentum des Arbeiters am Produkt seiner Arbeit" anzuerkennen ist, nicht zu entkräften.

Dieser von Fabricius an anderer Stelle als „theoretisch" bezeichnete Eigentumserwerb der Arbeitnehmer an der Produktion[47] führt im Rahmen einer weitergehenden Umsetzung in die Wirtschaftswirklichkeit zu konkreten rechtspolitischen Forderungen im Hinblick auf die rechtliche Anerkennung einer auch materiellen Mitberechtigung der Arbeitnehmer auf der Ebene des Unternehmens als konkreter Form der Gewährung eines „gerechten Lohnes", nachdem das Produkt seine wesensgemäße Veräußerung am Markt gefunden hat und sich jetzt

[46] *L. Raiser*, Kap. Eigentum II, S. 39.

[47] In: Rechtstheoretische Grundfragen zum Problem Multinationaler Unternehmen, S. 144.

nicht nur die Frage der geltwerten Ertragsbeteiligung im Sinne einer internen Rechnungsaufgliederung für die einzelnen Leistungsbeiträge, sondern auch die nach der gerechten Kooperationsordnung stellt, womit im weitesten Sinne der Zusammenhang zwischen der Mitbestimmungsforderung und der nach einer Vermögensbildung der Arbeitnehmer hergestellt ist.

2. Abschnitt

Vermögensbildung und Mitbestimmung als Ausfluß des naturrechtlichen Grundsatzes der eigentumsschaffenden Kraft der Arbeit — Anerkennung eines gleichgewichtigen Verhältnisses von „Kapital" und „Arbeit"

I. Die Notwendigkeit der Umsetzung des individualistischen Grundsatzes „Arbeit führt zu Eigentum" und seine Bedeutung für den heutigen Bereich kollektivistischer Produktion

Daß der heutige Vorgang der industriellen, arbeitsteiligen Produktfertigung ein „kollektiver" Vorgang ist, dürfte — soziologisch betrachtet — außer Frage stehen. Problematisch erscheint nur seine *rechtliche* Anerkennung als Kollektivprozeß und als sogenannter gesellschaftlicher Prozeß aller im Unternehmen beteiligter Faktoren. Diese Anerkennung folgt jedoch mit Notwendigkeit aus dem Grundsatz, daß Arbeit zu Eigentum des Arbeiters am Produkt seiner Arbeit führt.

1. Der Grundsatz der eigentumsschaffenden Kraft der Arbeit im industriellen Kollektivprozeß

Es wurde schon aufgezeigt, daß das Zusammenwirken vieler Hände und vieler Köpfe bei der Produkterstellung unproblematisch im Hinblick auf den individualistischen Charakter des Grundsatzes der eigentumsschaffenden Kraft der Arbeit ist. Wie gezeigt bedarf der Grundsatz für eine Anwendung auf die „Gruppenarbeit" nur der Modifizierung insoweit, als Gesamthandseigentum aller Arbeitnehmer am hergestellten Produkt entsteht. Ohne Einfluß auf den Kreis der Eigentumsberechtigten war insoweit auch, ob der einzelne Arbeitnehmer durch körperlichen oder durch geistigen Arbeitseinsatz im Unternehmen zur Herstellung des Produktes oder zu dessen Absatz beigetragen hat. Bei der Umsetzung des genannten Grundsatzes in den Bereich kollektiver, d. h. auch gesellschaftlicher Produktion bleibt damit nur problematisch, welchen Einfluß seine Umsetzung in die Rechtswirklichkeit auf das Rechtsverhältnis zwischen den beiden Produktionsfaktoren „Kapital“ und „Arbeit“ hat.

2. Das Unternehmen als Rechtsverband Gleichwertigkeit der Produktionsfaktoren „Kapital“ und „Arbeit“ auf Unternehmensebene

Auch unter dem Gesichtspunkt der sogenannten „gesellschaftlichen“ Produktion kann — wie gezeigt — die Tätigkeit des Produzierens nicht losgelöst vom tatsächlich erbrachten Arbeitseinsatz gesehen werden. Will man sie personenbezogen versubjektivieren, so stellen die im Unternehmen tätigen Arbeitnehmer ebenso wie die die Arbeit anweisenden und den Gesamtprozeß steuernden Manager „die Produzenten“ dar, auch wenn letztere sich aufgrund ihrer Organstellung von den übrigen Arbeitnehmern nicht unwesentlich unterscheiden. An dem tatsächlichen Produktionsablauf sind sie aber ebenso unmittelbar beteiligt, wie die Vielzahl der übrigen Arbeitnehmer im Unternehmen, welche Funktion diese im einzelnen auch wahrzunehmen haben. Im Hinblick auf die Unternehmung als Gesamtvorgang steht dem Arbeitseinsatz der derzeit sogenannten „unternehmensangehörigen Beschäftigten“ der Kapitaleinsatz der in den großen Kapitalgesellschaften meist nicht mitarbeitenden „Gesellschafter“ (Anteilseigner) gegenüber. Die Polarität zwischen den beiden Produktionsfaktoren „Kapital“ und „Arbeit“ besteht gerade in dieser Beziehung im modernen Großunternehmen unverändert fort. Andererseits sind die beiden Faktoren aber notwendig insoweit aufeinander bezogen, als das Kapital der Arbeit und die Arbeit des Kapitals bedarf, um das „gemeinsame“ unternehmerische Ziel: Produkterstellung und Marktbefriedigung verwirklichen zu können; sie stehen in einem „sozio-ökonomischen Entsprechungsverhältnis“[48]. Vom Ziel her gesehen ist der Kapitaleinsatz für das Funktionieren der Unternehmung ebenso unentbehrlich, wie der Arbeitseinsatz des Faktors Arbeit. Und doch unterscheidet er sich wesentlich von letzterem. Er ist nämlich bereits insoweit materialisiert, als das eingebrachte Kapital sich am Eigentum an den unternehmerischen Produktionsmitteln fortsetzt, damit bleibendes Eigentum und sogenanntes reproduktives Vermögen darstellt, das sich nach derzeitigem Rechtsverständnis durch die unternehmerische Nutzung infolge der Zurechnung des hergestellten Produkts (wie des Unternehmens in seiner Gesamtheit) allein an die Produktionsmitteleigentümer nur in deren Händen vermehren kann — als Ausfluß der Materialisierung ihres Leistungsbeitrags (Eigentum an Produktionsmitteln).

---

[48] Vgl. *P. H. Naendrup*, Mitbestimmung und Verfassung, Rz. 29.

Auf Arbeitnehmerseite fehlt es bis heute an der Möglichkeit, daß deren Leistungsbeitrag eine solche Materialisierung erfährt. Daß die hergebrachte Übung der „bloßen" Lohnzahlung im Rahmen der derzeitigen Arbeitsrechtsverhältnisse kein gleichwertiges Äquivalent oder einen gerechten Ausgleich darstellen kann, wurde bereits festgestellt. Die Anerkennung des Grundsatzes, daß Arbeit zu Eigentum des Arbeiters am Produkt seiner Arbeit führt, bewirkt jedoch, daß sich das „Eigentum", das jeder Mensch an seiner eigenen Arbeitskraft hat[49], in stoffliches Eigentum am hergestellten Produkt umwandelt, womit sich nunmehr eine Materialisierung auch auf seiten des Faktors Arbeit ergibt. In dem kooperativen Verband Unternehmen erhält damit „die Arbeit" eine mindestens gleichwertige Stellung mit und neben „dem Kapital"; sie erscheint damit nicht länger als bloß „externer" Faktor, der außerhalb des Unternehmens im derzeitigen Sinne eines „Rechtsverbandes der Gesellschafter" steht. Die im Hinblick auf eine Eigentumsberechtigung notwendig individualistische Sicht, führt zunächst zwar nur zu einer Zweiteilung insoweit, als der Leistungseinsatz des Faktors Kapital zur Eigentumsberechtigung an den anfänglichen Produktionsmitteln und der des Faktors Arbeit zur Eigentumsberechtigung am hergestellten Produkt führt (beide in der Form der Gruppenberechtigung). Unter der notwendigen Berücksichtigung, daß die beiden Faktoren, „Kapital" und „Arbeit", im Rahmen der gesellschaftlichen Produktion ihrerseits zusammenwirken, ergeben sich jedoch weitere Auswirkungen vor allem im Hinblick auf das Innenverhältnis der beteiligten Faktoren im Unternehmensbereich.

Die geforderte Anerkennung der Arbeit als ursprünglichem Eigentumserwerbsgrund erschöpft sich nämlich nicht in dem Ziel, das Produkteigentum der Arbeitnehmer unter der individualistischen Sicht von Einzel-Eigentumsberechtigungen zu sehen, sondern sie führt in der praktischen Lösung im Rahmen kollektivistischer Seinsstrukturen — wie sie im geltenden Gesellschaftsrecht allein für die vermögensrechtlichen Beteiligungen der Gesellschafter untereinander anerkannt werden — insgesamt zur Anerkennung des Unternehmens als einem einheitlichen Sozial- und Rechtsverband der darin mitwirkenden Faktoren und ihren personalen Trägern. Denn aus der Eigentumsberechtigung der Arbeitnehmer am hergestellten Produkt (der Produktion) folgt unmittelbar, daß ohne ihre Zustimmung oder Mitwirkung eine Verfügung über das Produkt, etwa allein bestimmt durch die Kapitalgeberseite (wie bisher), ausgeschlossen ist. Weitere Folge der hieraus abzuleitenden Anerkennung des Unternehmens als eines „Arbeit" und „Kapital" umfassenden „Verbandes" ist damit zunächst, daß in diesem eine interne Mitwirkung und Mitbestimmung (Mitbeteiligung) im Hinblick auf alle Fragen im Zusammenhang mit der Produktion, d. h. mit

---

[49] Vgl. oben Teil III, 2. Abschnitt, II und 3. Abschnitt, I.

dem Unternehmensvollzug, für alle an dem Vollzug mitwirkenden Faktoren und ihren Trägern zu erfolgen hat. Die dem einzelnen bzw. der einzelnen Faktorgruppe an diesem Verband, d. h. der gemeinsamen Unternehmung, zustehenden Rechte lassen sich unter Zuhilfenahme der genannten Grundsätze mühelos ableiten. Denn ist einmal die Gleichgewichtigkeit der Partner im Unternehmen allgemein anerkannt, so kann über den „freien" Vertrag als marktwirtschaftliches und demokratisches Mittel der Harmonisierung einander widerstreitender Interessen der notwendige Ausgleich herbeigeführt werden.

II. Mögliche Organisationsstrukturen des Sozial- und Rechtsverbandes Unternehmen

Unter dem vorgenannten Blickwinkel ergibt sich, daß die individuelle Eigentumsberechtigung (vgl. § 903 BGB), die schon durch das Gesamthandsprinzip eine Einschränkung im Hinblick auf die Berechtigung der in der Gesamthand zusammengeschlossenen Einzelpersonen erfährt, was gleichermaßen für die Eigentumsberechtigung der Anteilseigner an den Produktionsmitteln wie für die der Arbeitnehmer an der Produktion gilt, eine weitere Einschränkung insoweit erfahren muß, als durch die erforderliche „Kooperation" der „beiden" Gruppen unter dem „Dach" des Unternehmens auch die jeweilige Gruppenbefugnis nicht unbeschränkt sein kann. Da ein Faktor auf die Mitarbeit des anderen Faktors angewiesen ist, wird eine wechselbezügliche Einschränkung der jeweiligen Gruppenbefugnis erforderlich. Diese leitet sich auch daraus ab, daß „Kapital" und „Arbeit" — sowohl als Personengruppe als auch im Hinblick auf ihren Leistungsbeitrag — als gleichgewichtige und gleichberechtigte Partner unter dem „Dach" des Unternehmens anzuerkennen sind.

Da im Außenverhältnis das Unternehmen, und nur dieses, als nunmehr pluralistischer Interessenverband am Markt auftreten kann, keine der beiden Gruppen jedoch aufgrund der aufgezeigten Rechtszusammenhänge als alleiniger Träger „des Unternehmens" in Betracht kommt, bedarf es im Innenverhältnis der vorherigen Harmonisierung widerstreitender Einzelinteressen, bzw. es bedarf der wechselbezüglichen Einschränkung von Einzelbefugnissen, um „das Ganze" handlungsfähig zu erhalten. Da den im Produktionsmitteleigentum der Kapitalgeber begründeten „Autoritäten" nunmehr die im Eigentum der Arbeitnehmer an der Produktion begründeten „Autoritäten" zur Seite treten, müssen beide miteinander in Einklang gebracht werden. In diesem Sinne müssen die (Gruppen-)Interessen der Eigentümer der Produktionsmittel und die der Eigentümer der Produktion auf Unternehmensebene eine Koordination und einen entsprechenden Ausgleich erfahren, wobei grundsätzlich das gegenseitige Vertragen zur Richtschnur für das gemeinsame Wirken im Unternehmensverband werden muß.

Für die konkrete Ausgestaltung einer derartigen Koordinationsregelung sind im einzelnen jedoch unterschiedliche Ausgestaltungsformen unter Berücksichtigung der jeweiligen Gegebenheiten des einzelnen Unternehmensverbandes denkbar. Die generelle Aufwertung des Arbeitsrechtsverhältnisses zu einem (echten) Gesellschaftsverhältnis (in derzeitigen Rechtskategorien gedacht) ist hierbei ebenso denkbar, wie das Weiterbestehen der bisherigen Gruppenverhältnisse. Im letzten Fall bedürfen die Teilhabe- und Ausübungsberechtigungen der einzelnen im Unternehmen zusammenwirkenden Personengruppen dann jedoch einer dem neuen Verständnis entsprechenden Regelung. Vor allem für den Bereich der Kapitalgesellschaften käme hierzu die Ausgestaltung eines neuen „Unternehmens(-verfassungs)rechts[50] im Sinne eines internen Organisationsaufbaus des Unternehmens als einem einheitlichen Rechtsverband in Betracht, der erkennen läßt, daß die in diesem Organismus verbundenen Personengruppen, beide jetzt „legitimiert durch Eigentum", sich auf der Ebene der grundsätzlichen Gleichgewichtigkeit gegenüberstehen, sie zusammen mit dem Management — als unternehmerischem Koordinierungsorgan von „Kapital" und „Arbeit" — „das" Unternehmen ausmachen. Eine derartige Neuregelung der Organisationsstruktur großer Unternehmen, die damit nicht nur in tatsächlicher Hinsicht als soziale Personenverbände, sondern auch in rechtlicher Hinsicht als Interessenverbände von Kapital *und* Arbeit anerkannt würden, könnte sicherstellen, daß die Einschränkung der jeweiligen Gruppenberechtigung wechselseitig ausgeglichen wird, was etwa dadurch zu erreichen ist, daß beide Gruppen über das wirtschaftliche procedere der Unternehmung gemeinsam befinden und entscheiden, ohne Rücksicht darauf, ob die Entscheidung den Bereich des „Produktionsmitteleigentums" der Kapitalgeber oder den des erarbeiteten „Produkteigentums" der Arbeitnehmer betrifft.

In den Bereich dieser Überlegungen fällt damit insbesondere die Vorstellung von einer neuen „Unternehmensversammlung", in der (je nach der Größe des Unternehmens) Vertreter der Anteilseigner und Vertreter der Arbeitnehmer gleichgewichtig vertreten sind, wobei die-

---

[50] Vgl. hierzu besonders *F. Fabricius*, Marktwirtschaft und Mitbestimmung, Rz. 441 ff. Die Bundesregierung hatte bereits 1972 eine Sachverständigenkommission eingesetzt, die das Bundesjustizministerium „bei der notwendigen Fortentwicklung des Gesellschaftsrechts zu einem umfassenden Unternehmensrecht" beraten sollte. Bis heute hat diese jedoch noch keine Vorschläge für ein neues, der sozialen Entwicklung unserer Zeit gerecht werdendes Unternehmensrecht vorgelegt — ausführlich hierzu auch *Th. Raiser*, Die Zukunft des Unternehmensrechts, S. 561 ff.

sem Organ im Geschäftsführungsbereich auch ein erweiterter Kompetenzrahmen zugestanden werden könnte. Der „sachenrechtliche" Lösungsansatz der Zuerkennung des Produkteigentums an die Arbeitnehmer kann damit insgesamt zu einer kooperativen Unternehmensordnung (Unternehmensverfassung) führen, die über den Bereich der derzeitigen Mitbestimmungsthematik hinausführt, die bislang nur zu einer Institutionalisierung der Arbeitnehmermitbestimmung am gesellschaftsrechtlichen Kontrollorgan Aufsichtsrat geführt und damit die historisch gewachsene Unternehmensstruktur kaum verändert hat.

Im Hinblick auf Unternehmen, die in anderer Rechtsform betrieben werden, sind jedoch auch anders geartete Kooperationssysteme denkbar. Diese Gedanken sollen hier im einzelnen jedoch nicht weiter verfolgt werden, da sie mehr die Mitbestimmungsthematik als die hier behandelte Vermögensbildungsfrage betreffen.

Die vorgenannten Überlegungen führen im weiteren Ergebnis aber auch zu einer gegenüber dem heutigen Rechtszustand geänderten Entlohnung des Faktors Arbeit, d. h. zur „Ergebnisteilhabe" i. S. der Forderung nach einer „Vermögensbildung in Arbeitnehmerhand". Auch für deren Ausgestaltung lassen sich aus den aufgezeigten Rechtszusammenhängen weitergehende Aussagen machen.

III. Das Unternehmen als gemeinsame Wertschöpfungsveranstaltung — Ergebnisteilhabe der Arbeitnehmer als Form der gerechten Entlohnung

Die Umsetzung des naturrechtlichen Grundsatzes „Arbeit führt zu Eigentum des Arbeiters am Produkt seiner Arbeit" in die soziale Rechtswirklichkeit einer industriellen Produktionsweise führt über den Bereich einer erweiterten Mitbestimmung im Ergebnis auch zur Anerkennung einer gemeinschaftlichen Ergebnisteilhabe auf Unternehmensebene, als Form der gerechten Entlohnung für den Faktor Arbeit. Denn aus dem genannten Grundsatz folgt, daß die derzeitigen Regelautomatismen auch und gerade im vermögensrechtlichen Bereich, d. h. insbesondere die aus der Selbstverständlichkeit der derzeitigen Zuordnungsregelung folgende ausschließliche Zuteilung des per anno erzielten („überschüssigen") unternehmerischen Gewinns allein an die Kapitalgeberseite, so nicht länger Bestand haben können. Auch in vermögensrechtlicher Hinsicht muß das Unternehmen als „Verband", als gemeinsame Wertschöpfungsveranstaltung und als — Kapital und Arbeit umfassender — „Rechnungsverband" Anerkennung finden. In diesem muß jedem einzelnen Leistungsbeitrag eine (im Hinblick auf das Gesamtergebnis berechnete) gerechte oder jedenfalls weitgehend gerechte Entlohnung zukommen.

Ebenso wie bei den derzeitigen gesellschaftsrechtlichen Organisationsstrukturen ein vorrangiges Anknüpfen am Gewinn selbstverständlich ist, da er sich aus dem kapitalistischen System selbst ergibt, so muß dies nunmehr auch in bezug auf den erweiterten Unternehmensverband gelten. Fragen einer etwaigen Verlustbeteiligung sind — als Folgefragen — daher zunächst nur sekundärer Natur.

Wie eine gerechte Entlohnung der Produktionsfaktoren im einzelnen zu verwirklichen ist, läßt sich jedoch nicht kategorisch vorbestimmen. Da grundsätzlich das einzelne Unternehmen „die" Wertschöpfungsveranstaltung und Rechnungseinheit darstellt, kann auch hier in der Regel nur im Einzelfall eine den jeweiligen Gegebenheiten entsprechende Lösung gefunden werden, wobei bereits jetzt in dem weiten Feld zwischen Arbeitsrecht einerseits und Gesellschaftsrecht (Unternehmensrecht) andererseits ein breites Spektrum für mögliche Lösungsformen existiert, wie insbesondere die oben beschriebenen, z. T. bereits praktizierten „betrieblichen Gewinnbeteiligungsmodelle" ausweisen. Für eine Regelung einer bestimmten Teilhabeberechtigung, bei der nicht nur rechtliche, sondern auch wirtschaftliche, insbesondere unternehmensspezifische Überlegungen eine entscheidende Rolle spielen können, läßt sich aber weder konkret rechtlich — d. h. im Hinblick auf die Rechtsform der „Beteiligung" — noch konkret rechnerisch — d. h. im Hinblick auf die Zuteilungshöhe — eine generelle Regelung vorbestimmen. Dies bedarf weitgehend der Einzelfallregelung, die — sei es von den Arbeitsvertragsparteien, sei es von den Tarifvertragsparteien — zunächst auf Unternehmensebene auszuhandeln ist. Insoweit hat für eine Ausgleichsregelung auch hier zu gelten, daß das aus dem Prinzip von Freiheit und Gleichheit ableitbare „gegenseitige Vertragen" oder „der Vertrag" das rechtstechnische Mittel darstellt, mit dem eine nicht nur rechnerisch „gerechte" Entlohnung für alle Beteiligten herbeizuführen ist.

Maßgeblicher Ansatzpunkt für diese Berechnung wird der Unternehmensgewinn sein. Denn ebenso wie bei der Frage der Kapitalverzinsung, die nach geltender Rechtsordnung auch zukünftig zu Recht erfolgt, kann auch die Frage nach der jeweiligen „Verzinsung" des eingebrachten Arbeitspotentials nur im Hinblick auf den Gesamtvorgang des Produzierens und den dabei erzielten Wirtschaftserfolg eine Beantwortung finden.

Damit wird im Rahmen der vorliegenden Untersuchung bereits deutlich, daß auch vom hier vertretenen Ausgangspunkt einer zunächst rein sachenrechtlich gedachten Eigentumsberechtigung der Arbeitnehmer am Produkt die entscheidende Frage der Erlösteilhabe bzw. Erlöszuteilung selbst nur unter dem forderungsrechtlichen Aspekt des Wertausgleichs im Sinne des Verzinsungsgedankens zu sehen ist, wie er entsprechend auch der Regelung der §§ 950, 951 BGB zugrunde liegt.

In rein praktischer Hinsicht setzt eine vermögensrechtliche Teilhabe der Arbeitnehmer am Gewinn des Unternehmens zunächst jedoch voraus, daß das Ergebnis des gemeinsamen Wirtschaftens in der Leistungseinheit Unternehmen am Ende einer Wirtschaftsperiode offengelegt wird. Schon die Feststellung des Jahresergebnisses — egal ob diese durch das Unternehmen selbst oder durch ein unabhängiges Gutachtergremium („Wirtschaftsprüfer") erfolgt — kann nur unter gemeinsamer Mitwirkung von „Kapital" und „Arbeit" vorgenommen werden.

Der nach Abzug der kontraktbestimmten Kosten (wozu nunmehr nur noch „externe" Kosten, also Fremdkosten wie: Lieferanten- und sonstige Forderungen, Fremdkapitalverzinsung etc. gehören) und der sonstigen Abgaben (Steuern etc.) verbleibende „Unternehmensgewinn" wird jetzt Gegenstand einer internen Ausgleichsregelung, wobei bereits erbrachte Vorleistungen (etwa: bereits gezahlte Löhne) anzurechnen sind. Obwohl in dem komplexen Gebilde des Unternehmens für die beteiligten Faktoren an keiner Stelle eine exakte, mathematisch-naturwissenschaftliche Quantifizierung einzelner Wertanteile im Hinblick auf erbrachte Einzelleistungen und deren „innerer" Werthaftigkeit erfolgen kann, so dürfte es doch über den Grundsatz des gegenseitigen Vertragens möglich sein, den für das Unternehmen erfolgten Leistungseinsatz — jeweils von dessen Erfolg her gesehen — anteilsmäßig zu bestimmen und auf die einzelnen Faktoren aufzuteilen. Unter Zugrundelegung der hier aufgezeigten Eigentumsberechtigung des Faktors Arbeit an der Produktion läßt sich jedenfalls die These nicht länger aufrechterhalten, Kapital und Arbeit seien zu ungleichartig, als daß sich ihr jeweiliger Anteil am Produktionsergebnis auseinanderhalten ließe[51].

Eine derartige Bestimmung könnte etwa vorsehen, daß von dem nach bestimmten Kriterien festgestellten Unternehmensgewinn zunächst bestimmte Rechnungsgrößen einzelnen Faktoren unter Anrechnung auf das Gesamtergebnis zugeteilt werden. Da nach derzeitigem Rechtsverständnis auch Kapitalien eine Rendite erbringen können[52] (diese also grundsätzlich nur gegen Zins hingegeben werden), dürfte auf Kapitalgeberseite hierzu etwa der vereinbarte Zins für die Zur-Verfügung-Stellung des Kapitals (wobei das Risiko einer derartigen Anlage eine Berücksichtigung — etwa auch i. S. einer „Risikoprä-

---

[51] So aber *K. v. Bismarck*, S. 105. Hier kommt es jedoch nicht auf eine „normierende" Rechnung, sondern auf die Möglichkeit zum vertraglichen Ausgleich an.

[52] Vgl. z. B. § 608 BGB.

mie"[53] — finden könnte) sowie eine Rücklage für die Kapitalerhaltung (Ersatz abgenutzter Produktionsmittel) zu zählen sein, über deren fixe Höhe eine jeweilige Bestimmung zu erfolgen hätte. Als weiterer Rechnungsposten käme z. B. ein Unternehmerhonorar für an der Leitung der Unternehmung unmittelbar beteiligte Kapitalgebergesellschafter in Betracht. Auch auf Arbeitnehmerseite (hier einschließlich des Managements) stellt der vorweg zu zahlende Lohn (Gehalt) bereits ein fixes Datum dar, dessen Höhe sich an den heute vorgegebenen Daten für eine ausreichende Lebensführung auszurichten hätte. Denn auch mit einer neuen kooperativen Unternehmensordnung ließe sich die bisherige soziale Stellung der Arbeitnehmer — vor allem in vermögensrechtlicher Hinsicht — nicht schlagartig verändern, so daß an die Arbeitnehmer auch weiterhin zur Lebenssicherung ein „Voraus" in der Form derzeitiger Lohnzahlungen ausgekehrt werden muß, welches mit dem auf sie entfallenden „Gesamtanteil" zu verrechnen ist.

Unter der Voraussetzung, daß bei guter Ertragslage vom Unternehmensgewinn dann noch ein „überschießender" Rest verbleibt, stellt sich auch hierfür die Verteilungsfrage. In wirtschaftlicher Hinsicht werden hierbei dieselben Überlegungen berücksichtigt werden müssen, die auch derzeit für die Verteilung und Verwendung derartiger Residualgewinne bestimmend sind. Für die nunmehr im Vordergrund stehende Frage der Aufteilung von Anteilsquoten an die einzelnen Produktionsfaktoren wird auch hier i. d. R. nur im Einzelfall aufgrund gegenseitiger Absprache und unter Berücksichtigung der jeweiligen Belange im Unternehmensbereich eine Lösung erfolgen können. Dasselbe gilt entsprechend für die Frage, ob die Arbeitnehmer bei entsprechender Höhe des ihnen zugewiesenen Gewinnanteils auch an der Deckung etwaiger Verluste beteiligt sind und inwieweit hierzu dann besondere Rücklagen zu bilden sind.

Soweit sich die Arbeitnehmerseite bei den erforderlichen Absprachen zur Durchsetzung ihrer Forderungen — wie auch allgemein zur Berücksichtigung ihrer Gruppeninteressen — der Gewerkschaftsorganisation bedienen, wird zu berücksichtigen sein, daß grundsätzlich nur das einzelne Unternehmen als Wertschöpfungsveranstaltung Gegenstand des internen Wertausgleichs sein kann, der Regelungsbereich also insgesamt hierauf beschränkt bleibt. Absprachen der Tarifvertragsparteien werden daher hauptsächlich in der Form des Firmentarifvertrages in Betracht kommen. Doch kann es in Branchen, in denen viele kleine Anbieter vertreten sind — also insbesondere im

---

[53] Produktivvermögen ist gegenüber den sonstigen Vermögensformen seiner wirtschaftlichen Funktion nach mit einem größeren Risiko für den Anleger verbunden. Es bedarf daher einer größeren Ertragsfähigkeit, damit die Investitionsbereitschaft der Kapitalgeber nicht geschmälert wird.

mittelständischen Bereich —, auch nützlich sein, neben dem einzelnen Firmentarifvertrag auch Gruppen- oder Branchentarifverträge abzuschließen.

Inwieweit in all diesen Punkten der Gesetzgeber einen gewissen Rahmen für die Ausgestaltung derartiger Teilhaberegelungen setzen kann oder inwieweit dies allein der Regelungsbefugnis der Arbeitsvertragsparteien und/oder Tarifvertragsparteien überlassen bleiben muß, soll hier jedoch nicht weiter untersucht werden. Gerade die Tarifvertragsproblematik hat im Vermögensbildungsbereich in jüngster Zeit eine derartige Breite angenommen, daß dies in einer eigenständigen Untersuchung abgehandelt werden müßte. Vom hier vertretenen Ausgangspunkt bleibt festzuhalten, daß der „freie Vertrag“ das marktwirtschaftlich und demokratisch legitimierte Mittel darstellt, auch über die konkrete Teilhabeberechtigung im Einzelfall eine Einigung herbeizuführen. Dies hat im Besonderen auch für die Frage zu gelten, ob die nach einem bestimmten Verteilungsschlüssel aufzuteilenden Gewinnanteile in bar ausgeschüttet oder (ganz oder teilweise) thesauriert und dem Unternehmen zu Investitionszwecken zur Verfügung gestellt werden. Gleiches gilt für die weitere Frage, in welcher Form die Arbeitnehmer im Hinblick auf die thesaurierten Gewinne und die über die Investitionen anwachsende Kapitalvermehrung im Unternehmen eine Beteiligung erfahren.

Da sich aufgrund der Vielfalt der hier möglichen rechtlichen Ausgestaltungen insoweit keine konkreteren Aussagen treffen lassen, soll hier abschließend nur noch auf mögliche Lösungen einzelner Problemfragen eingegangen werden.

IV. Lösungsmöglichkeiten einzelner Problemfragen im Hinblick auf eine vermögensrechtliche Teilhaberegelung

1. Allgemeines zum Regelungsbereich

Die aus der „kooperativen Zusammenarbeit“ von Kapital und Arbeit in Verbindung mit dem Grundsatz „Arbeit führt zu Eigentum des Arbeiters am Produkt seiner Arbeit“ insgesamt ableitbaren Beteiligungsrechte bleiben notwendig auf den Bereich beschränkt, für den der genannte Grundsatz eine Beteiligung legitimiert, also den Bereich, in dem diese Zusammenarbeit zwischen Kapital und Arbeit stattfindet. Dies ist der engere Unternehmensbereich wie er sich aus dem Blickwinkel der Produkterstellung ergibt. Das gilt nicht nur für die hier bereits abgehandelte Frage der organisationssoziologischen und organisationsrechtlichen Stellung der Arbeitnehmer im Gruppenverband Unternehmen, sondern gleichermaßen auch für die Frage der vermögensrechtlichen Beteiligung an diesem Verband als interner Wertschöpfungsveranstaltung und Rechnungseinheit.

2. Der Kreis der Berechtigten

Wenn die genannten Beteiligungsrechte aus dem Grundsatz „Arbeit führt zu Eigentum ..." abgeleitet werden und hieraus ihre Legitimation erhalten, so erscheinen zunächst nur Arbeitnehmer von Produktionsunternehmen zu einer derartigen „Unternehmensbeteiligung" berechtigt, so daß auch nur Produktionsunternehmen von den aufgestellten rechts- und sozialpolitischen Forderungen betroffen werden. Jedoch zeigen schon die vorstehenden Überlegungen im Hinblick auf den „geistigen" Arbeitseinsatz der sogenannten „Angestellten" im Produktionsbereich, daß von dem hier vertretenen Lösungsansatz auch der weitergehende Dienstleistungsbereich erfaßt werden könnte. Die erbrachten Dienstleistungen müßten nur als ebenso materialisierbar angesehen werden wie das Eigentum am Sachprodukt, worauf hier jedoch nicht weiter eingegangen werden soll.

Eine „Beteiligung für alle", insbesondere also auch eine vermögensrechtliche Beteiligung von Nicht-Arbeitnehmern („Eigentum für alle"), findet in dem hier zugrunde gelegten Lösungsansatz jedoch keine Stütze und müßte daher besonders begründet werden. Der Gleichheitsbegriff, vor allem in bezug auf den materiellen Gleichheitsbegriff, wie er hier verstanden wird, meint keine „willkürliche" Gleichheit, kann daher auch keine „Gleichmacherei" oder allgemeine „Besitz-Nivellierung" rechtfertigen, weshalb in Unternehmen mit unterschiedlicher Ertragslage auch unterschiedliche Beteiligungshöhen gerechtfertigt erscheinen. Aus dem Grundsatz der eigentumsschaffenden Kraft der Arbeit — umgewandelt auf den Bereich industrieller Kollektivproduktion — folgt nur, daß aus gleichartigen Tatbeständen, wie sie jetzt auf Unternehmensebene bestehen, gleiche Rechtsansprüche entstehen. Diese sind dann jedoch grundsätzlich nicht davon abhängig, in welcher Rechtsform das Unternehmen betrieben wird, bzw. welche Größe es hat.

3. Der Einfluß der Rechtsform des Arbeitgebers

Der Gang der Darstellung in den vorstehenden Abschnitten hat deutlich gemacht, daß die im derzeitigen Korporationenrecht vorzufindende Trennung in Kapital- und Personengesellschaften grundsätzlich keinen Einfluß auf das „Ob" einer Beteiligung der Mitarbeiter haben kann. Dies gilt gleichermaßen für die Größe des jeweiligen Unternehmens. Denn die hier gewährten Beteiligungsrechte in der Form der „Mit"-Beteiligung knüpfen vor allem an bestimmte Formen des Wirtschaftens, nicht aber daran an, in welcher Rechtsform das einzelne Unternehmen am Marktverkehr teilnimmt. Allenfalls die wertmäßige Höhe der Arbeitnehmerbeteiligung kann davon beeinflußt werden, ob das Unternehmen extrem kapital- oder aber lohnintensiv produziert.

Eine Einschränkung im Hinblick auf den Kreis der „betroffenen" Unternehmen könnte sich allenfalls insoweit ergeben, als es sich um ein sogenanntes „Eigentümer-Unternehmen" handelt. Als „Eigentümer-Unternehmen" soll hier ein Unternehmen bezeichnet werden, in dem der oder die „Eigentümer" nicht nur anonyme Gründer und Kapitalgeber sind, sondern diese auch ihre eigene Arbeitsleistung in den Produktionsprozeß einbringen, indem sie zumeist das Unternehmen selbst leiten, wie es für eine Vielzahl mittelständischer Unternehmen bezeichnend ist. Für diesen Bereich von Eigentümer-Unternehmen ist der zugrunde gelegte „Gegensatz" von (nur) Kapital und (nur) Arbeit durchbrochen. Hierdurch wird zwar der Grundsatz der eigentumsschaffenden Kraft der Arbeit in Beziehung auf die jetzt „mit"-arbeitenden Arbeitgeber nicht aufgehoben, doch muß sich eine derartige „Unternehmensform" insoweit auswirken, als hierin die Stellung des „Eigentümers" verstärkt ist, was in den vertraglichen Absprachen über eine AN-Mitbeteiligung insbesondere in Mittel- und Kleinbetrieben eine Berücksichtigung finden kann.

4. Die Rechtsform der vermögens- (eigentums-)rechtlichen Beteiligung der Arbeitnehmer am Produktivkapital des Unternehmens

a) *Kapitalzuwachsbeteiligung*

Die bisherigen Überlegungen haben erkennen lassen, daß die Position der Kapitalgeber zu den von ihnen eingebrachten Produktionsmitteln im Hinblick auf deren persönliche Zuordnung keine Änderung erfährt. Deren „Habens-Berechtigung" steht auch insoweit nicht in Frage, als unter Mißachtung des naturrechtlichen Grundsatzes allein ihnen in der Vergangenheit die durch die Investitionen zuwachsende Kapitalerweiterung zugewiesen wurde. Eine nachträgliche Umverteilung dieser Kapitalien läßt sich jedoch schon deshalb nicht rechtfertigen, weil sie im Rahmen der bestehenden Zivilrechtsordnung, in der der Grundsatz der eigentumsschaffenden Kraft zumindest für die abhängigen Lohnarbeiter nicht anerkannt ist, „legal" erworbenes Eigentum darstellen und daher auch dem Schutz des Art. 14 GG unterfallen[54].

---

[54] Zur Möglichkeit der nachträglichen Umverteilung in der Vergangenheit „gemeinwohlwidrig" erworbenen Eigentums an Produktionsmitteln vgl. F. *Klüber*, Katholische Soziallehre und demokratischer Sozialismus, S. 81 f.

Die hier getroffenen wertpolitischen Entscheidungen können damit nur für die Zukunft eine Neuverteilung des unter gemeinsamer Mitwirkung von „Kapital" und „Arbeit" erwirtschafteten Wertzuwachses rechtfertigen. Damit wird, rechtspolitisch gesehen, die Hochschätzung personenbezogenen Vermögens nicht verletzt, sondern diese Hochschätzung vielmehr in einem, einer neuen Regelung bedürftigen Bereich realisiert[55]. Eine Regelung, die nur am künftigen Vermögens-(Kapital-)Zuwachs ausgerichtet ist, kann so auch nicht in den Schutzbereich des Art. 14 GG eingreifen, da dieser — beschränkt auf seinen eigentlichen Wesensgehalt — nicht künftige, ungewisse Erträge umfaßt[56].

b) „Betriebliche" Lösung oder „Fondsmodell"?

Die von der Gesamthandsberechtigung der Arbeitnehmer an der Produktion ausgehende Lösung begründet zunächst eine „unternehmensbezogene" Beteiligung der Arbeitnehmer am Kapitalzuwachs des arbeitgebenden Unternehmens. Wie eine solche „betriebliche" Beteiligung der Arbeitnehmer am unternehmerischen Kapitalzuwachs im einzelnen auszugestalten ist, kann aufgrund der hierbei möglichen Formenvielfalt jedoch nicht generell vorbestimmt werden. Dies muß der vertraglichen Absprache überlassen bleiben, wobei hier nur auf die oben dargestellten vielfältigen Modelle einer betrieblichen Kapitalbeteiligung verwiesen werden kann, bei denen eine direkte gesellschafterliche Beteiligung der Arbeitnehmer (zumindest nach der Beseitigung bestehender gesetzlicher Hemmnisse) ebenso denkbar ist, wie sonstige „unternehmensrechtliche Gestaltungen"[57].

Während vom hier vertretenen Lösungsansatz her eine den Beteiligten „aufgezwungene" Fondslösung keine Rechtfertigung erfährt, muß es andererseits den Vertragspartnern überlassen bleiben, ob im Rahmen einer unternehmerischen Kapitalbeteiligung den Arbeitnehmern (besonders auch unter dem Gesichtspunkt der Risikostreuung) die Möglichkeit zur Anlage in übergeordneten Sammelstellen — etwa einer gemeinsamen Einrichtung der Tarifvertragsparteien — eröffnet wird. Doch darf das Abstellen auf die Tarifebene nicht dazu verleiten, daß die Arbeitnehmer auch zukünftig unter dem tatsächlichen Zwang stehen, den Eigentümern als Fordernde gegenübertreten zu müssen.

Wie die vermögensrechtliche Stellung der Arbeitnehmer im Unternehmen im einzelnen auch ausgestaltet sein mag, sie ist in jedem Falle unabhängig von der bereits erörterten mitbestimmungsrechtlichen Stellung der Arbeitnehmer, vermag diese daher auch weder zu vergrößern

---

55 *G. Weisser*, Kapitel Vermögen und Vermögenspolitik, S. 182.

56 So auch *W. Geiger*, S. 196 m.w.N.

57 Vgl. oben Teil I, 2. Abschnitt, III, 2 d.

noch zu verkleinern. Damit kommt aber den in heutigen korporationsrechtlichen Kategorien gedachten Rechtsformfragen, die einen besonderen Streitpunkt innerhalb der derzeitigen Modelldiskussion um eine Vermögensbildung in Arbeitnehmerhand darstellen, kaum noch eine besondere Bedeutung bei.

V. Schlußbetrachtung

Die für den Bereich unserer auf den Prinzipien der Menschenwürde und der individuellen Freiheit und Gleichheit der Person aufbauenden demokratischen Rechts- und Wirtschaftsverfassung als rechtspolitisches Gebot zu fordernde Anerkennung des Grundsatzes „Arbeit führt zu Eigentum des Arbeiters am Produkt seiner Arbeit“, der Gültigkeit gerade auch für unsere am Prinzip der Marktwirtschaft ausgerichtete Industrieordnung behält, führt daher im Ergebnis dazu, daß der Arbeitnehmer speziell als „Mitträger“ des Unternehmens, d. h. als integriertes Mitglied des Unternehmensverbandes, aus seiner derzeitigen Objektstellung im wirtschaftlichen Bereich zum „Wirtschaftssubjekt“ erhoben wird. Durch eine gesteigerte Teilhabe am Produktivkapital der Wirtschaft kann er so auch in steigendem Maße wieder selbst zum Haushalter seiner eigenen Lebensvorsorge werden.

Die hier aufgezeigten Zusammenhänge für eine Beteiligung der Arbeitnehmer in nicht nur organisationssoziologischer, sondern auch vermögensrechtlicher Hinsicht unterstützen daher auch das heutige sozialpolitische Gebot einer „Demokratisierung der Wirtschaft“[58]. Dabei ist „Demokratisierung“ nicht im Sinne der „Demokratie“ als Staatsform zu verstehen, die selbst nicht ohne Herrschaftsanspruch auskommen kann[59], sondern im Sinne einer Ausweitung demokratischer, d. h. auf der Freiheit des einzelnen und der Gleichheit aller beruhender Gesellschafts- und Wirtschaftsformen auf alle Bereiche des menschlichen Zusammenwirkens. So verstanden wird „Demokratisierung“ dann zur Frage nach einer gerechten Industrieverfassung, in der sich der Arbeitnehmer vom „Industrieuntertan zum Industriebürger“ (Fr. Naumann)[60] wandeln kann.

Da hier für die Ausgestaltung von „partnerschaftlichen“, d. h. auf der Ebene der „Gleichberechtigung“ und „Gleichgewichtigkeit“ aufbauenden Regelungen nur ein Rahmenkonzept gegeben werden konnte, müssen die einzelnen Modalitäten der Beteiligung, insbesondere auch

---

[58] Zu den Fragen einer Einführung demokratischer Strukturen vgl. auch *R. Fischer*, S. 139 ff.

[59] Vgl. *A. Rich*, S. 37 mit Hinweis auf *A. Weber*, Soziologische Grundbegriffe, Tübingen 1960.

[60] Ausgewählte Schriften, S. 278, 287.

unter wirtschaftspraktischen Gesichtspunkten, noch genauer erforscht werden. Der hier vorgetragene Lösungsansatz mußte sich notwendig auf den unternehmensinternen Bereich beschränken, konnte daher zunächst auch nur zu einer unternehmensinternen Betrachtung und Ableitung der Beteiligungsrechte der hier zusammenwirkenden Personen führen. Der Frage, ob in einem weiteren Schritt auch die Außenbeziehungen des Unternehmens, d. h. seine Stellung zu Verbrauchern, Lieferanten, Fremdkapitalgebern und dem Staat eine Berücksichtigung im Hinblick auf die unternehmerische Entscheidungsbildung finden können, kann hier nicht weiter nachgegangen werden. Doch dürfte dieses, allein der makroökonomischen Ebene zuzurechnende Problem erst einer Lösung zugeführt werden können, nachdem die „unternehmensinterne Demokratie" eine Verwirklichung gefunden hat. Da die betroffenen Arbeitnehmer überwiegend aber auch Konsumenten sind, finden deren Belange jetzt schon eine stärkere Berücksichtigung vor allem im Hinblick auf unternehmenspolitische Entscheidungen.

Aufgabe dieser Arbeit sollte es sein, für die zu fordernde Neuregelung des sozialen Verhältnisses von „Kapital" und „Arbeit" eine tragfähige Rechtsgrundlage aufzuzeigen. Dies konnte hier aus dem wesensnotwendigen Zuordnungsverhältnis von „Arbeit" und „Eigentum" abgeleitet werden, was zu einem Neuverständnis für das Verhältnis von „Kapital" und „Arbeit" im Industriebereich führte.

Die Anerkennung einer eigentumsrechtlichen Gesamthandsberechtigung der Arbeitnehmer an der Produktion, die sich aus dem Grundsatz „Arbeit führt zu Eigentum des Arbeiters am Produkt seiner Arbeit" ergab, führte bei der weiteren Umsetzung in die Rechts- und Wirtschaftswirklichkeit industrieller Kollektivprozesse auch zur Anerkennung eines neuen Unternehmensverständnisses. Hiernach erfahren die Arbeitnehmer nicht nur eine organisationsrechtliche Integrierung in den Unternehmensverband insoweit, als sie gleichgewichtiger Faktor neben dem „Kapital" werden, sondern die aufgezeigten Zusammenhänge führen gleichzeitig auch zur Anerkennung einer gemeinschaftlichen Ergebnisteilhabe. Deren Ausgestaltung im Einzelfall kann jedoch nur dem gegenseitigen Vertragen überlassen bleiben, da der Ausgleich gegenseitiger Interessen im Marktmodell ausschließlich über den freien Vertrag stattfinden kann. Vom hier vertretenen Lösungsansatz führt dies jedoch zunächst zur Anerkennung des Unternehmens als einer „internen Rechnungseinheit".

Daß die hier angestellten Überlegungen einer Wirtschafts- und Gesellschaftsordnung nicht widersprechen, die auf dem Privateigentum und auf der Handlungsfreiheit des einzelnen aufbaut, sie vielmehr dem System einer individualistisch-demokratischen und marktwirtschaftlich ausgerichteten Gesamtverfassung entsprechen, soll abschließend noch anhand der Aussagen J. St. Mills nachgewiesen werden, die hier gleichsam als Zusammenfassung gelten können, auch wenn das Millsche System mit dem hier gedachten nicht völlig identisch ist.

VI. J. St. Mill: Gewinnbeteiligung der Arbeiter und Arbeitergenossenschaften

1. Allgemeine Grundsätze der politischen Ökonomie

J. St. Mill, der in seinem 1848 erschienenen Werk „Principles of Political Economy with some of their applications to social philosophy“[61] nicht nur eine Systematisierung der Volkswirtschaftstheorie der freien Marktwirtschaft auf der Grundlage der Lehren von Riccardo und Smith gibt[62], sondern diese als „Fragment eines größeren Ganzen, als ein Zweig der sozialen Philosophie“ behandelt[63], schreibt im 7. Kapitel des 4. Buches eine Abhandlung „Über die wahrscheinliche Zukunft der arbeitenden Klassen“. Dieses Kapitel hat nach H. Waentig mehr Eindruck gemacht, als das ganze übrige Werk[64].

Mill, der zuvor die marktwirtschaftlichen Gesetze der Entstehung und Verteilung von Vermögen untersucht, wie sie sich aufgrund der bestehenden Gewohnheiten und Statuten innerhalb der Gesellschaft darstellen, gibt in diesem Kapitel einen Ausblick auf die Entwicklung der Stellung der arbeitenden Klasse unter der Voraussetzung, daß nicht — wie bei der bis dahin beschriebenen Werttheorie — ein System der Produktion in Betracht gezogen wird, das von dem Kapitalisten des Gewinns wegen betrieben wird, sondern ein System, das davon ausgeht, daß die Produktion von den Arbeitern des Unterhalts wegen betrieben wird[65]. Als systemimmanenter Bestandteil des Modells, das auf der Idee der Gewinnmaximierung aufbaut, wird nämlich erkannt, daß der Produktionsertrag aufgrund der bestehenden Gesetzmäßigkeiten auch in einer konkurrierenden[66] Wirtschaft, von der Mill als unabänderlicher Voraussetzung ausgeht, dergestalt eine Auf-

---

61 Grundsätze der politischen Ökonomie mit einigen ihrer Anwendungen auf die Sozialphilosophie.

62 Vgl. dazu *L. v. Wiese*, S. 345.

63 *H. Waentig*, in: Einleitung zu J.St. Mill, S. XI.

64 Nach *Waentig* (Einleitung, S. XI) war dieses Kapitel im ersten Entwurf noch gar nicht enthalten. Mill selbst soll es als das „ausschließliche Werk einer anderen Person“ bezeichnet haben, das den Principles dann jedoch den Ton verliehen habe, durch den sich das Buch von anderen Abhandlungen der Nationalökonomie unterscheidet.

65 Vgl. dazu Bd. II, S. 396 f. und Bd. I, S. 704 ff.

66 Vor allem durch die Bejahung der freien Konkurrenz grenzt sich Mill gegen die frühsozialistischen Thesen ab; zur freien Konkurrenz vgl. Bd. II, S. 451 ff.

teilung auf die „Produktionserfordernisse Kapital und Arbeit“[67] findet, daß nach dem an die Arbeiter auszuzahlenden Lohn für die Kapitalgeber über den regulären Kapitalgewinn hinaus noch eine überschüssige Profitrate verbleibt[68]. Dies ist nach Mill eine Folge davon,

„daß, wenn ein Kapitalist es unternimmt, die Arbeiter unter der Bedingung zu ernähren, daß er das Produkt empfängt, er nach Ersatz seiner Vorschüsse noch etwas mehr hat. Drücken wir den Satz anders aus: Der Grund, warum Kapital einen Gewinn bringt, ist der, weil Nahrung, Kleidung, Rohstoffe und Geräte die Zeit überdauern, welche zu ihrer Herstellung erforderlich war, so daß, wenn ein Kapitalist Arbeiter unter der Bedingung, daß ihm alle Produkte gehören, mit diesen Dingen versieht, diese außer zur Hervorbringung ihrer eigenen Notwendigkeiten und Werkzeuge einen Teil der Zeit übrig behalten, um für den Kapitalisten zu arbeiten. So sehen wir, daß Gewinn nicht aus dem Umstand des Tausches, sondern aus der produktiven Kraft der Arbeit herrührt[69].“

Hierbei wird jedoch — wie gesagt — das bestehende System einer Produktion vorausgesetzt, in dem die Produktion aufgrund der historischen Bedingtheiten von den Kapitalisten des Gewinns wegen betrieben werden kann und das beinhaltet, „daß ihm (sc. dem Kapitalisten) alle Produkte gehören“.

Anders das von Mill als „wünschenswertem“ Gesellschaftszustand angesehene System, das ihm auf der Grundlage der liberalistischen, auf freier Konkurrenz aufbauenden Markt-Theorie vorschwebt. Danach kann es weniger auf die bloße Vermehrung der Produktion allein um des Kapitalprofits wegen ankommen, sondern es muß besondere Aufmerksamkeit auf eine bessere Güterverteilung und Vergütung für die Arbeit als wünschenswerte Punkte gerichtet werden. Das Gesellschaftsbild der arbeitenden Klasse müsse für die Zukunft dergestalt verändert werden, daß der Arbeiter nicht länger am „Gängelband“ geführt werde, sondern daß die Sorge für sein Geschick seinen eigenen Fähigkeiten überlassen werde. Denn: „Moderne Staaten werden den Satz zu lernen haben, daß die Wohlfahrt eines Volkes auf der Gerechtigkeit und der einsichtsvollen Selbstbestimmung“ ... „der einzelnen Bürger zu beruhen hat“. „Alle Anweisungen und Ermahnungen und Reden, die man dem Arbeiter hält, müssen sie hinfort als auf gleicher Stufe stehend behandeln ...[70].“ Nach Mill muß es daher das Ziel des Fortschritts sein, die Menschen aus ihrem Abhängigkeitsverhältnis herauszuführen und auch auf der Ebene des Großbetriebes

[67] Bd. I, S. 355; Mill zählt als dritten Faktor noch das „Land“ auf. Diesem kommt in der neuzeitlichen Betrachtung jedoch kaum noch eine eigenständige Bedeutung im industriellen Bereich als Produktionsfaktor bei, weshalb er hier außer Betracht bleibt.

[68] Vgl. Bd. I, S. 505 ff., 595 ff.

[69] Bd. I, S. 613.

[70] Bd. II, S. 396 - 404.

ein System zu schaffen, in dem die Produzenten nicht „in zwei feindliche Parteien mit feindlichen Interessen und Gefühlen" aufgespalten sind und die „Arbeitenden weiter nicht als Diener unter dem Befehle derer sind, die die nötigen Geldsummen hergeben ..."[71].

Im Ergebnis sieht Mill zwei Lösungsmöglichkeiten, bei denen die Beziehungen zwischen Arbeitern und Kapitalisten allmählich durch eine Teilhaberschaft ersetzt werden können: „in einigen Fällen durch die Vereinigung der Arbeiter mit den Kapitalisten, und im anderen und vielleicht schließlich in allen Fällen, durch eine Vereinigung der Arbeiter untereinander"[72]. Diese Modellvorschläge bauen auf den im 2. Buch angestellten Eigentumsüberlegungen auf, bei denen er für den Bereich der industriellen, arbeitsteiligen Produktfertigung zu folgendem Ergebnis kommt[73]:

„Eigentum als Rechtsinstitut ‚auf seine wesentlichen Bestandteile zurückgeführt, besteht in der Anerkennung des Rechts für jeden ausschließlich über das, was er oder sie durch eigene Mühe produziert oder durch Schenkung oder redlichen Vertrag, ohne Gewalt oder Betrug, von den Produzierenden empfangen hat, zu verfügen. Die Grundlage des ganzen Begriffs ist das Recht der Produzenten auf ihr eigenes Produkt. Man kann daher gegen die heutige Form des Eigentums einwenden, es erkennt Eigentumsrechte für Individuen an Dingen an, die sie nicht produziert haben. Beispielsweise kann man sagen, schaffen die Arbeiter in einer Fabrik durch ihre Arbeit und Geschicklichkeit das ganze Produkt; aber anstatt, daß es ihnen gehört gibt das Gesetz ihnen nur den vereinbarten Lohn und überträgt das Produkt an einen, der nur die Mittel vorgestreckt hat, ohne vielleicht etwas zu der Arbeit beigetragen zu haben, nicht einmal in Form ihrer Überwachung. Dem ist zu entgegnen, daß in der Fabrik die Arbeit nur eine der Bedingungen ist welche die Produktion einer Ware zusammen ergeben. Die Arbeit kann nicht ohne Material und Maschinen zustandekommen, noch ohne einen vorher beschafften Vorrat an Lebensbedürfnissen, der die Arbeiter während der Produktion unterhalten soll. Alles dies sind die Früchte früherer Arbeit. Besäßen die Arbeiter diese, so würden sie nicht den Ertrag mit einem anderen zu teilen brauchen; aber da sie sie nicht besitzen, muß denen, welche sie besitzen, ein Entgelt gegeben werden, sowohl für die eigene vorhergehende Arbeit wie für die Enthaltsamkeit derer, welche den Ertrag dieser früheren Arbeit nicht für Lebensannehmlichkeiten verausgabt, sondern für diese Verwendung aufgespart haben."

2. Gewinnbeteiligung der Arbeiter

Für die vorgeschlagene Lösung einer Ergebnisteilhabe der Arbeitnehmer, i. S. einer „betrieblichen Gewinnbeteiligung" nach heutiger

---

[71] Bd. II, S. 411, 412.

[72] Bd. II, S. 412.

[73] Bd. I, S. 326. Insoweit kann Mill jedoch nicht gefolgt werden, da der Grundsatz der eigentumsschaffenden Kraft der Arbeit hier als auch für die kollektive, industrielle Arbeitsweise maßgeblicher und anwendbarer Grundsatz anerkannt wird.

Terminologie, nimmt Mill Bezug auf die damals schon praktizierte Reisegewinnteilhabe der Seeleute auf amerikanischen Schiffen sowie insbesondere auf die Gewinnteilhaberschaft, wie sie von einem Unternehmer Leclaire in Paris durchgeführt wurde. Dieser zahlte seinen ca. 200 Arbeitern in der gewöhnlichen Weise Lohn und Gehalt; für sich selbst berechnete er Zinsen für sein Kapital, eine Vergütung für seine Arbeit und seine Verantwortlichkeit als Unternehmer. Der am Jahresende verbleibende überschüssige Rest wurde dann unter die Gesamtheit (Leclaire eingeschlossen) verteilt[74].

3. Arbeitergenossenschaften

Nach Mill ist jedoch die Form der Vereinigung, „die, wenn die Fortschritte der menschlichen Gesellschaft andauern, schließlich, unserer Erwartung nach, vorherrschen wird“, ..., „nicht die zwischen einem Kapitalisten als Leiter und seinen Arbeitern ohne Stimmrecht in der Verwaltung, sondern die einer Vereinigung der Arbeiter selbst nach den Grundsätzen der Gleichheit mit gemeinsamem Besitz des zur Durchführung des Unternehmens notwendigen Kapitals und mit der Arbeitsleistung unter von ihnen erwählten und wieder absetzbaren Leitern“[75]. Mills Genossenschaftsidee, die maßgeblich von der frühsozialistischen These der Produktivgenossenschaft beeinflußt ist, unterscheidet sich jedoch wesentlich von dieser. Denn es wird nicht auch das bestehende Kapital mit Beschlag belegt und zugunsten der Arbeiter eingezogen. Die bisherigen Kapitalgeber sollen nicht „des von ihnen oder ihren Vorgängern durch Arbeit Erworbenen oder durch Sparsamkeit Erhaltenen beraubt werden“, sondern es soll nur ermöglicht werden, daß die Arbeiter in ehrlicher Weise Kapital für sich selbst erwerben können[76]. Dies werde den Vorteil haben, daß sich die menschliche Gesellschaft so umändern werde, daß „Freiheit und Selbständigkeit des einzelnen sich mit den sittlichen, geistigen und wirtschaftlichen Vorteilen der Produktion vereinigen lassen und daß ohne Gewalt oder Beraubung oder auch nur ohne Störung der bestehenden Gewohnheiten und Zukunftsaussichten wenigstens im Erwerbsleben die besten Ziele des demokratischen Geistes dadurch verwirklicht werden, daß ein Ende mit der Trennung der Gesellschaft in einen erwerbstätigen und einen nichts tuenden Teil gemacht und mit allen gesellschaftlichen Unterscheidungen aufgeräumt wird, die nicht durch persönliche Verdienste und Mühen ehrlich verdient sind“. Im Hinblick auf die Verwirklichung in der Zukunft merkt Mill dann noch an, daß

---

[74] Bd. II, S. 414 ff.

[75] Bd. II, S. 421 ff.

[76] Bd. II, S. 423.

es auch unter den günstigsten Voraussetzungen noch für einen beträchtlichen Zeitraum erforderlich oder wünschenswert sei, daß einzelne Kapitalisten, die ihre Arbeiter an dem Gewinn teilhaben lassen, neben der Genossenschaftsform bestehen[77].

4. Ergebnis

Die in der vorliegenden Arbeit aufgrund des derzeit bestehenden Gesellschaftssystems und unter den bestehenden Seinsstrukturen entwickelte Lösung eines neuen Unternehmensverständnisses verbindet die beiden von Mill vorgeschlagenen Lösungswege in der Weise, daß, auch in heutigen, geselschaftsrechtlichen Kategorien gedacht, kein Faktor allein in der Unternehmung das Sagen hat, noch einem Faktor allein der gesamte Unternehmensertrag zugewiesen werden kann, ohne daß es zu der von Mill vorgeschlagenen Genossenschaftsbildung als Gesellschaftssystem kommen müßte. Ob die von Mill angestrebte Form der Arbeitergenossenschaft für unsere heutige Wirtschaftsform, in der hochtechnisierte Großbetriebe unentbehrlich für den weiteren Fortschritt sind, eine mögliche Gründungsform darstellt, mag angezweifelt werden. In jedem Falle aber findet die Forderung nach einer Gewinnbeteiligung, ergänzt jetzt um die Forderung nach Einführung einer gleichberechtigten und gleichgewichtigen Entscheidungsteilhabe, eine wesentliche Stütze in diesen Überlegungen.

Sie entspricht, wie hier festgestellt wurde, auch allein dem Menschenbild, das nach der Gesellschafts- und Gesamtrechtsordnung, wie sie zumindest für den Bereich der Bundesrepublik Deutschland durch das Grundgesetz vorbestimmt ist, anzustreben ist. Mögen alle Beteiligte das in ihren Kräften Stehende dazu beitragen, in einer von allen getragenen Wirtschafts- und Gesellschaftsordnung das größtmögliche Maß an Wirtschaftsdemokratie herbeizuführen.

[77] Bd. II, S. 449 ff. Gerade für den Fall, daß die bisherigen Kapitalgeber den Arbeitergenossenschaften Kapital leihen, wird von Mill hervorgehoben, daß auf diese Weise die bestehenden Kapitalansammlungen durch das rechtliche Mittel einer sich von selbst ergebenden Entwicklung schließlich gemeinsames Eigentum aller derer werden können, die an produktiver Beschäftigung teilnehmen: „Eine so vor sich gehende Umwandlung würde der nächste Schritt zur Annäherung an volle soziale Gerechtigkeit sein."

Literaturverzeichnis

Agartz, Viktor: „Expansive Lohnpolitik“, WWI-Mitteilungen 1953, Heft12

Ahrens, Heinrich: Naturrecht oder Philosophie des Rechts und des Staates, 2 Bde., Neudruck der 6. Aufl. Wien 1870/71, Aalen 1968

Andersen, Uwe: Einführung in die Vermögenspolitik, München 1976

Apel, Günter / *Issen,* Roland: Miteigentum, München 1970

Arbeitskreis GmbH-Reform: Thesen und Vorschläge zur GmbH-Reform, 2 Bde., Heidelberg 1972

Auer, Albert: Kapitel: Thomas von Aquin, in: Katholisches Soziallexikon, Innsbruck—Wien—München 1964, Sp. 1221 f.

Bachmann, Herbert: Kapitalbeteiligung der Arbeitnehmer, in: Gewerkschaftliche Monatshefte 1953, S. 208 ff.

Bachmann, Joseph: Eigentumsbildung des Arbeitnehmers, Winterthur 1961

Badura, Peter: Grundprobleme des Wirtschaftsverfassungsrechts, Jus 1976, S. 205 ff.

Ballerstedt, Kurt: GmbH-Reform, Mitbestimmung und Unternehmensrecht, ZHR 135. Bd., S. 479 ff.

— Das Mitbestimmungsgesetz zwischen Gesellschafts-, Arbeits- und Unternehmensrecht, ZGR 1977, S. 133 ff.

— Was ist Unternehmensrecht? in: Festschrift für K. Duden zum 70. Geburtstag, München 1977, S. 15 ff.

Baur, Fritz: Lehrbuch des Sachenrechts, 9. Aufl., München 1977

Baur, Jürgen: Investmentgesetze, Berlin 1970

Bismarck, Klaus v.: Das Eigentum hat sozialen Charakter, in: Eigentum und Eigentümer, Veröffentlichung der Walter-Raymond-Stiftung (Bd. 1), Köln 1960

Bitz, Michael: Pläne und Maßnahmen zur Vermögensbildung, Köln 1971

Blüm, Norbert: Gewerkschaftliche Einkommenspolitik in der Sackgasse?, Frankfurter Hefte 1978 (Heft 8), S. 22 ff.

Bobrowski, Paul / *Gaul,* Dieter: Das Arbeitsrecht im Betrieb, 6. Aufl., Heidelberg 1970

Böhm, Franz: Der Zusammenhang zwischen Eigentum, Arbeitskraft und dem Betreiben eines Unternehmens, in: Das Unternehmen in der Rechtsordnung, Festgabe für H. Kronstein, Karlsruhe 1967, S. 11 ff.

Boettcher / Hax / Kunze / v. Nell-Breuning / Ortlieb / Preller: Unternehmensverfassung als gesellschaftspolitische Forderung — Ein Bericht, Berlin 1968

Bohlen, Waltraud: Die volkswirtschaftlichen Auswirkungen von Vermögensbildungsplänen, Hannover 1969

Bonsels, Johannes: Vermögensbildung und Sparförderung, Neuwied 1970

Brandt, Lampertus: Ferdinand Lasalles sozialökonomische Anschauungen, Jena 1895

Brandt / Peter / Werth: Das Sparverhalten der Arbeitnehmer im Rahmen des Vermögensbildungsgesetzes, Köln 1972

Brecher, Fritz: Das Unternehmen als Rechtsgegenstand. Rechtstheoretische Grundlegung, Bonn 1953

Breidenstein, Gerhard: Das Eigentum und seine Verteilung, Stuttgart 1968

Briefs, Goetz: Eigentumsbildung der Arbeiterschaft, in: ders., Das Gewerkschaftsproblem gestern und heute, Frankfurt/Main 1957

Brock, Adolf / u. a.: Die Würde des Menschen in der Arbeitswelt, Frankfurt/Main 1969

Burgbacher, Fritz: Produktivkapital für Jeden, Stuttgart 1971

Burnham, James: Das Regime der Manager, Stuttgart 1968

Christ und Eigentum: Ein Symposium, Hamburg 1963

Dantz, Hellmut: Das Inanspruchnahmerecht an einer Diensterfindung, Aachen 1968

Däubler, Wolfgang: Das Grundrecht auf Mitbestimmung und seine Realisierung durch tarifvertragliche Begründung von Beteiligungsrechten, 3. Aufl., Frankfurt/Main 1975

Deist, Heinrich: Der Weg zu einer gerechten Vermögensbildung, in: Die neue Gesellschaft, Heft 6

Dernburg, Heinrich: Pandekten, Bd. 1, Allgemeiner Teil und Sachenrecht, 4. Aufl., Berlin 1894

Dickas, Armin: Rechtsfragen zur Vermögensbildung der Arbeitnehmer aus dem Arbeitsverhältnis, Diss. jur. Würzburg 1965

Drechsler, Wolfgang: Konsequente Vermögenspolitik: Aktien für alle und Beteiligungen für Mitarbeiter, Bonn 1976

Dreier, Wilhelm: Kapitel: Kapitalismus, in: Katholisches Soziallexikon, Innsbruck—Wien—München 1964, Sp. 478 ff.

Duden, Konrad: Zur Methode der Entwicklung des Gesellschaftsrechts zum „Unternehmensrecht“, in: Gesellschaftsrecht und Unternehmensrecht, Festschrift für W. Schilling zum 65. Geb., Heidelberg 1973, S. 309 ff.

Ebel, Wilhelm: Quellen zur Geschichte des deutschen Arbeitsrechts (bis 1849), Göttingen 1964

Ehrenberg, Herbert: Vermögenspolitik für die 70er Jahre, Stuttgart 1971

— Zwischen Marx und Markt, Frankfurt/Main 1974

Ehrenberg, Herbert / *Stork*, Louis: Durchbruch zum sozialen Rechtsstaat, Bonn 1969

Eichler, Gerald: Die Gewinnbeteiligung der Arbeitnehmer in Frankreich, Diss. jur. Göttingen 1970

Eichler, Hermann: Institutionen des Sachenrechts, 2 Bde., Berlin 1954/57 (zit.: Institutionen)

— Wandlungen des Eigentumsbegriffs in der deutschen Rechtsauffassung und Gesetzgebung, Weimar 1938 (zit.: Wandlungen)

Ellsworth, P. T.: The industrial Economy, 3rd. Edition, London1964

Engeleiter, Hans J.: Unternehmensinteressen und Mitbestimmung, in: Unternehmen und Gesellschaft, Festschrift zum 75. Geb. von W. Hasenack, Herne—Berlin 1976, S. 67 ff.

Eschenburg, Theodor: Schlußwort in: Eigentum-Wirtschaft-Fortschritt, Bd. 13 der Veröffentlichungen der Walter-Raymond-Stiftung, Köln 1970

Esser, Klaus / *Falthauser*, Kurt: Beteiligungsmodelle, München 1974

Even, Johannes: Unser Weg zur sozialen Neuordnung, Köln 1953

Fabricius, Fritz: Der Einfluß der Europäischen Sozialcharta auf nationale rechtliche Bewertungen von Streik und Aussperrung — an Grundsatzfragen dargestellt am Recht der Bundesrepublik Deutschland, in: Festschrift für B. Gleitze zum 75. Geb., Berlin 1978, S. 463 ff. (zit.: Streik und Aussperrung)

— Leistungsstörungen im Arbeitsverhältnis, Eine Grundlagenstudie, Tübingen 1970 (zit.: Leistungsstörungen)

— Gesellschaftsrechtliche Unternehmensverbindungen und Arbeitgeberbegriff in der betrieblichen Krankenversicherung — Ein Beitrag zum Arbeits-, Konzern- und Sozialversicherungsrecht, Neuwied 1971

— Grundbegriffe des Handels-, Wirtschafts-und Unternehmensrechts, 5. Aufl., Stuttgart 1978 (zit.: Grundbegriffe)

— Marktwirtschaft und Mitbestimmung, Neuwied 1977; zugleich Einleitung I GK-MitbestG, Neuwied 1976

— Mitbestimmung in der Wirtschaft, Frankfurt/Main 1970

— Naturrecht und Mitbestimmung, in: Mitbestimmungsgesetz, Textausgabe mit 11 einführenden Aufsätzen, Neuwied 1976, S. 80 ff.

— Rechtstheoretische Grundfragen zum Problem Multinationaler Unternehmen, in: Gedächtnisschrift für Fr. Klein, München 1977, S. 113 ff.

Fabricius / Kraft / Thiele / Wiese: GK-BetrVG, Neuwied 1976

Falthauser, Kurt: Miteigentum — Das Pieroth-Modell in der Praxis, Düsseldorf 1971

Fischer, Rolf: Selbstverwaltung in der Bundesrepublik — Chancen und Grenzen, in: W.Fricke / A. Geißler (Hrsg.), Demokratisierung der Wirtschaft, Hamburg 1973, S. 139 ff.

Föhl, Carl: Kreislaufanalytische Untersuchung der Vermögensbildung in der Bundesrepublik und der Beeinflußbarkeit ihrer Verteilung, Tübingen 1964 (zit.: Kreislaufanalytische Untersuchung)

— Obligatorische Gewinnbeteiligung in Frankreich ein nachahmenswertes Vorbild?, Berlin 1969

Föhl, Carl: Aktuelle Pläne zur Beeinflussung der Einkommensverteilung, in: Lohnpolitik und Vermögensbildung, Veröffentlichungen der List-Gesellschaft e.V., Basel—München 1964

Freytag, Norbert: Kapitel: Manager, in: Katholisches Soziallexikon, Innsbruck—Wien—München 1964, Sp. 643

Frickhöffer, Wolfgang: Neue Unternehmensverfassung in gesamtgesellschaftlicher und gesamtwirtschaftlicher Sicht, in: Wirtschaftsordnung und Staatsverfassung, Festschrift für F. Böhm zum 80. Geb., Tübingen 1975, S. 135 ff.

Froemer, Friedhelm: Vermögensbildung in weiten Bevölkerungskreisen — 58 Modelle Meinungen und Gesetze, Opladen 1973 (Heggen Dokumentation 3)

Galbraith, John K.: Die moderne Industriegesellschaft, München 1968

Gast, Wolfgang: Zum Fortschritt des Mitbestimmungsrechts, BlStSozArbR 1979, S. 129 ff.

Geiger, Willi: Die Eigentumsgarantie des Art. 14 GG und ihre Bedeutung für den sozialen Rechtsstaat, in: Eigentum und Eigentümer, Bd. 1 der Veröffentlichungen der Walter-Raymond-Stiftung, Köln 1960, S.185 ff.

Geißler, Arnulf: Fragen genossenschaftlicher Unternehmensdemokratie, in: W. Fricke / A. Geißler (Hrsg.), Demokratisierung der Wirtschaft, Hamburg 1973, S. 146 ff.

Gérard / Kunze / Schäfer: Sparprämiengesetz, Vermögensbildungsgesetz, (Loseblatt-Kommentar) 8. Aufl., Berlin 1972

Gierke, Julius / *Sandrock*, Otto: Handels- und Wirtschaftsrecht, 9. Aufl., Berlin 1975

Gierke, Otto v.: Deutsches Privatrecht, 2 Bde., Sachenrecht, Leipzig 1905

Gleitze, Bruno: Sozialkapital und Sozialkapitalfonds als Mittel der Vermögenspolitik, Köln 1968

— Lohnpolitik und Vermögensverteilung, in: Sozialer Fortschritt 1957, S.53 ff.

Görres: Historisch-politische Blätter für das katholische Deutschland, 62. Bd., München 1868

Grebing, Helga: Geschichte der deutschen Arbeiterbewegung, München 1966, 4. Aufl. 1973

Gundlach, Gustav: Die sozialen Rundschreiben Leo's XIII und Pius' XI, 2. Aufl., Paderborn 1933

— Das Privateigentum in seiner sozialen Pflichtigkeit, in: Eigentum und Eigentümer, Bd.1 der Veröffentlichungen der Walter-Raymond-Stiftung, Köln 1960, S.19 ff.

Guski, Hans-Günter: Verteilungstheoretische Aspekte der Vermögenspolitik, Köln 1973

— Ausgewählte Modelle betrieblicher Vermögensbeteiligung, in: Berichte des deutschen Industrieinstituts zur Sozialpolitik, Nr. 4, 1970; Nr. 5, 1971; Nr. 6, 1972

— Betriebliche Vermögensbeteiligung, RdA 1971, S. 288 ff.

Haertel, Kurt / *Krieger*, Albrecht: Arbeitnehmererfinderrecht, 2. Aufl., Köln 1967

Häusler, Rudolf: Die Erfolgsbeteiligung als Mittel zur Vermögensbildung der Arbeitnehmer und ihre gesamtwirtschaftlichen Auswirkungen, Diss. oec. St. Gallen 1970

Häußler, Erwin: Der Arbeitnehmer von morgen, 3. Aufl., Stuttgart 1956

— Jedem sein Eigentum, Stuttgart 1965

Halbach, Günter: Gewinnbeteiligung in Frankreich, in: Materialien II, S.160 ff.

Heck, Philipp: Grundrisse des Sachenrechts, Aalen 1960 (Reprint der Ausgabe von 1930)

Herkner, Heinrich: Die Arbeiterfrage, 2 Bde., 8. Aufl., Berlin 1922

Herschel, Wilhelm: Die Vermögensbildung in Arbeitnehmerhand nach Tarifvertrag und Betriebsvereinbarung, in: G. Müller, Das Arbeitsrecht der Gegenwart, Dokumentation 8, Berlin 1971, S. 23 ff.

Herz, Ernst: Der Rechtsgrund für den Eigentumserwerb am Arbeitsprodukt im Arbeitsvertrag, Iherings Jahrbücher, 2. Folge, 38. Bd., Jena 1924, S. 1 ff.

Herzog, Roman: Grundrechte und Gesellschaftspolitik, in: Berliner Festschrift für E. Hirsch, 1968, S. 63 ff.

Heyde, Peter: Die Eigentumsdenkschrift der evangelischen Kirche — Was ist aus ihr geworden?, in: Christ und Eigentum, Ein Symposium, Hamburg 1963, S. 204 ff.

Hinkel, Karl: Beteiligung der Arbeitnehmer am Produktionsmitteleigentum, in: Gewerkschaftliche Monatshefte 1956, S. 407 ff.

Höffner, Joseph: Christliche Gesellschaftslehre, Kevelaer 1968

— Gesellschaftspolitik aus christlicher Weltverantwortung, Jahrbuch des Instituts für christliche Sozialwissenschaften, Münster 1966 (Sonderband)
(zit.: Jahrbuch 1966)

Höhnen, Wilfried: Die vermögenspolitischen Gesetze und Maßnahmen in der Bundesrepublik Deutschland, Köln 1968

— Gewerkschaften und Investivlohn, in: Arbeit und Sozialpolitik 1969, S. 97 ff.

— 20 Jahre vermögenspolitische Diskussion in der Bundesrepublik Deutschland, in: K. H. Pitz, Das Nein zur Vermögenspolitik, Reinbek 1974, S. 25 ff.

Homeyer, C. G.: Des Sachsenspiegels Erster Teil, Berlin 1861

Horn, Norbert: Unternehmensbeteiligung der Arbeitnehmer und Gesellschaftsrecht, ZGR 1974, S. 133 ff.

Horvath, Alexander: Eigentumsrecht nach dem heiligen Thomas von Aquin, Graz 1929

Huber, Ernst R.: Wirtschaftsverwaltungsrecht, 2 Bde., Tübingen 1953/54

Hubmann, Heinrich: Das Recht am Arbeitserzeugnis, in: Beiträge zum Arbeits-, Handels- und Wirtschaftsrecht, Festschrift für A. Hueck zum 70. Geb., München 1959, S. 43 ff.

Hueck, Alfred / *Nipperdey*, Hans Carl: Lehrbuch des Arbeitsrechts, 2 Bde., 7. Aufl., Berlin 1963

Hueck, Goetz: Einige Gedanken zum Begriff des Arbeitnehmers, RdA 1969, S. 216 ff.

Huppert, Walter: Betriebliches Miteigentum der Arbeitnehmer, Berlin 1954

Iber, Konrad: Die mehrgliedrige stille Gesellschaft als Unternehmensform zur freiwilligen Beteiligung von Arbeitnehmern, RdA 1973, S. 303 ff.

Jostock, Paul: Das Sozialprodukt und seine Verteilung, Paderborn 1955

Jungblut, Michael: Nicht vom Lohn allein. Elf Modelle zur Mitbestimmung und Gewinnbeteiligung, Hamburg 1973

Kafka, Gustav E.: Kapitel: Sozialismus, in: Katholisches Soziallexikon, Innsbruck—Wien—München 1964, Sp. 1036 ff.

Kant, Immanuel: Metaphysische Anfangsgründe der Rechtslehre, 2. Aufl., Leipzig 1907

Kaser, Max: Römisches Privatrecht, 10. Aufl., München 1977

Ketteler, Emmanuel v.: Die Arbeiterfrage und das Christentum, Mainz 1864

Kilian, Horst: Betriebliche Kapitalbeteiligungsmodelle, Wiesbaden 1978

Kittner, Michael: Unternehmensverfassung als Information, ZHR 136. Bd., S. 208 ff.

Klüber, Franz: Eigentumstheorie und Eigentumspolitik, Osnabrück 1963

— Katholische Soziallehre und demokratischer Sozialismus, 2. Aufl., Bonn 1979

— Naturrecht als Ordnungsnorm der Gesellschaft, Köln 1966

— Arbeit und Mitbestimmung als soziale Grundrechte, in: Katechetische Blätter 4/78, S. 278 f.

— Eigentum und Naturrecht, in: Eigentumsordnung und katholische Soziallehre, Köln 1970, S. 9 ff.

— Kapitel: katholische Soziallehre I, in: Ev. Staatslexikon, Stuttgart—Berlin, Sp. 2373 ff.

Kolbinger, Josef: Vermögensbildung in Arbeitnehmerhand — Werdegang und Sinngebung einer Idee, in: Soziale Verantwortung, Festschrift für G. Briefs, Berlin 1968, S. 441 ff.

Körber, Karl-Otto: Die vermögenspolitische Diskussion, Die AG 1968, S. 351 ff.

Koubek, Norbert: Konzentration in der BRD, in: K. H. Pitz, Das Nein zur Vermögenspolitik, Reinbek 1974, S. 68 ff.

Kraft, A. / *Konzen*, H.: Die Arbeiterselbstverwaltung im Spannungsfeld von Gesellschaftsrecht und Arbeitsrecht, Köln 1978

Krelle / Schunk / Siebke: Überbetriebliche Ertragsbeteiligung der Arbeitnehmer, 2 Bde., Tübingen 1968

Krupp, Hans-Jürgen: Kritik der überbetrieblichen Ertragsbeteiligungspläne, in: K. H. Pitz, Das Nein zur Vermögenspolitik, Reinbek 1974, S. 127 ff.

Kunze, Otto: Arbeitnehmererfinder- und Arbeitnehmerurheberrecht als Arbeitsrecht, RdA 1975, S. 42 ff.

Kunze, Otto: Wirtschaftliche Mitbestimmung als Legitimationsproblem, Karlsruhe 1970

— Bemerkungen zum Verhältnis von Arbeits- und Unternehmensrecht, in: Gesellschaftsrecht und Unternehmensrecht, Festschrift für W. Schilling zum 65. Geb., Berlin 1973, S. 333 ff.

— Die Funktion des Eigentums im modernen Gesellschaftsrecht, in: Marburger Gespräch über Eigentum-Gesellschaftsrecht-Mitbestimmung, 1967, S. 77 ff.

— Unternehmensverband und Unternehmensrecht, in: Festschrift für K. Duden zum 70. Geb., München 1977, S. 201 ff.

Kunze-Christmann: Wirtschaftliche Mitbestimmung im Meinungsstreit, 2 Bde., Köln 1964

Laufke, Franz: Zum Eigentumserwerb nach § 950 BGB, in: Beiträge zum Arbeits-, Handels- und Wirtschaftsrecht, Festschrift für A. Hueck zum 70. Geb., München 1959, S. 69 ff.

Leber, Georg: Vermögensbildung in Arbeitnehmerhand, Dokumentation 1 - 4, Frankfurt/Main 1964 - 1968

Lex Baiovariorum: Lichtdruckwiedergabe der Ingolstädter Handschrift des Bayerischen Volksrechts, hrsg. und bearb. von K. Beyerle, München 1926

Lipowsky, Emil: Vermögensbildende Erfolgsbeteiligung, Frankfurt/Main 1975

Littmann, Konrad: Bestimmungsgründe der Einkommensverteilung in der modernen Wirtschaft, ZgStW Bd. 113, S. 678 ff.

— Über einige Zwangsläufigkeiten der Vermögensverteilung in der Marktwirtschaft, ZgStW Bd. 113, S. 205 ff.

Locher, Gottfried W.: Der Eigentumsbegriff als Problem evangelischer Sozialethik, 2. Aufl., Zürich 1962

Locke, John: Zwei Abhandlungen über die Regierung, hrsg. und eingel. von W. Euchner, Frankfurt/Main 1967

Loderer, Eugen: Qualität des Lebens statt Vermögenspolitik, in: K. H. Pitz, Das Nein zur Vermögenspolitik, Reinbek 1974, S. 24 ff.

Loesch, Achim v.: Die Grenzen einer breiteren Vermögensbildung, Frankfurt/Main 1965
(zit.: Grenzen der Vermögensbildung)

— Zur Problematik des Miteigentums, Berlin 1961

Löwisch, Manfred: Mitbestimmung und Arbeitsverhältnis, in: Mitbestimmung — Ordnungselement oder politischer Kompromiß?, hrsg. von F. Böhm und G. Briefs, Stuttgart 1971, S. 131 ff.

Luhmann, Niklas: Macht, Stuttgart 1975

Lutter, Marcus: Vermögensbildung und Unternehmensrecht, Karlsruhe 1975

— Vermögensbildung — so nicht, Wertpapier 1974, S. 261 ff.

Maier, Kurt: Interdependenzen zwischen Mitbestimmung und betrieblicher Partnerschaft, Berlin 1969

Mandeville, Bernard: The Fable of the Bees: or, Private Vices, Public Benefits, London 1714

Manigk, Alfred: Das rechtswirksame Verhalten, Berlin 1939

— Willenserklärung und Willensgeschäft, 1907

Marx, Karl: Das Kapital, Kritik der politischen Ökonomie, 3 Bde., Hamburg 1867 - 94, Neudruck, Berlin (Ost) 1947/49

Marx, Karl / *Engels,* Friedrich: Manifest der kommunistischen Partei, London 1848, Neudruck Berlin (Ost) 1958

Materialien, I - IV: Materialien zur Vermögensbildung in Arbeitnehmerhand, Schriftenreihe des Instituts für Städtebau, Wohnungwirtschaft und Bausparwesen eV, Bonn, Folge 1 bis 4, 1965, 68, 73 und 77

Maunz / Dürig / Herzog / Scholz: Grundgesetz, Loseblattkommentar, 4. Aufl., München 1973

Mayer-Maly, Theodor: Vorindustrielles Arbeitsrecht, RdA 1975, S. 59 ff.

Mcpherson, C. B.: Die politische Theorie des Besitzindividualismus von Hobbes bis Locke, Frankfurt/Main 1967

Menger, Anton: Das Recht auf den vollen Arbeitsertrag, 3. Aufl., Stuttgart 1904

Messner, Johannes: Das Naturrecht, Handbuch der Gesellschaftsethik, Staatsethik und Wirtschaftsethik, 5. Aufl., Innsbruck 1966

Mestmäcker, Ernst J.: Über Mitbestimmung und Vermögensverteilung, Tübingen 1973

Mierheim / Wicke: Die personelle Vermögensverteilung, Tübingen 1978

Mill, John Stuard: Grundsätze der politischen Ökonomie mit einigen ihrer Anwendungen auf die Sozialphilosophie, deutsch nach der 7. Aufl. 1811, hrsg. von W. Gebring, eingel. von H. Waentig, 2 Bde., Jena 1924

Molitor, Bruno: Vermögensverteilung als wirtschaftspolitisches Problem, Tübingen 1965

— Kapitel: Eigentum I, in: Handwörterbuch der Sozialwissenschaften (HDSW), Tübingen 1961, S. 36 ff.

Mückl, Wolfgang J.: Vermögenspolitische Konzepte in der Bundesrepublik Deutschland, Göttingen 1975

Müller, Hans D.: Wie verhält sich der § 950 BGB zu dem Satz, daß jeder Arbeiter Eigentümer des Arbeitsprodukts werden soll?, Jena 1930

Müller, J. H.: Wirtschaftliche Fragen der Bildung breitgestreuten Eigentums, in: ORDO Bd. 10, S. 291 ff.

Münch, Ingo v.: Verfassungsrechtliche Grundlagen des Arbeitskampfrechts, Jura 1979, S. 25 ff.

Mulder, Thomas: Privates Produktiveigentum aus der Sicht der christlichen Naturrechtslehre, in: Eigentum—Wirtschaft—Fortschritt, Bd. 13 der Veröffentlichungen der Walter-Raymond-Stiftung, Köln 1970, S. 134 ff.

Naendrup, Peter-H.: Mitbestimmung und Verfassung, Neuwied 1977, zugleich Einleitung II zu GK-MitbestG, Neuwied 1976

— Zur gesetzespositiven Orientierungsleistung des sogenannten Mitbestimmungsgesetzes, in: Mitbestimmungsgesetz-Textausgabe mit einführenden Aufsätzen, Neuwied 1976, S. 110 ff.

Naumann, Friedrich: Ausgewählte Schriften, eingel. von H. Vogt, in: Civitas Gentium, Frankfurt/Main 1949

Negro, Franco: Das Eigentum, München 1963

Nell-Breunig, O. v.: Eigentumsbildung in Arbeiterhand, Paderborn 1955

— Aktuelle Fragen der Gesellschaftspolitik, Köln 1965

— Arbeitnehmer—Mitarbeiter—Mitunternehmer, in: W. Fricke / A. Geißler, Demokratisierung der Wirtschaft, Hamburg 1973 S. 182 ff.

— Arbeit und Mitbestimmung, in: A. Rauscher (Hrsg.), Mitbestimmung, Köln 1968, S. 19 ff.

— Die Eigentumslehre, in: Die soziale Frage und der Katholizismus, Paderborn 1931, S. 141 ff.

— Einkommenspolitik und Vermögensbildung, Der Volkswirt 1964, S. 1535 ff.

— Der Lohn als Erwerbsmittel und Eigentumsquelle, in: Eigentum und Eigentümer, Bd. 1 der Veröffentlichungen der Walter-Raymond-Stiftung, Köln 1960, S. 51 ff.

— Papst Pius XI, Die soziale Enzyklika, hrsg. von O. v. Nell-Breuning, Köln 1950

— Wirtschaft und Gesellschaft heute, Bd. I - III, Freiburg 1956 - 60

— Vermögensbildung in Arbeitnehmerhand, in: Gewerkschaftliche Monatshefte 1953, S. 513 ff.

— Unternehmensverfassung, in: Das Unternehmen in der Rechtsordnung, Festgabe für H. Kronstein, Karlsruhe 1967, S. 47 ff.

Neumann, Karl: Vermögensverteilung und Vermögenspolitik, Köln 1976

Nikisch, Arthur: Arbeitsrecht, Bd. 1, 3. Aufl., Tübingen 1961, Bd. 2, 2. Aufl., 1959

Nipperdey, Hans Carl: Soziale Marktwirtschaft und Grundgesetz, 3. Aufl., Köln 1965

Noppeney, Hans G.: Einfluß der Mitarbeiterbeteiligung auf die Rechtsstellung des Arbeitnehmers, DB 1976, S. 578 ff.

Oberhauser, Alois: Der Investivlohn als Mittel der Verteilungspolitik, in: H. Arndt (Hrsg.), Lohnpolitik und Einkommensverteilung, Berlin 1969, S. 273 ff.
(zit.: Investivlohn)

— Förderung der Vermögensbildung in Unternehmerhand durch finanzpolitische Maßnahmen des Staates, in: G. Leber, Vermögensbildung in Arbeitnehmerhand, Dok. 3, S. 217 ff.

— Wirtschaftliche Auswirkungen des Investivlohns, Paderborn 1959

Ortlieb, Heinz D.: Einkommensverteilung und Vermögensbildung, in: ders., Wirtschaftsordnung und Wirtschaftspolitik ohne Dogma, Düsseldorf 1954

Palandt: Bürgerliches Gesetzbuch ,37. Aufl., München 1978

Partnerschaft der Arbeitnehmer: Die Partnerschaft der Arbeitnehmer, Untersuchungen zur Reform des Unternehmensrechts — Bericht der Studienkommission des Deutschen Juristentages, Teil II, Tübingen 1957

Picot, Gerhard: Gewinnumverteilung und Verfassungsrecht, Berlin 1978

Pitz, Karl-Heinz: Das Nein zur Vermögenspolitik, Reinbek 1974

Pitz, Karl-H. / *Kuda*, Rudolf F.: Vermögenspolititk und Mitbestimmung, in: W. Fricke / A. Geißler, Demokratisierung der Wirtschaft, Hamburg 1973, S. 367 ff.

Preiser, Erich: Wirtschaftspolitik heute, München 1967

Preller, Ludwig: Eigentum — gesellschaftspolitisch, in: G. Leber, Vermögensbildung in Arbeitnehmerhand, Dok. 3, S. 9

Protokolle: Protokolle der Kommission für die 2. Lesung des Entwurfs des Bürgerlichen Gesetzbuches, Bd. III, Sachenrecht, Berlin 1899

Proudhon, Pierre J.: Qu'est ce que la propriété? — Erste Denkschrift, Untersuchungen über den Ursprung und die Grundlagen des Rechts und der Herrschaft, in: Th. Ramm, Proudhon, Ausgewählte Texte, Stuttgart 1963, S. 1 ff.

Pulte, Peter: Vermögensbildung, Vermögensverteilung, Berlin 1973

Raisch, Peter: Unternehmensrecht, 2 Bde., Reinbek 1973—74

Raiser, Ludwig: Kapitel: Eigentum II, in: Handwörterbuch der Sozialwissenschaften, Tübingen 1961, Bd. 3, S. 39 ff.

Raiser, Thomas: Das Unternehmen als Organisation, Berlin 1969

— Die Zukunft des Unternehmensrechts, in: Festschrift für R. Fischer, Berlin 1979, S. 561 ff.

— Mitbestimmungsgesetz, Berlin 1977

Ramm, Thilo: Kapitel: Sozialisierung I, in: Handwörterbuch der Sozialwissenschaften, Tübingen 1961, Bd. 9, S. 456 ff.

Rancke, Friedbert: Arbeitnehmerbegriff und soziökonomischer Strukturwandel, AuR 1979, S. 9 ff.

Rasch, Harold: Kritisches Plädoyer für den Kapitalismus, 1972

— Die Umverteilung des Vermögenszuwachses von Unternehmen in verfassungsrechtlicher Sicht, BB 1973, S. 253 ff.

— Die Selbstfinanzierung der Wirtschaft, in: ORDO, Bd. 10, S. 225 ff.

Rauscher, Anton: Arbeit und Eigentum in der Problematik der paritätischen Mitbestimmung, in: Mitbestimmung?, hrsg. von G. Briefs, Stuttgart 1967, S. 56 ff.

Reichensperger, P. F.: Die Agrarfrage, Trier 1847

Reinhardt, Rudolf: Die gesellschaftsrechtlichen Fragen der Gestaltung der Unternehmensformen, in: Verhandlungen des 39. deutschen Juristentages 1951, Tübingen 1952, S. B. 5 ff.

Rhein, Werner v.: Die modernen Bestrebungen zur Eigentumsbildung in Arbeitnehmerhand und die Probleme ihrer Verwirklichung, Diss. oec., Würzburg 1956

Rich, Arthur: Mitbestimmung in der Industrie, Zürich 1973

Richardi, Reinhard: Arbeitsrecht und Zivilrecht, ZfA 1974, S. 4 ff.

— Der Mitbestimmungsgedanke in der Arbeitsrechtsordnung, in: G. Müller, Das Arbeitsrecht der Gegenwart, Bd. 13, Berlin 1976, S. 19 ff.

Rittner, Fritz: Die Funktion des Eigentums im modernen Gesellschaftsrecht, in: Marburger Gespräch über Eigentum-Gesellschaftsrecht-Mitbestimmung, 1967, S. 50 ff.

Rittner, Fritz: Die werdende juristische Person, Tübingen 1973

— Unternehmensverfassung und Eigentum, in: Gesellschaftsrecht und Unternehmensrecht, Festschrift für W. Schilling zum 65. Geb., Berlin 1973, S. 363 ff.

Roth, Günter H.: Vermögensbeteiligung und Mitbestimmung, BB 1977, S. 799 ff.

Rothkegel, Ralf: Der Eigentumserwerb bei Verarbeitung, Köln 1974

Sacher, H. / *Nell-Breuning*, O. v.: Zur sozialen Frage, 2. Aufl., Freiburg 1958

Sachsenspiegel: Der Sachsenspiegel, Übersetzung von G. Rotermund, 1895

Salin, Edgar: Kapitel: Manager, in: Handwörterbuch der Sozialwissenschaften, Bd. 7, Tübingen 1961, S. 107 ff.

Savigny, Fr. C. v.: System des heiligen römischen Rechts, mehrere Bände, Berlin 1840/41

Schaub, Günter: Arbeitsrechtshandbuch, 3. Aufl., München 1977

Schelauske, Hans D.: Naturrechtsdiskussion in Deutschland, Köln 1968

Schelsky, Helmut: Berechtigung und Anmaßung in der Managerherrschaft, in: H. D. Ortlieb (Hrsg.), Wirtschaftsordnung und Wirtschaftspolitik ohne Dogma, Düsseldorf 1954, S. 94 ff.

Schmähl, Winfried: Lohn- und Sozialpolitik statt Vermögenspolitik, in: K. H. Pitz, Das Nein zur Vermögenspolitik, Reinbek 1974, S. 107 ff.

Schmidt, Folker: Betriebliche Partnerschaft und Erfolgsbeteiligung in sozialpolitischer und arbeitsrechtlicher Sicht, Diss. jur., Freiburg 1963

Schmitz, Werner G.: Kapitalbeteiligung des Arbeitnehmers am arbeitgebenden Unternehmen, Berlin 1955

Schnorr v. Carolsfeld: Arbeitsrecht, 2. Aufl., Göttingen 1954

Schröder, Jürgen: Vermögensbildung in Arbeitnehmerhand, Die AG 1972, S. 106 ff.

Schumpeter, Joseph: Kapitalismus, Sozialismus, Demokratie, 2. Aufl., Bern 1950

Schwerdtner, Peter: Fürsorgetheorie und Entgelttheorie im Recht der Arbeitsbedingungen, Heidelberg 1969

— Arbeitsrecht, Bd. I, München 1967

Siebke, Jürgen: Die Vermögensbildung privater Haushalte in der BRD, Bonn 1971

Silberschmidt, W.: Das deutsche Arbeitsrecht, München 1926

Sinzheimer, Hugo: Grundzüge des Arbeitsrechts, 2. Aufl., Jena 1927

Smith, Adam: Untersuchungen der Natur und Ursachen von Nationalreichtümern, aus dem engl. Bd. I und II, London 1776

Söllner, Alfred: Abeitsrecht, 5. Aufl., Stuttgart 1976

Sombart, Werner: Der moderne Kapitalismus, 3 Bde., 7. Aufl., München 1928

— Die Ordnung des Wirtschaftslebens, 1927

Spiegelhalter, Franz: Miteigentum und Gewinnbeteiligung, Köln 1957

Spindler, Gert P.: Mitunternehmertum, Lüneburg 1951

Spinnarke, Jürgen: Ausbau der sozialen Sicherheit, in: K. H. Pitz, Das Nein zur Vermögenspolitik, Reinbek 1974, S. 177 ff.

Staats, Hermann: Ideologiekritische Anmerkungen zur Idee der sozialen Partnerschaft, in: G. Schreyögg (Hrsg.), Demokratie in der Arbeitswelt, Nürnberg 1974, S. 42 ff.

Stein, Ekkehard: Vermögenspolitik und Grundrechte, Stuttgart 1974

Steinbach, Ernst: Verlangt die evangelische Soziallehre eine Politik der breiteren Eigentumsstreuung?, in: Eigentum und Eigentümer, Bd. 1 der Veröffentlichungen der Walter-Raymond-Stiftung, Köln 1960, S. 124 ff.

Stopp, Konrad: Einkommen und Eigentum, in: Christ und Eigentum, Ein Symposium, Hamburg 1963, S. 12 ff.

Streißler, Erich: Privates Produktiveigentum — Stand und Entwicklungstrends der Auffassungen in kapitalistischen Ländern, in: Eigentum—Wirtschaft—Fortschritt, Bd. 12 der Veröffentlichungen der Walter-Raymond-Stiftung, Köln 1970, S. 76 ff.

Tasche, F.: Fremwirkende Spezifikation, ihr Umfang und ihr Wesen, Diss. jur. Göttingen 1920

Thiele, Wolfgang: Private Vermögensbildung, Köln 1977

Toynbee, Arnold J.: Lectures on the industrial revolution in England, London 1884

Ullrich, Klaus: Aktionärseigentum und Mitbestimmung, Diss.jur. Bochum 1969

Utz, Arthur F.: Kommentar zu Thomas von Aquin, Recht und Gerechtigkeit (Deutsche Thomas Ausgabe, 18. Bd.) Heidelberg 1953

Vetter, G.: Gewerkschaften und Wirtschaftsordnung, in: ORDO Bd. 23 (1972), S. 329 ff.

Vilmar, Fritz: Mitbestimmung und Partnerschaft im Betrieb, in: W. Fricke / A. Geißler, Demokratisierung der Wirtschaft, Hamburg 1973, S. 208 ff.

Vinck, Kai: Die Rechtsstellung des Urhebers im Arbeitsverhältnis und Dienstverhältnis, Berlin 1972

Vollmer, Lothar: Die Entwicklung partnerschaftlicher Unternehmensverfassungen, Köln 1976

— Unternehmensbezogene (investive) Gewinnbeteiligung, DB 1978, S. 100 ff.

Volmer, Bernhard: Arbeitnehmererfindergesetz, München 1958

— Zur Reform des Arbeitnehmererfinderrechts, RdA 1950, S. 367 ff.

Weber, Hartmut: Die Eigentumsdenkschrift der Kammer für soziale Ordnung der EKD, in: Christ und Eigentum, Ein Symposium, Hamburg 1963, S. 176 ff.

Weber, Max: Wirtschaft und Gesellschaft, Grundriß der Sozialökonomik III, Tübingen 1922, 4. Aufl., 1956

Weisser, Gerhard: Kapitel: Vermögen und Vermögenspolitik, in: Handwörterbuch der Sozialwissenschaften, Tübingen 1961, Bd. 11, S. 164 ff.

— Kapitel: Distributionstheorie II, ebenda Bd. 2, S. 635 ff.

Welty, Eberhard: Die Sozialenzyklika Papst Johannes XXIII — Mater et Magistra, eingel. von E. Welty, Freiburg 1961

— Johannes' XXIII Vermächtnis an die Arbeitnehmer, in: Normen der Gesellschaft, Festschrift für O. v. Nell-Breuning zum 75. Geb., Mannheim 1966 (Neuaufl.), S. 113 ff.

Westermann, Harry: Sachenrecht, 5. Aufl., Karlsruhe 1966

Westphalen, F. A.: Kapitel: Frage, soziale, in: Katholisches Soziallexikon, Innsbruck—Wien—München 1964, Sp. 259 ff.

Wieacker, Franz: Privatrechtsgeschichte der Neuzeit, 2. Aufl., 1967

Wiese, Leopold v.: Kapitel: J. St. Mill, in: Handwörterbuch der Sozialwissenschaften, Bd. 7, Tübingen 1961, S. 343 ff.

Wiethölter, Rudolf: Das Publizitätsinteresse der Anteilseigner, in: Das Frankfurter Publizitätsgespräch, S. 33 ff.

Willgerodt / Bartel / Schillert: Vermögen für alle, Düsseldorf 1971

Willgerodt, Hans: Vermögenspolitik zwischen Freiheit und Kollektivismus, in: ORDO Bd. 23 (1972), S. 183 ff.

Wintrichs, J. M.: Zur Problematik der Grundrechte, BayVBl 1957, S. 137 ff.

Wöhe, Günter: Die Interdependenzen zwischen Vermögensbildung, Gewinnbeteiligung und Mitbestimmung, Die AG 1974, S. 97 ff.

Wolff, Martin / *Raiser*, Ludwig: Sachenrecht, 10. Bearbeitung, Tübingen 1957

Würdinger, Hans: Aktien- und Konzernrecht, 3. Aufl., Karlsruhe 1973

— Kapitel: Aktiengesellschaft, in: Handwörterbuch der Sozialwissenschaften, Bd. 1, Tübingen 1961, S. 124 ff.

Zeuner, Albrecht: Die fremdwirkende Verarbeitung als Zurechnungsproblem, JZ 1955, S. 195 ff.

— Überlegungen zum Begriff des Arbeitnehmers und zum Anwendungsgebiet arbeitsrechtlicher Regeln, RdA 1975, S. 84 ff.

FSC
www.fsc.org
MIX
Papier | Fördert
gute Waldnutzung
FSC® C083411

Kolibri 360 GmbH
Ferdinand-Jühlke-Straße 7
99095 Erfurt, Deutschland
produktsicherheit@kolibri360.de

Druck:
CPI Druckdienstleistungen GmbH
im Auftrag der
Kolibri 360 GmbH
Ferdinand-Jühlke-Str. 7
99095 Erfurt